山东省社会科学规划研究项目“新旧动能转换背景下山东省城镇化质量空间差异特征及协调对策研究”（18DJJJ11）

中国城镇化质量的空间差异研究

Study on the Spatial Difference of Urbanization Quality in China

王裕瑾◎著

经济管理出版社
ECONOMY & MANAGEMENT PUBLISHING HOUSE

图书在版编目（CIP）数据

中国城镇化质量的空间差异研究/王裕瑾著．—北京：经济管理出版社，2020．8
ISBN 978－7－5096－7422－2

Ⅰ．①中…　Ⅱ．①王…　Ⅲ．①城市化—研究—中国　Ⅳ．①F299．21

中国版本图书馆 CIP 数据核字（2020）第 151245 号

组稿编辑：申桂萍
责任编辑：丁凤珠　申桂萍
责任印制：任爱清
责任校对：王淑卿

出版发行：经济管理出版社
（北京市海淀区北蜂窝 8 号中雅大厦 A 座 11 层　100038）
网　　址：www. E－mp. com. cn
电　　话：（010）51915602
印　　刷：唐山昊达印刷有限公司
经　　销：新华书店
开　　本：720mm×1000mm/16
印　　张：12．75
字　　数：221 千字
版　　次：2020 年 8 月第 1 版　　2020 年 8 月第 1 次印刷
书　　号：ISBN 978－7－5096－7422－2
定　　价：58．00 元

联系地址：北京阜外月坛北小街 2 号
电话：（010）68022974　　邮编：100836

前 言

改革开放以来，中国城镇化率从 1978 年的 17.9% 提升至 2018 年的 59.6%，年均增长 1.03%，超过世界城镇化平均水平 3.7 个百分点。城镇化发展在规模和速度上均取得了举世瞩目的成就，整体上进入了初级城市型社会。然而，快速推进的城镇化进程也使得土地城镇化过快、市民化进程滞后、城镇化发展模式粗放、城乡二元结构凸显、城镇规模体系失衡等问题日益暴露出来。因此，从集约高效、空间优化和城乡协调的标准来看，中国距离城市型社会还有较大差距，城镇化速度与质量不匹配。此外，因各地发展基础和路径不同，我国城镇化质量存在显著的空间分异特征。动态地看，区域间还会因城镇化质量的差异形成不同的学习和资源集聚能力，导致未来出现强弱愈加分明的“马太效应”。

按照城镇化发展的阶段性规律，中国即将进入城镇化后期的缓速发展阶段。在这一时期，实现由重地轻人的外延式扩张向以人为本的内涵式发展转变，加快城镇化质量的提高，是推进我国城镇化健康有序发展的关键。本书将从缩小区域间发展差距出发，厘清我国城镇化质量区域差异的表现和成因并提出协调对策，为中央和地方政府推行新型城镇化战略提供有针对性的理论和方法支撑。

本书主要分为框架构建、测度分析、成因分析、结论建议四部分。其中，框架构建部分主要包括前三章内容：梳理与城镇化质量相关的文献发现，有三大主线贯穿着对中国城镇化质量的研究。一是在厘清城镇化质量内涵的基础上，从经济、社会、生态、空间等要素或城市发展质量、城乡协调程度、城镇化推进效率等维度构建测度城镇化质量的指标体系，把握与城镇化质量相关的主次因素。二是从城镇化水平的驱动力出发，探讨影响城镇化质量的因素。三是从人口市民化、劳动力市场改革、产业布局优化、统筹城乡发展、缩小区域差距等视角提出城镇化质量的提升对策。上述研究深化了对城镇化质量的认识，但仍存在一定的拓展空间：第一，现有城镇化质量的评价研究多聚焦区域在土地、经济、空间、景观等方面的变化上，在指标体系中涉及人口市民化的研究仍不多见。第二，城镇化质量本质上具有空间性特征，现有研究多集中于对其数值的动态变化分析上，对空间分异特征研究不足、对区域间的空间互动效应有所忽视。第三，在国家积极推进新型城镇化建设的背景下，目前以城市群这一新型城镇化空间主体为对象的实证研究还远不能满足实际需要。在既有文献的基础上，本书科学界定城镇化质量的内涵，探讨其构成要素，形成城镇化质量评价的主要内容，并从影响要素的视角出发，阐述其对城镇化质量及空间差异的作用机理，构建城镇化质量空间差异的研究框架，为后文的实证研究奠定了基础。

第二部分主要从城镇化质量综合评价指标体系的构建和空间差异的测度两方面完成主要的测度分析：一方面，以《国家新型城镇化规划（2014～2020年）》为依据，突出以人为本的核心内涵，构建城市现代化、城乡一体化、人口城镇化和城镇化推进效率四维一体的、具有推广应用价值的城镇化质量综合评价指标体系，并采用熵值法为指标赋值；另一方面，利用2003～2016年多期面板数据测度中国30个省域和12大城市群的城镇化质量，采用探索性空间数据分析法系统揭示城镇化质量的时空演化格局。

影响我国城镇化质量的多种因素在不同时期表现为不同的时代特征，且在不同地区各项影响因素的重要性和作用形式不同，同时这些影响因素的地区差异性又进一步形成且强化了城镇化质量的空间差异表现。基于此，本书从如下三个方面完成了城镇化质量空间差异的成因分析工作：第一，以市场要素、行政要素、外向要素、内源要素、金融要素和科技要素为出发点，构建城镇化质量影响因素的空间面板模型；第二，从空间互动视角测度两级尺度下城镇化质量影响因素的空间溢出效应；第三，基于夏普利值分解，考察各项影响因素对城镇化质量空间差异形成的动态贡献度。

根据前文的研究，本书提出如下提升城镇化质量的思路与对策：一方面，从构成要素的视角出发：提高城市规划管理水平，营造优美可持续的人居环境；实现经济差距缩小、社会成果均等的城乡一体化发展；破除体制机制阻碍，推进农业转移人口市民化进程；提高城镇化发展的经济社会效率，推进生态文明建设。另一方面，从驱动要素的角度出发：培育和完善生产要素市场，加快统一市场化进程；实现管理型政府向服务型政府转变，加强政府间合作；提高对引进外资项目的甄别能力及本土企业管理水平；提升产业就业吸纳力，营造良好的就业创业环境；创新城镇化融资模式，提高金融体系运行效率；提高科研成果的应用转化率，促进区域科技合作。

本书的研究聚焦于城镇化质量在省域和城市群间的空间差异表现，所做的工作以及得到的结论具有如下三个创新点：第一，从城市现代化、城乡一体化、人口城镇化和城镇化推进效率四个维度对城镇化质量进行了科学评价。第二，以时空分异和空间相关的综合视角系统揭示了两级空间尺度下我国城镇化质量的空间不均衡格局及其演变。第三，回答了空间互动状态下市场要素、行政要素、外向要素、内源要素、金融要素和科技要素在多大程度上导致我国城镇化质量出现空间差异。

在研究过程中，本书同样存在一定程度的不足，未来应继续在测度人口市民化、补充适度性分析与深化维度研究等方面展开深入研究，最大程度地提高研究的可信度和可行性。

王裕瑾

2019 年 8 月

目录

第一章 绪论

一个国家在未达到中等收入之前，都会经历以大量非农业人口向城市转移和集聚为主要特征的显著的城市化过程，给发展中国家的政府治理和城市管理带来了新的挑战和发展机遇。由城市化带来的知识聚集、产业升级和人居生活方式的转变成为推动全球经济和社会发展的重要因素（Lucas，2004）。

国际经验表明，发达国家的城市化率由20%提升至40%所经历的时间各不相同。具体而言，英国用了120年、法国100年、德国80年、美国40年、日本30年，而中国仅用了22年（陆大道，2007）。与之形成鲜明对照的是，发达国家的高城市化率背后是人口规模小、工业基础好、资本积累雄厚、就业结构非农化水平高；而我国作为传统的农业大国，人口基数大、工业基础薄弱，在工业化和城镇化的发展过程中主要依靠自力更生，面临的困难很艰巨、取得的成就也有目共睹。美国经济学家斯蒂格利茨（J. E. Stiglitz）曾指出："美国的新技术革命和中国的城镇化是影响21世纪人类社会进程最深刻的两件事。"（方创琳，2009）中国的城镇化不仅决定着中国的未来，更决定了世界城市化的未来（仇保兴，2012）。

近年来，有学者指出我国进入了以社会分配不公、贫富差距扩大、内需严重不足、资源环境破坏等为标志的"现代化陷阱"（许正中，2010；何文，2013），造成了经济增速放缓和城乡矛盾锐化等问题；同时，粗放型的城镇化发展模式带来了城镇数量的激增和规模的扩大，却未能瓦解城乡之间和城市内部的二元结构。如今，城镇化的发展来到了历史的十字路口，一味追求速度和规模的外延式发展模式已不可维系。鉴于此，本书尝试构建城镇化质量及其空间差异的研究框架，探索提升城镇化质量的思路与对策。

第一节　选题背景与研究意义

改革开放以来，我国的城镇化战略几经变化，对不同时期不同地区的城镇化发展起到了重要的引导和促进作用。本节在回顾有关城镇化发展战略的历次中央会议和政策文件的基础上，对我国城镇化取得的成就和出现的问题进行总结，并阐明本研究的理论意义和现实意义。

一、选题背景

有关中国要发展城镇化的讨论早在改革开放之初就开始了（吴友仁，1980），但直到1997年的亚洲金融危机，城镇化才作为拉动内需、发展经济的重要手段而受到学术界的广泛关注（周一星，2006）。2001年制定的《国民经济和社会发展第十个五年计划纲要》正式将城镇化提升为国家的重要战略；2006年制定的《国民经济和社会发展第十一个五年规划纲要》（以下简称《“十一五”规划》）进一步提出促进城镇化健康发展，并将城市群作为推进城镇化的主体形态；2007年党的十七大明确提出要“走中国特色的城市化道路，促进大中小城市和小城镇的协调发展”。

近年来，城镇化作为实现现代化的应有之义和基本之策持续受到重点关注，历次中央会议针对走新型城镇化道路和提升城镇化质量提出了一系列战略规划：2011年出台的《国民经济和社会发展第十二个五年规划纲要》（以下简称《“十二五”规划》）明确指出要“积极稳妥地推进城镇化，不断提高城镇化的质量和水平”；2012年11月党的十八大进一步提出走中国特色的新型城镇化道路，实现“四化”同步发展，将“城镇化质量明显提高”作为全面小康社会的重要目标；2012年12月召开的中央经济工作会议指出城镇化是现阶段我国现代化建设的重要历史任务，是扩大内需的最大潜力所在，应走集约、智能、绿色、低碳的新型城镇化道路；2013年党的十八届三中全会和中央城镇化工作会议均围绕走新型城镇化道路、全面提高城镇化发展质量进行了战略部署；2014年3月批准实施的《国家新型城镇化规划（2014—2020年）》明确了城镇化的指导思想和发展目标，成为我国城镇化有序发展的基础性规划。

在此背景下，我国城镇化发展取得了显著成就：城镇化率由 1978 年的 17.9% 提升至 2018 年的 59.6%，城镇人口由 1.72 亿增长到 8.31 亿，城市（地级市和县级市）和建制镇的个数分别由 190 个和 2000 多个增加到 649 个和 20000 多个。随着城镇化发展的不断深化，城市基础设施不断完善、公共服务水平不断提升，城市居民的生活水平显著提高：城市建成区面积由 1981 年的 7438 平方千米扩展到 2017 年的 56225 平方千米；城镇居民人均可支配收入由改革之初的 343.4 元增加至 2018 年的 39250.8 元，城镇居民恩格尔系数由 57.5 下降至 27.7，城市用水普及率和燃气普及率分别由 53.7% 和 11.6% 提升至 98.3% 和 96.3%。城镇化取得的这些成就，为带动农业现代化发展和解决“三农”问题、加快产业结构转型升级、推动经济健康发展和社会全面进步起到了重要的促进作用。

2000 年以来，我国开启了第四波城镇化进程（叶嘉安等，2006；薛俊菲等，2010），进入了全面建成小康社会和加快推进社会主义现代化建设的关键时期，城镇化在快速发展过程中积累的矛盾和问题逐渐暴露出来：

第一，就业非农化结构滞后于产业结构，就业吸纳带动能力不足。改革开放前，我国推行重工业化发展模式，加之户籍制度的限制，农业人口被固化在农业生产和农村地域中，导致就业非农化结构与产业结构的明显偏离；改革开放后，第三产业取得了较大发展，但其占比仍严重滞后于发达国家，既影响了农村剩余劳动力向非农产业转移，也影响了已经实现产业转移的部分劳动力实现地域空间的转移（周丽萍，2011）。

第二，农业转移人口市民化进程滞后，“不完全”城镇化问题突出。20 世纪 90 年代以来，人口自然增长、城镇规模扩张、户籍人口迁移和暂时迁移成为了推动我国城镇化快速发展的几种重要途径，其中，户籍所在地与居住地分离的迁移被称为暂时迁移。实际上，我国人口城镇化水平过半的重要原因就在于将暂时迁移人口视为城镇人口（王晓丽，2013）。有关测算表明，2018 年我国常住人口城镇化率为 59.6%，而户籍人口城镇化率只有 43.4%，两者之间存在约 16 个百分点的差距。表面上，大量农业转移人口作为统计意义上的城镇人口，提高了我国的城镇化水平；实际上，他们虽然进入城市并找到了工作，但由于缺失城镇户籍身份，仍难以真正融入城市社会。城乡差别并未因农民进城而消失，从农民工及其随迁家属在就业、教育、医疗、社会及住房保障等方面的生存及生活需求被满足的程度来看，他们并没有享受到与城镇户籍居民均等的社会基本公共服务，甚至受到各种偏见、限制和歧视，使得他们在心理上产生了一种疏远感和不认同感。由此造成了城市内部的二元结构，影响了社会的稳定，诱发了诸多社会问题。

第三，土地城镇化过快，城镇化发展模式粗放。一些城市过分追求“摊大饼”式的扩张发展，使得建成区和建设用地面积扩张的速度远高于城镇人口增长的速度，造成了严重的建设用地低效利用问题（郭叶波，2013）；部分地方政府受扭曲政绩观的影响，为快速提升城镇化率，热衷于搞造城运动，通过“县改区”等行政区划调整政策，使得许多农民“被城镇化”了，造成了“驱赶型城镇化”（陈明星等，2009；李楠和罗松华，2014）；在现行的财税体制之下，地方政府大兴土地财政，过度依赖土地出让收入和土地抵押融资，一方面浪费了大量的耕地、威胁到国家粮食和生态安全，另一方面则增加了地方政府的偿债风险；粗放型的城镇化发展模式引发了日益严峻的资源浪费和环境污染问题，挥霍型的城镇化不可维系，提升城镇化推进效率势在必行（方创琳，2014）。

第四，城乡差距扩大、区域发展不均。城乡协调一体化发展是城镇化的最终目标，现阶段我国的城乡差距非但没有缩小，反而有进一步扩大的趋势。随着农村青壮年劳动力等生产要素向城市单方面集聚，加之城市和工业对农村和农业的支持与反哺力度有限，城镇化对农业现代化水平提升和农民收入增加的带动作用不足，城乡之间的基础设施和公共服务水平存在显著差异（郝华勇，2014）；我国地域广阔，受地理交通条件、经济社会发展水平以及人口分布情况等因素的影响，城市空间具有显著的地域差异性特征，沿海与内陆、东部与中西部地区城镇化发展的水平差别较大，城市与人口的分布很不平衡。

第五，城市规划管理水平不高，城镇规模等级体系失衡，“城市病”频发。目前，我国一些特大城市和大城市的集聚效应尚未完全释放，就出现了以人口膨胀、交通拥堵、环境污染、房价虚高、教育医疗资源短缺等为主要特征的“大城市病”；相比之下，中小型城市则面临着人才流失、资源被掠夺的发展窘境，大中小城市协调发展的城镇等级体系尚未形成（晏玲菊，2014）；而城市空间无序扩张、重开发轻保护、重建设轻服务等都是城市规划管理水平低、公共服务质量差的表现。

第六，城镇化发展的体制机制不健全。我国现行的户籍制度、土地管理制度、社会保障制度、城市规划制度、财政税收制度等固化了已有的城乡分割和行政分割的既有利益失衡格局，制约着就业非农化水平的提高、人口市民化水平的提升、集约型城镇化发展模式的形成以及城乡一体化目标的实现。归根结底，城镇化必是一场破除既有城乡二元结构和城市内部二元结构的变革。

针对目前我国快速城镇化发展带来的诸多问题，不少学者指出现阶段我国应转变传统粗放的城镇化发展模式，走新型城镇化道路、提升城镇化质量：当前我国的城镇化速度与经济发展水平已基本适应，未来应警惕过度城镇化，关注城镇化质量（周一星，2006）；近年来，地方政府纷纷以高城镇化率的政绩目标形成竞赛之势，脱离了循序渐进的原则，忽视了城镇化质量与可持续发展，应予以高度重视（陆大道等，2007）；城镇化质量的提升是推进我国城镇化健康有序发展的关键，实现“质”与“量”的协调发展是亟待研究的重大科学命题（方创琳，2011）；从社会文化和城乡协调的标准来看，中国距离城市型社会的发展目标还有较大差距，城镇化速度与质量不匹配。研究者应在明确城镇化质量内涵和科学评价城镇化质量的基础上，为中央和地方政府推行城镇化战略决策提供有针对性的理论支持（魏后凯，2013）。

此外，由于我国地域广阔，受自然地理禀赋、经济社会发展水平、人口分布和交通条件等的影响，城市空间具有显著的地域差异性特征，各级尺度下城镇化质量的发展均呈现明显的空间差异格局。几乎在城镇化研究的初期，研究者们就关注到了城镇化的区域差异问题，并取得了一系列重要的研究成果（许学强，1986；张善余，2002；朱传耿，2006；刘玉，2007）。随着城镇化建设的重点开始逐渐由关注城镇化的速度和水平转向注重城镇化质量的提升，有关城镇化质量空间差异的识别与测度、影响因素和成因分析等问题开始逐渐受到研究者们的广泛关注（韩增林等，2009；王德利等，2010；何孝沛等，2015）。

在此背景下，本书以省域和城市群为研究对象，在构建评价指标体系测度城镇化质量的基础上，探索其空间分布的差异特征，定量分析不同空间尺度下城镇化质量的影响因素，并采用差异分解的方式识别城镇化质量空间差异各项成因的动态贡献率，有针对性地提出优化城镇化质量空间格局的相关对策。

二、研究意义

（一）理论意义

第一，有助于构建城镇化质量空间差异的理论分析框架。本书在文献梳理与评述的基础上，区分了几组关键概念，科学界定了城镇化质量的内涵与外延；通过探讨城市现代化、城乡一体化、人口城镇化和城镇化推进效率四项构成要素形成了城镇化质量评价的主要内容；从市场要素、行政要素、外向要素、内源要素、金融要素和科技要素六个方面出发探索多元影响因素对城镇化质量及其空间差异表现的双重作用机制。由此构建了城镇化质量空间差异的理论分析框架，形成了城镇化质量研究的逻辑基础，弥补了已有实证研究对城镇化质量机理分析和理论框架研究的不足，为后续研究奠定了基础。

第二，有助于完善适用于多级空间尺度的城镇化质量综合评价指标体系。本书在详细阐述指标选取原则与方法的基础上，综合考虑省级数据和地级市数据的可得性，以城镇化质量为总评价目标，以城市现代化、城乡一体化、人口城镇化和城镇化推进效率为维度评价目标，构建了包含 9 个一级指标、22 个二级指标的城镇化质量综合评价指标体系，适用于测度省级行政单元、城市群以及地级市等多级空间尺度的城镇化质量。

第三，有助于探索城镇化质量差异化的影响机制。城镇化作为一项系统工程，其影响机制的内涵和层次十分复杂，在不同时期、不同地区亦有不同的表现形式。已有关于城镇化影响因素的研究主要集中在城镇化水平、城镇化综合效率、新型城镇化发展水平、新型城镇化发展效率等方面；对于城镇化质量影响机制的研究则鲜有涉及，且在指标选取等方面尚未突破城镇化水平与效率的分析框架，而有关城镇化质量空间差异的影响因素研究仍属于空白。本书综合选取了市场要素、行政要素、外向要素、内源要素和金融要素，并创新性地提出科技要素，以此为出发点探索多元影响因素对城镇化质量的影响机制。

（二）实践意义

第一，有助于揭示城镇化质量的时空演化规律和空间差异情况，为政府决策提供重要参考。本书在构建城镇化质量综合评价指标体系的基础上，分别测度了 2003 ~2016 年 30 个省级行政区、12 个城市群及其所含 142 个地级市的城镇化质量，并通过聚类分析、泰尔指数分解和探索性空间数据分析等方法揭示了多级尺度下城镇化质量的空间分异情况，为各级空间单元了解其在全域的排名与发展阶段、明确各自的优势和差距，提供了重要的参考和依据。

第二，有助于明确不同空间尺度下差异化的城镇化质量影响因素，制定分类施效的城镇化质量提升策略。本书采用空间面板模型对六种影响因素进行定量分析，得到了省级全域、省级分区域（东、中、西）和城市群整体的城镇化质量影响因素的空间溢出效应，对于科学把握城镇化质量的发展趋势、制定差异化的城镇化质量提升策略具有一定的现实意义。

第三，有助于挖掘城镇化质量空间发展差异的成因，为有针对性地缩小城镇化质量的地区差异提供一定的思路。本书基于空间回归方程进行 Shapley 值分解，探索各项影响因素对省域和城市群全域尺度城镇化质量发展差异的动态贡献程度，为形成全域城镇化质量差异协调对策提供重要的参考。

第二节 研究内容、研究方法与技术路线

根据研究的逻辑顺序，本书主要的研究内容、研究方法与技术路线如下：

一、研究内容

本书共含八章内容，具体章节安排如下：

第一章为绪论。主要阐述本书的选题背景与研究意义，介绍研究内容、技术路线与主要的研究方法，说明可能存在的创新之处。

第二章为城镇化质量的文献梳理与评述。将已有文献按照城镇化质量的内涵、评价方法与指标赋权、评价对象与空间尺度、空间差异、适度性、驱动力、提升对策以及其他相关研究等方面进行了详尽的阐述和分析，梳理出城镇化质量"是什么""为什么"以及"怎么办"的研究脉络；进一步指出未来可在城镇化质量的内涵和作用机理、多级空间尺度、影响因素的空间溢出效应、空间差异的成因分析等方面继续完善与深化的思路。

第三章为城镇化质量空间差异的研究框架。在区分关键概念的基础上，科学界定城镇化质量的内涵，即城镇化的推进过程和发展成果满足城乡居民当前及未来需求的程度；通过探讨城市现代化、城乡一体化、人口城镇化和城镇化推进效率四项构成要素形成城镇化质量评价的主要内容；从市场要素、行政要素、外向要素、内源要素、金融要素和科技要素六个方面出发探索多元影响因素对城镇化质量及其空间差异表现的双重作用机制。

第四章为城镇化质量综合评价指标体系。依据全面性与系统性、代表性与科学性、动态与静态结合以及可比性与可操作性的原则，综合使用理论分析法和频度分析法，构建了包含 4 个维度 9 个一级指标 22 个二级指标的城镇化质量综合评价指标体系；详细介绍评价对象的具体构成、基础数据的来源和处理情况；阐述熵值法的原理和步骤，并分别为省级尺度、城市群尺度以及地级市尺度的城镇化质量评价指标体系赋权。

第五章为城镇化质量空间差异的测度。一方面，从时空分异特征出发，分析城镇化质量的时序变化趋势和排名变动情况；采用聚类分析法揭示城镇化质量的层级特征；以变异系数和泰尔指数度量城镇化质量地区差异的总体情况，并通过一阶泰尔指数分解探索差异的主要来源；在探讨子系统时序变化规律的基础上，将四项基本维度的发展情况进行可视化分类。另一方面，从空间关联分析出发，介绍空间权重矩阵和空间关联指数，结合本书需求构建地理—经济矩阵；采用全域 Moran's I 指数对全局空间自相关性进行测度；以散点图、显著性 LISA 图和冷热点分布图探索城镇化质量在局域空间中的集聚和异质性表现。

第六章为城镇化质量空间差异成因的解释。首先，以市场要素、行政要素、外向要素、内源要素、金融要素和科技要素为基本出发点，采用分地区空间面板模型实证分析各项影响因素对城镇化质量的影响方向和影响强度；其次，基于空间回归方程进行夏普利值分解，探索各项影响因素对城镇化质量空间发展差异的动态贡献程度，深入剖析城镇化质量空间差异的成因。

第七章为提升城镇化质量的思路与对策。从构成要素的视角出发，得到城镇化质量的提升思路：第一，提高城市规划管理水平，营造优美可持续的人居环境；第二，实现经济差距缩小、社会成果均等的城乡一体化发展；第三，破除体制机制阻碍，推进农业转移人口市民化进程；第四，提高城镇化发展的经济社会效率，推进生态文明建设。从驱动要素的角度出发，给出城镇化质量的提升路径：第一，培育和完善生产要素市场，加快统一市场化进程；第二，实现管理型政府向服务型政府转变，加强政府间合作；第三，提高对引进外资项目的甄别能力及本土企业管理水平；第四，提升产业就业吸纳力，营造良好的就业创业环境；第五，创新城镇化融资模式，提高金融体系运行效率；第六，提高科研成果的应用转化率，促进区域科技合作。

第八章为结语及未来进一步的研究方向。总结全书，指出研究不足及未来进一步完善的方向。

二、研究方法

在本书的研究过程中，主要采用了三类分析方法：

第一类是文献研究法，主要应用于第二章城镇化质量的文献梳理与评述部分，将从中央政策和会议文件、中外文期刊和书籍中得到的资料，进行整理、分析、提炼和综合。

第二类是理论推演法，主要应用于第三章城镇化质量空间差异的研究框架部分。

第三类是统计分析法，在第四、第五、第六章中均有使用，包括熵值法赋权、聚类分析、泰尔指数分解、探索性空间数据分析、空间计量检验、夏普利值分解等。

三、技术路线

本书的技术路线如图 1－1 所示。

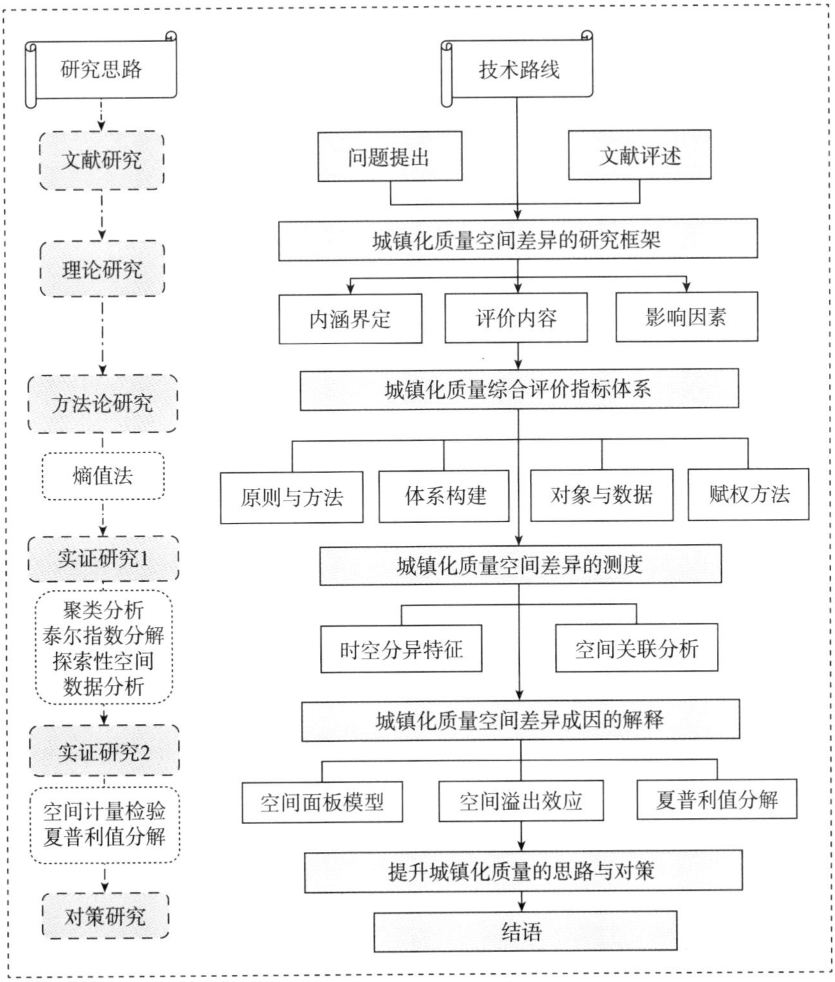

图 1－1　本书的技术路线

第三节　可能存在的创新

本书可能在如下三个方面存在创新：

第一，从城市现代化、城乡一体化、人口城镇化和城镇化推进效率四个维度对城镇化质量进行了科学评价。已有研究从二维、三维及多维构成要素的视角理解城镇化质量的内涵。其中，以李明秋（2010）和魏后凯（2013）为代表的三分法研究将城乡一体化和城镇化推进效率提升到与城市自身发展质量同一层面的维度上；2014 年颁布的《国家新型城镇化规划（2014—2020 年）》把人口市民化作为单独的一章，将其提升到重要的战略地位上来，而这一内容却并未充分体现到已有城镇化质量的内涵及评价研究中。本书在与新型城镇化规划充分对接的基础上，从城市现代化、城乡一体化、人口城镇化和城镇化推进效率四个方面界定城镇化质量的内涵与外延，通过详细的机理分析论证城镇化质量与各维度的作用关系，并据此构建了包含 9 个一级指标、22 个基础指标的城镇化质量综合评价指标体系，对城镇化质量进行了科学评价。

第二，以时空分异和空间相关的综合视角系统揭示了两级空间尺度下我国城镇化质量的空间不均衡格局及其演变。已有关于城镇化质量的研究多以省级或地级市的单一空间尺度展开，而有关城市群的城镇化质量研究则鲜有涉及。本书综合考虑城市群的成熟度和区位分布情况，选取了 12 个发育较为成熟的城市群（其在东、中、西三大区域的分布数量分别为 6、3、3），并采取省级和城市群的两级空间尺度进行研究。此外，本书综合运用泰尔指数分解、聚类分析和探索性空间数据分析等方法，从时空分异和空间相关两个视角系统揭示了当前我国两级尺度下城镇化质量的空间不均衡格局及其演变情况。

第三，回答了空间互动状态下市场要素、行政要素、外向要素、内源要素、金融要素和科技要素在多大程度上导致我国城镇化质量出现空间差异。已有关于城镇化影响因素的研究主要集中在城镇化水平、城镇化综合效率、新型城镇化发展水平、新型城镇化发展效率等方面；对于城镇化质量影响机制的研究则鲜有涉及，且在指标选取等方面尚未突破城镇化水平与效率的分析框架；而当前有关城镇化质量空间差异成因的研究无论是在理论分析还是实证检验方面，均属于空白。本书探索多元影响因素对城镇化质量及其空间差异表现的双重作用机制；通过纳入空间效应、构建空间面板模型，测度了多级空间尺度下城镇化质量影响因素的空间溢出效应；并进一步采用基于回归方程的夏普利值分解法探索了各项影响因素对城镇化质量空间发展差异的动态贡献程度，深入剖析了城镇化质量空间差异的成因。

第二章　城镇化质量的文献梳理与评述

2000 年以来，我国城镇化发展出现了一些新趋势，开启了第四波城镇化进程（叶嘉安等，2006）。针对目前城镇化快速发展的现状，许多学者从不同视角提出应重视城镇化质量研究，比较有代表性的观点有：当前我国的城镇化速度与经济发展水平已基本适应，未来应警惕过度城镇化，关注城镇化质量（周一星，2006）；近年来，地方政府纷纷以高城镇化率的政绩目标形成竞赛之势，出现了以“虚假城镇化”“土地城镇化”为特征的冒进式城镇化，脱离了循序渐进的原则，忽视了城镇化质量与可持续发展（陆大道等，2007）；城镇化质量的提升是推进我国城镇化健康有序发展的关键，实现“质”与“量”的协调发展是亟待研究的重大科学命题（方创琳，2011）；从社会文化和城乡协调的标准来看，中国距离城市型社会的发展目标还有较大差距，城镇化速度与质量不匹配。研究者应在明确城镇化质量内涵和科学评价城镇化质量的基础上，为中央和地方政府推行城镇化战略决策提供有针对性的理论支持（魏后凯，2013）。

在此背景下，学术界涌现出了大量有关城镇化质量的理论与实证研究。本书从城镇化质量的内涵、评价方法与指标赋权、评价对象与空间尺度、空间差异、适度性、驱动力、提升对策和其他相关研究几个方面梳理既有文献，并在评述已有研究的基础上，指出进一步研究的方向。

第一节　内涵研究

目前，学术界有关城镇化质量的内涵尚未达成共识。学者们从不同学科和视角出发，对城镇化质量的内涵形成了多种观点。综合已有研究，笔者将有关城镇化质量的内涵研究按定义、表征以及维度分为三类（见表2-1）。

表2-1　城镇化质量的内涵研究

<table>
<tr><th colspan="2">研究视角</th><th>研究者</th><th>研究要点</th><th>研究特点</th></tr>
<tr><td colspan="2" rowspan="3">定义</td><td>鲍悦华和陈强（2009）</td><td>城市功能的发展情况及公众需求的满足程度</td><td rowspan="3">结合“城镇化”与“质量”的定义，探究城镇化质量的动力、保障、条件和目标；对于构建指标体系的指向意义有限</td></tr>
<tr><td>郭叶波（2013）</td><td>城镇化推进过程及发展成果满足城乡居民不断增长的物质文化需求的程度</td></tr>
<tr><td>梁振民（2014）</td><td>经济发展是基本动力，制度和政策完善是基本保障，改善城市环境是基本条件</td></tr>
<tr><td colspan="2" rowspan="4">表征</td><td>国家城调总队（2005）</td><td>人的生存和生活质量+动力+协调+公平</td><td rowspan="4">强调动力性、协调性、公平性、集约性及可持续性；在体现人口城镇化、城乡一体化、城镇化推进效率等理念的同时，杂糅了其他概念</td></tr>
<tr><td>朱洪祥（2007）</td><td>动力因子+公平因子+质量因子+集约因子</td></tr>
<tr><td>牛文元（2013）</td><td>动力特征+公平表征+协调度</td></tr>
<tr><td>何平和倪苹（2013）</td><td>综合水平+集约性+公平性+可持续性</td></tr>
<tr><td rowspan="9">维度</td><td rowspan="2">二维</td><td>叶裕民（2001）</td><td>城市现代化（城市的发展质量）+城乡一体化（区域的发展质量）</td><td>视城乡一体化为提升城市化质量的最终目标</td></tr>
<tr><td>李刚和陆贝贝（2015）</td><td>物质城镇化质量+精神城镇化质量</td><td>重视城市文化和城市管理</td></tr>
<tr><td rowspan="7">三维</td><td>袁晓玲（2008）</td><td>物质文明+精神文明+生态文明</td><td rowspan="3">从经济发展质量、社会和谐质量及生态环境质量的三维视角出发；尚未提炼出城乡一体化和人口城镇化的内容</td></tr>
<tr><td>余晖（2010）</td><td>经济发展+城市功能+社会和谐</td></tr>
<tr><td>方创琳（2011）</td><td>经济城市化质量+社会城市化质量+空间城市化质量</td></tr>
<tr><td>李明秋（2010）</td><td>城市自身发展质量+城市化推进效率+城乡一体化程度</td><td rowspan="4">把城乡一体化和城镇化推进效率提升到与城市发展质量同一层次的维度上；没有突出人口市民化的内容</td></tr>
<tr><td>王德利（2010）</td><td>城市基础实力+城市化发展协调性+可持续发展水平</td></tr>
<tr><td>魏后凯（2013）</td><td>要素发展质量+协调程度+推进效率</td></tr>
<tr><td>李楠（2014）</td><td>要素发展状况+协调水平+作用功效</td></tr>
</table>

续表

研究视角		研究者	研究要点	研究特点
维度	多维	刘素冬（2006）	城市实力＋居民生活质量＋城市环境和基础设施＋城乡一体化	涉及经济发展、社会生活、生态环境、基础设施、城乡统筹、体制机制等多方面的概念，有利于拓展城镇化质量研究的思路；重点不突出，杂糅了一些非必要的概念
		于涛（2010）	经济发展＋城市生活＋社会发展＋基础设施＋生态环境＋城乡与区域统筹	
		陈明（2012）	城乡统筹协调＋城镇综合承载力＋城镇化推进效率＋推进机制	
		李琪（2012）	宜居程度＋经济基础＋发展潜力＋城乡一体化	
		邵琳（2013）	城镇经济＋社会政治＋生态环境＋人民生活＋城镇软硬件	

资料来源：根据相关文献整理。

从城镇化质量的定义来看，鲍悦华和陈强（2009）阐述了“质量”概念由企业到产业，再到城市层面的演化关系，并从城市功能的发展情况与公众需求的满足情况两个视角概括城市发展质量的内涵。郭叶波（2013）在此基础上，进一步综合了“城镇化”与“质量”这两个独立的概念，指出城镇化质量可以简单理解为推进过程与发展成果满足城乡居民需求的程度，突出了城镇化质量与数量的区别，即既关注结果也重视过程，既考虑市民也涵盖村民的综合理念。梁振民（2014）在梳理相关学者有关城镇化质量定义的基础上，指出城镇化质量是一个涵盖经济结构、空间载体、制度与政策、居民素质、城市文明和城市环境的综合概念，其中，经济发展是基本动力、制度和政策是基本保障、城市环境是基本条件，并进一步指出城镇化质量的地域性、抽象性、相对性以及综合性特征。从“城镇化”与“质量”的概念出发，推演城镇化质量的定义，探究其动力、保障、条件及目标，是回答城镇化质量“是什么”问题的起点。

从城镇化质量的表征来看，国家城调总队（2005）将城镇化质量概括为人的生存及生活质量、动力强度、协调性和公平性四个方面，并进一步指出消除城乡差距是城镇化质量的真正内涵。朱洪祥（2007）从经济发展水平与社会资本、城乡公平、居民生活与生态环境质量、资源能源消耗程度的视角理解城镇化质量的“动力表征”“公平表征”“质量表征”以及“集约表征”。何平和倪苹（2013）在前者研究的基础上，保留了集约因子和公平因子，将动力因子和质量因子整合为城镇化的综合发展水平，并突出了可持续发展的重要性。牛文元（2013）将城镇化质量理解为城市发展的基本活力即“动力特征”、城镇化发展的公平性和可持续性即“公平表征”以及城镇化的协调度。已有研究从城镇化质量的特征出发，强调动力性、协调性、公平性、集约性及可持续性，初步体现了人口城镇化、城乡一体化以及城镇化推进效率等相关理念。

从城镇化质量内涵的二维构成视角来看，叶裕民（2001）指出城镇化质量由核心载体和域面载体两部分的质量构成，即城市的发展质量和区域的发展质量，并把城乡一体化的理念引入城镇化质量的评价体系中。李刚和陆贝贝（2015）认为包含城市文化、城市生活方式、城市价值理念以及城市管理水平的“精神”城镇化建设是新时期提升我国城镇化质量的关键，因此应从“物质”和“精神”两个层面理解城镇化质量。

城镇化质量内涵的三分法是当前研究的主流，按照划分视角的不同，主要分为两类：第一类是以方创琳等（2011）为代表的研究：其中，袁晓玲等（2008）和余晖（2010）分别从物质、精神和生态文明以及经济发展、城市功能和社会和谐的角度给出了城镇化质量三维概念的初步构想；方创琳和王德利（2011）将已有研究按照经济城市化发展、社会城市化发展和空间城市化发展的视角进行了重组，并在此基础上构建了三维一体的城镇化质量评价体系。第二类是以魏后凯（2013）为代表的研究：李明秋和郎学彬（2010）在叶裕民（2001）两分法的基础上，提出城镇化质量应包含城市自身的发展质量、城乡一体化的实现程度以及城市化的推进效率；王德利等（2010）进一步将每个二级维度细分为经济、社会和空间三级指标，初步构建了城市化发展质量的多级评价指标体系；魏后凯（2013）在中国社会科学院《城镇化质量评估与提升路径研究》的项目报告中，正式提出要素发展质量、协调程度及推进效率的三分法视角。综合对比两类研究，苏红键等（2015）认为以李明秋和魏后凯为代表的第二类研究将城乡一体化和城镇化推进效率的概念提升到与城市自身发展质量同一层面的维度上，提高了两类指标在评价体系中的权重，符合党的十八大以及全面小康社会的要求。同时，具有较好的系统性和简洁性。

从城镇化质量内涵的多维视角出发，则涉及经济发展、社会生活、生态环境、基础设施、城乡统筹、体制机制等方方面面的概念，有利于拓展城镇化质量研究的思路。

从定义和表征的视角考察城镇化质量的内涵，有助于认识城镇化的动力、保障、条件、目标及相关特征，但由于杂糅了相关程度较低的其他概念，对于构建城镇化质量指标体系的指向意义较为有限；从城镇化质量的维度出发，识别二维、三维及多维构成要素，有助于从系统论的视角把握与城镇化质量相关的主次因素，是城镇化质量实证研究的重要起点。

第二节　评价方法与指标赋权研究

在系统认识城镇化质量内涵的基础上，学者们进一步开展了大量有关城镇化质量的定性与定量研究。

定性研究主要体现在两方面：一是城镇化质量指标体系的理论综述研究。其中，刘素冬（2006）提出构建城市化质量指标体系时应充分体现城市的实力、资源的承载力、提高居民生活质量的能力以及为居民提供就业与发展机会的能力；陈明（2012）认为指标体系应包括城乡统筹度、城镇化推进效率、城镇的基础设施和公共服务状况、城镇的生态环境以及社会管理水平等。二是城镇化质量存在的问题与思路对策分析。陈鸿彬（2001）提出未来提高城市化质量的思路在于完善城市规划、推行制度创新、促进科技进步以及实现为公民服务的观念转变；冯奎（2012）指出中国城镇化提质面临的最大挑战是农民工的问题；李楠（2014）在反思传统城镇化出现问题的基础上，进一步提出未来应推进以人为本的新型城镇化、构建科学的质量评价体系、建立健全体制机制，为提高城镇化质量把握正确方向。

当前的研究以构建城镇化质量指标体系进行定量评价为主。除了极少数学者采用单一指标进行测度外（郑梓桢，2003），大多数研究者均采用多指标综合评价体系。主流的评价方法是将多个指标以乘法综合评价模型或线性加权评价模型的方式合成城镇化质量指数，实现同一地区时间序列上的纵向对比或不同地区之间的横向比较。乘法模型的使用规则是各指标缺一不可（吴殿廷，2003），因此该方法的普及程度较为有限。多数学者采用线性加权评价模型，即按一定方法对多个指标进行赋权，通过线性相加合成综合指数，要求是各指标之间相互独立、避免信息重复（李林，2008）。

无论是乘法模型还是加法模型，都要面临多属性决策中的重要问题——指标赋权。近年来，赋权方法研究已取得了较大进展，主要分为主观赋权和客观赋权两类。主观赋权是评价者依据经验，根据对各指标的主观重视程度决定权重的一类方法，主要包括层次分析法、德尔菲法以及专家打分法等；客观赋权是利用原始数据信息的联系强度及差异程度或指标提供的信息量大小决定权重的一类方法，较常使用的有主成分分析法、因子分析法、聚类分析法和熵值法。

近年来，学者们广泛应用上述两类方法，形成了大量有关城镇化质量的定量评价研究（见表2－2）。

表2－2　城镇化质量的赋权方法研究

方法类别	方法名称	研究者	研究对象	研究时间	方法特点
主观赋权	层次分析法	国家城调总队（2005）	华东6省份	2003	实现分层赋权，当指标较多时数据量大；定性成分较多，可信度有限
		于涛（2010）	江苏省常熟市	2007	
		徐素（2011）	长三角37县市	2007	
		李琪（2012）	中国286地级市	2008	
	专家打分法	何平（2013）	中国31省份	2010	简单实用；但主观性较大
		段福庆（2014）	山东省17地级市	2012	
客观赋权	主成分分析法	朱传耿（2008）	中国262地级市	2000	可通过SPSS等统计软件进行降维处理；计算过程较为复杂
		王家庭（2009）	中国30省会城市	2006	
		杨翼（2013）	全国	2000～2011	
		周江燕（2014）	中国30省份	2000～2011	
		陈茉莉（2015）	中国30省份	2005～2013	
	因子分析法	袁晓玲（2008）	陕西省10地级市	2005	通过消除指标间的重复信息，对原变量进行简化；因子与变量为线性函数关系，计算量大
		鲍悦华（2011）	21省份163地级市和县级市	2004	
		周丽萍（2011）	中国31省份	2008	
		曹亚平（2014）	中国279地级市	2003～2010	
		汪洋洋（2015）	中国287地级市	2010	
	聚类分析法	朱洪祥（2007）	山东省17地级市	2005	利用原始数据信息的联系强度进行聚类分析；信息量有限
		何文举（2009）	湖南省14地级市	2006	

续表

方法类别	方法名称	研究者	研究对象	研究时间	方法特点
客观赋权	熵值法	韩增林（2009）	中国 286 地级市	2007	根据指标的变异信息量确定权重，评价结果与变量之间为非线性函数关系，计算过程相对简单；不消除重复信息、不减少指标维数（郭显光，1998）
		王洋（2012）	中国 2289 县域及合并后的地级市区	2008	
		欧向军（2012）	江苏省 65 县市	2001～2009	
		王富喜（2013）	山东省 17 地级市	2010	
		张荣天（2013）	江苏省 65 县市	1990，1997，2004，2012	
		张春梅（2013）	江苏省 13 地级市	2000～2010	
		赵永平（2014）	中国 30 省份	2000～2011	
		何孝沛（2015）	河南省 18 省辖市	2003～2012	
		李刚（2015）	中国	2003～2016	
		李涛（2015）	重庆市 38 区县	2002～2012	
主客观综合赋权	熵值法 + 层次分析法	王德利（2010）	中国 31 省份	1978～2008	以层次分析法修正极值或异常值
		郝华勇（2014）	湖北省 66 县市	2010	

资料来源：根据相关文献整理。

主观赋权法和客观赋权法各有优劣，前者依据专家经验进行主观判断，由于知识背景的不同，难以避免主观随意性。在使用同样的指标和数据进行评价时，由于主观性的存在，在一定程度上影响不同评价结果的横向对比；后者通过样本信息的联系强度和差异程度获取赋权信息，但无法将研究者的经验与指标之间的相对重要性相结合，易受极端值的影响；王德利（2010）和郝华勇（2014）采用主客观综合赋权的方法，将熵值法与层次分析法结合起来，避免了个别情况下某些指标值变异程度过大从而导致权重过高的失真现象。

第三节　评价对象与空间尺度研究

从已有文献来看，以省域、地级及以上城市为空间尺度的城镇化质量研究占到半数以上，而以全国、区域和县域为尺度的研究，数量则较少（见表 2－3）。

此结论与陈明（2012）和郭叶波（2013）在有关中国城镇化质量研究评述中得到的结论相似。

表 2-3　城镇化质量的评价对象与空间尺度研究

研究尺度	研究时间	研究者	研究对象	研究特点
全国	1981~2006 年	陈明星（2009）	全国	通常选择十年以上的研究周期，以揭示不同政策背景下我国城镇化质量的演化特征
	2000~2011 年	杨翼（2013）	全国	
	2003~2016 年	李刚（2015）	全国	
区域	2003 年	国家城调总队（2005）	华东六省	将时间变化与区位特征相结合，既包含时间截面的区域横向比对，也有时间序列的区域演化特征
	2009 年	王德利（2011）	首都经济圈	
	2006~2011 年	梁振民（2013）	东北地区	
省域	1991~2005 年	欧向军（2008）	江苏省	以全国 31 省份和各别省份的时间序列研究为主，同时包含某一时间点不同省份之间的截面分析；由于省际数据的可得性较强，不乏以改革开放初期和 20 世纪 90 年代为时间起点的研究
	1978~2008 年	王德利（2010）	中国 31 省份	
	2008 年	周丽萍（2011）	中国 31 省份	
	1998~2010 年	吴晓旭（2013）	河南省	
	2010 年	何平（2013）	中国 31 省份	
	2006~2012 年	白永秀（2014）	中国 31 省份	
	2005~2013 年	陈茉莉（2015）	中国 30 省份	
地级及以上城市	1998 年	叶裕民（2001）	9 个超大城市	以地级及以上城市为空间尺度的研究数量最多；鉴于数据的可得性，2000 年以前的研究多以截面分析为主；2000 年以来，由于数据量较大，涉及全国地级市的面板分析较少（曹亚平，2014）；随着统计技术的改进，学者们越来越关注地级市的时间序列及面板研究
	2007 年	韩增林（2009）	中国 286 地级市	
	2006 年	王家庭（2009）	中国 30 省会城市	
	2007 年	于涛（2010）	江苏省常熟市	
	2008 年	李琪（2012）	中国 286 地级市	
	2010 年	魏后凯（2013）	中国 286 地级市	
	2008~2010 年	王若桢（2013）	江苏省 13 地级市	
	2000~2010 年	邵琳（2013）	安徽省 17 地级市	
	2003~2010 年	曹亚平（2014）	中国 279 地级市	
	2003~2012 年	何孝沛（2015）	河南省 18 省辖市	
县城	2007 年	徐素（2011）	长三角 37 县市	由于数据量较大且数据的可得性有限，县域研究的数量较少，且多局限在一定区域或省份内部
	2001~2009 年	欧向军（2012）	江苏省 65 县市	
	2010 年	郝华勇（2014）	湖北省 66 县市	
	2002~2012 年	李涛（2015）	重庆市 38 区县	

续表

研究尺度	研究时间	研究者	研究对象	研究特点
多级尺度	1980~2008年；1990~2008年	方创琳（2011）	全国；中国31省份	2010年以来，在部分研究报告和硕博论文中出现了多级空间尺度结合的研究趋势；多尺度评价的优势是可获得层次丰富和政策针对性较强的结论
	1999~2010年；2010年	李琪（2012）	全国；中国286地级市	
	2001~2010年；2010年	柴志阳（2013）	湖南省8地级市；珠三角9地级市	
	2000年，2005年，2010年；2010年	梁振民（2014）	中国267地级市；中国31省份	
	2012年	段福庆（2014）	山东省17地级市+122县域	

资料来源：根据相关文献整理。

陈明（2012）指出，国家层面的城镇化质量与现代化、工业化、全球化以及发展转型等重大问题紧密结合在一起，很难厘清其研究范畴和边界，也无法进行横向的国际比较。因此建议以全球通用的可持续发展指数和人文发展指数等进行替代，不宜单独构建以国家为尺度的城镇化质量评价指标体系；而县域和乡镇尺度由于经济和社会发展的异质性较强，难以得出有针对性的政策建议，因此也不宜作为城镇化质量的研究对象；相比之下，市域及以上尺度的城镇体系较为完善，同时也出现了大量亟待解决的城镇化问题，因此应成为新时期城镇化质量研究的主要对象。

郭叶波（2013）则认为这样的理解有些草率，对此持不同意见，并进一步指出，只要有城镇化发生的地方就应该重视城镇化质量。当前我国进入初级城市型社会，更应加强全国尺度的城镇化质量研究，从时间演进的视角明确宏观层面的差距所在，并以此为鉴确定未来改进的方向；小城镇作为中国特色城镇化的重要组成部分，其城镇化质量也不应被忽略。

综合两者的观点和已有研究，本书认为以省域和地级市为城镇化质量主要研究对象的趋势将在未来一定时期内进一步巩固，但不应忽视国家宏观层面和小城镇微观尺度的城镇化质量发展；在构建指标体系时，应注意不同空间范围内城镇化质量评价体系的适用性及差异性，避免出现一套标准衡量所有的现象；此外，城镇化发展速度较快、外来人口涌入较多的时期和区域也应成为城镇化质量研究的重点关注对象。

梳理已有城镇化质量研究的评价对象与空间尺度，有助于把握其在未来一定时期内的变化趋势；以较长时间段为周期的研究，有助于揭示不同政策背景下城镇化质量的演化特征；将时间变化与区位特征相结合，可获取更具指导意义的研究结论；在确定评价对象与空间尺度时，除了要考虑研究的层次与结论的针对性以外，还要充分考虑数据的可得性和可操作性，避免出现数据量不足或过大的情况；此外，多级空间尺度成为近期研究的热点，有助于获得层次丰富和政策针对性较强的结论。

第四节 空间差异研究

我国地域广阔，受自然地理禀赋、经济社会发展水平、人口分布和交通条件等的影响，城市空间具有显著的地域差异性特征，沿海与内地、东部与中西部之间的差别较大，城市与人口的分布很不平衡。几乎在城镇化研究初期，研究者们就关注到了城镇化的区域差异问题，并取得了一系列重要的研究成果（许学强，1986；张善余，2002；朱传耿，2006；刘玉，2007）。陈明星（2010）在研究省际尺度城市化与经济发展水平的协调关系时，将全国31个省级行政单元划分为从城市化中度滞后到基本协调再到城市化严重超前等七个类别，发现了明显的东西分异格局。具体而言，东部沿海地区以城市化超前型为主，北京、天津和上海成为城市化超前最为严重的地区，它们的城市化水平已经接近甚至超过发达国家的水平；而中西部地区则以城市化滞后发展型为主。

近年来，随着党的十八大报告将“城镇化质量明显提高”作为全面建设小康社会的发展目标以及2013年中央城镇化工作会议提出“走中国特色新型城镇化道路，核心是以人为本，关键是提升质量”，城镇化建设的重点开始逐渐由关注城镇化的速度和水平转向注重城镇化质量的提升。在此背景之下，研究者们展开了大量有关城镇化质量区域差异的研究。

韩增林和刘天宝（2009）构建了以经济发展、就业、居民生活、生态环境、城乡协调、创新质量等10个维度的城镇化质量综合评价指标体系，采用熵值法测算了除拉萨市以外的中国286个地级及以上城市的城镇化质量。进一步地将评价结果按照东、中、西部三大地带进行比较，发现我国城镇化质量的空间差异明显，由东向西依次降低；城镇化质量较高的城市呈现一定的空间集群分布，与已有城市群的分布拟合较好。

王德利等（2010）在构建城市基础实力、城市化发展协调度和城市化发展可持续水平的三维城市化发展质量评价模型的基础上，测度了2008年我国省际城市化质量的空间差异。结果显示，城市化质量指数呈明显的空间分异特征，由东部、中部向西部依次递减。其中，北京市的城市化发展质量指数最高为0.81，上海、江苏、浙江分别以0.77、0.74和0.71分列第二至四名，西北地区则以新疆、青海、四川及内蒙古的城镇化发展质量最低。

欧向军等（2012）采用熵值法，从人口、经济、居民生活、景观环境和基础设施五个方面综合测度了江苏省65个县市2001~2009年的城市化质量。在此基础上，运用互为验证的加权变异系数和泰尔指数两种方法考察了城镇化质量及五个子系统的区域差异，结果发现江苏省县域城市化质量的空间差异主要表现在经济发展和基础设施两个子系统中。研究时期内，城镇化质量的区域差异不断扩大、空间极化现象日益显现。

李琪和安树伟（2012）在评价中国286个地级及以上城市2008年的城市化质量时，通过聚类分析，将全部城市按照评价结果分为质量良好、质量中等、质量一般和质量较差四种类型。其中，城市化质量良好型城市全部分布在东部地区；质量中等型城市在东部地区、中部地区、东北地区以及西部地区之间的分布比例依次为65%、19%、12%和4%；质量一般型城市和质量较差型城市则遍布各区。特别需要指出的是，作者发现质量较差型城市中有87%分布于省区的交界地带，这一结论丰富了我国城镇化质量空间差异研究的层次。

梁振民等（2013）以经济、空间和人口的三维视角构建了城市化发展质量的综合评价指标体系，采用均方差赋权法，测算了2006~2011年东北地区34个地级市的城镇化质量，观测到了由南向北依次递减的空间分异特征。在此基础上，使用聚类分析的方法，测度了城市化发展质量的三大层级特征，即以大连、沈阳、长春和哈尔滨构成的四大核心城市区；以大庆、营口、吉林等九个地级市组成的核心城市的周边城市区；由剩余21个地级市形成的外围边缘城市区。进一步地，作者从国家政策、人口集聚、计划经济遗留问题及区位优势四个层面探讨了三大层级的形成机理。

在之前研究的基础上，梁振民（2014）进一步测度了2000年、2005年、

2010 年三个时间节点东北地区、黑龙江省、吉林省以及辽宁省城镇化质量发展的空间分异特征，得出了更为微观的研究结论，即辽中南城市群、吉林中部地区以及黑龙江南部地区为城镇化质量的高地。

郝华勇（2014）从经济、社会、生态、民生、空间和城乡六个维度考察了湖北省 66 个县域的城镇化质量。ArcGIS 软件的可视化操作表明，湖北省县域城镇化质量并无明显的空间分异特征，既未出现高值聚集的情况，也未呈现等级扩散的核心边缘模式。未来应加强地级市与周边县市的联系，在区域一体化的过程中实现高值区域向低值区域的扩散效应。

周江燕（2014）在测算 2011 年我国省域城乡一体化发展水平的基础上，采用变异系数对整体差异进行测度，并用二阶泰尔指数进行地区分解。

何孝沛等（2015）在运用熵值法测算 2003～2012 年河南省 18 个省辖市城镇化质量的基础上，对 2003 年、2008 年和 2012 年的城镇化质量评价结果进行聚类分析，发现超过半数的省辖市在研究期间出现了城镇化质量等级上升或下降的空间格局变化；进一步地，作者针对经济、社会、居民生活、城乡统筹和可持续发展五个方面进行分维度评价，发现造成城镇化质量空间差异变化的根本原因在于子系统的发展速度不均衡。

已有研究表明，由最初城市化水平的地区差异研究到城市化与经济发展水平适度关系的空间分异研究，研究热点已逐渐转向城镇化质量的空间差异研究。欧向军等（2006，2008，2012）介绍了大量有关区域差异测度的方法，其中以变异系数和泰尔指数分解构成相对差异研究的主要部分。近年来，随着 SPSS 和 ArcGIS 软件的不断成熟，基于聚类分析和可视化操作的相关内容也为城镇化质量的空间差异研究提供了新的方法与视角。

第五节　适度性研究

在构建指标体系对城镇化质量进行测度的基础上，考察其在一定地域内的空间分布差异和一段时期内的时间演化关系是城镇化质量定量研究较为常见的做法。此外，近年来涌现出大量有关城镇化质量适度性的研究，进一步丰富了城镇化质量的研究视角和政策内涵。

具体而言，城镇化质量的适度性表现为城镇化质量子系统的适度关系、城镇化质量与城镇化速度及水平的适度关系、城镇化质量与城镇化规模的适度关系以及城镇化质量与经济发展水平的适度关系。

一、城镇化质量子系统的适度关系研究

前文的研究表明，已有学者在明确城镇化质量内涵的基础上，构建多维度城镇化质量评价指标体系。为探索不同维度和整体之间是否实现了有机统一，有必要考察城镇化质量与子系统以及各子系统之间的适度关系。

白先春等（2005）基于LOWA算子构建了2000～2002年江苏省27个县级市城市发展质量的评价指标体系。在聚类分析的基础上，作者提出了城市发展质量子系统的协调发展网络模型，共包含五个层次：第一层次为各子系统内部具体元素之间的协调发展关系，也即最基础的层次；第二层次为两大子系统之间的协调发展关系；第三、第四层次分别为三大子系统和四大子系统之间的协调发展关系；第五层次为该网络模型的最高层次，表明人口、经济、生活、环境以及城建这五大子系统之间的协调关系。进一步地，白先春以协调发展模型测算了包含五个子系统在内的最高层次的协调关系。李涛等（2015）采用熵值法测算了2002～2012年重庆市38个区县的城镇化质量，在揭示时空分异特征的基础上，构建了“土地、人口、产业”的耦合协调度模型，并将测算结果划分为低水平协调耦合、中度协调耦合以及高水平协调耦合三类。

相关研究结果表明，城镇化作为一个复杂的系统工程，涉及人口、经济、社会、土地、环境和基础设施等多个维度。而城镇化质量的高下除了取决于各子系统的发展质量以外，还受到子系统之间发展协调程度的影响。因此，使用耦合协调度模型测度子系统的适度关系有助于明确各子系统之间相互作用和影响的程度及方向。如果一个地区的城镇化质量较高，而子系统的适度关系不合理、协调性较差，则说明其在提高城镇化质量方面仍有较大的发展潜力。

二、城镇化质量与城镇化速度及水平的适度关系研究

自20世纪80年代中期我国的城镇化水平达到25%以来，学术界就涌现出大量有关城镇化速度与城市化水平的相关研究（陈彦光和罗静，2006；周一星，2006；陈明星等，2007）。主流观点通过国际经验与我国城镇化水平的对比，得出了近年来中国城镇化发展滞后的结论（李郇，2005；蔡军，2006；李林杰，

2007)，但仍有部分学者持过度城镇化（邓宇鹏，1999）和协调城镇化（张颖和赵民，2003）的观点。许多学者基于中国国情，采用模型法（陈彦光等，2006）、修正法（周一星，2006）以及特征法（白先春等，2005）对我国的城镇化发展速度进行了修正。从目前看来，有关城镇化发展速度的研究并未形成统一观点。

近年来，在城镇化速度与质量失衡发展的现实背景之下，考察城镇化质量与城市化速度及水平的适度关系已成为当前城镇化质量研究的重点。韩增林和刘天宝（2009）在中国2007年286个地级以上城市的城镇化质量研究中，以市辖区非农业人口占比表征人口城市化，发现随着人口城市化水平的逐渐走低，城镇化质量并未下降，由此得出了人口城市化水平和城镇化质量之间不存在必然联系的结论。王德利等（2010）在对城镇化速度进行修正的基础上，测度了城镇化质量与速度的协调度，并将31个省份按照质量过度滞后、质量滞后、速质协调、速度滞后以及速度过度滞后五大类进行聚类分析。进一步地，作者通过人口城市化率与城镇化质量之间较低的相关性说明了两者之间不存在必然联系。王德利等（2011）计算了2009年首都经济圈城镇化水平与质量的协调度。结果表明，北京和天津属于质量滞后型区域，环首都经济圈的承德市、廊坊市、保定市以及沧州市为速度滞后型区域，而张家口市、秦皇岛市、石家庄市、衡水市等则为协调型区域。方创琳和王德利（2011）借助象限图法，对城市化质量、速度与水平之间的协调互动关系进行了深入分析，提出未来我国应正确处理速度与质量的关系，采用“安全型”的城镇化推进模式。王德利和方创琳（2012）在文献研究的基础上，指出目前有关质量和速度相互作用机理的系统研究较少，尚未形成质量、速度与水平之间的辩证研究。未来应建立基于城市化质量的适度城市化水平判定模型。欧向军等（2012）以2001～2009年江苏省城镇化质量作为解释变量，发现其与以城镇人口占比指代的省域城市化率之间存在较强的线性相关关系，由此得到了江苏省城市化质量随城市化水平的提高而不断提高的结论。郝华勇（2014）采用格兰杰因果检验的方法验证了湖北省66个县域城镇化质量与以人口城镇化率表征的城镇化数量之间的相关关系。李江苏等（2014）在采用分段函数评价模型测度城镇化质量的基础上，测算了河南省18个地级市2001～2010年城镇化水平与质量的协调度，结果表明，2007年以来河南省全部地市均进入了不同层次的协调发展阶段。此外，段福庆（2014）和梁振民（2014）分别以象限图法和耦合协调度模型对山东省以及东北地区的城镇化质量与水平的适度关系进行了研究。

上述研究表明，有关城镇化质量与速度及水平适度关系的研究大多采用线性回归模型、耦合协调度模型以及象限图法等方法，结合 ArcGIS 可视化技术的聚类分析已成为表述适度关系分类结果的重要手段。

三、城镇化质量与城镇化规模的适度关系研究

近年来，我国的城镇化速度逐渐脱离了循序渐进的原则，出现了以“土地城镇化”和空间失控为特征的“冒进式”城镇化现象，随着城市占地规模的大幅度扩张，城市用地结构也出现了较为严重的问题（陆大道等，2007）。城镇化质量与城镇化规模是城镇化进程中相互依赖、互为制约的两个重要因素，认清两者之间的关系对于推进健康城镇化建设具有重要意义（张春梅等，2013）。

基于此，研究者对城镇化质量与城镇化规模之间的适度关系进行了大量的实证研究。韩增林和刘天宝（2009）在有关中国 2007 年城镇化质量的研究中，按照市辖区人口规模将 286 个地级以上城市分为超大城市（200 万人以上）、特大城市（100 万 ~ 200 万人）、大城市（50 万 ~ 100 万人）、中等城市（20 万 ~ 50 万人）以及小城市（20 万人以下），与之相对应的城镇化质量得分为 0.26、0.17、0.16、0.16 和 0.22。其中，特大城市、大城市以及中等城市的城镇化质量得分几乎没有差异，由此得出了城镇化质量与城镇规模不存在对应关系的结论。王德利等（2010）测算了中国 31 个省份 1978 ~ 2008 年的城镇化质量，并以城镇人口规模和市区用地规模表征城镇化规模，发现城市化发展质量与人口规模和地区规模之间的相关性较弱，进一步说明并非城市规模越大、城镇化质量越高。宋宇宁和韩增林（2013）以经济发展、居民生活、城乡统筹和可持续发展四个维度构建了辽宁省 14 个地级市的城镇化质量评价指标体系，并以人口规模、土地规模以及经济规模指代城镇化规模，采用简化的象限图法测算了 2004 年和 2011 年两个时间点城镇化质量与规模的适度关系。结果表明，研究期间辽宁省各市城镇化质量与城镇化规模之间的适度关系基本保持不变，但偏离度增大，无论是质量超前造成的资源闲置还是规模超前带来的盲目扩张都未得到有效遏制；以“沈阳—大连”交通线为界，适度关系的空间格局存在明显的东西分异现象。张春梅等（2013）以同样的方法测度了江苏省 13 个地级市 2000 ~ 2010 年城镇化质量与规模的协调发展关系。研究发现，江苏省地级市城镇化质量与规模之间的适度性较差，逐渐由城镇化质量滞后型向超前型转变；同时，两者之间的适度关

系在苏南、苏中和苏北存在明显的空间分异特征。中国社科院《城镇化质量评估与提升路径研究》项目组（2013）构建了城市发展质量、城镇化推进效率以及城乡一体化程度三维一体的城镇化质量综合评价指标体系，对2010年我国286个地级及以上城市的城镇化质量进行了测度，并以《中国城市建设统计年鉴》（2010）中的城区人口标准将城市规模划分为超大城市、特大城市、大城市、中等城市及小城市五种类型。研究表明，我国地级市城镇化质量呈明显的规模特征，即城镇化质量指数较高的城市人口规模也较大。

韩增林等（2009）和《城镇化质量评估与提升路径研究》项目组（2013）分别测算了2007年和2010年中国286个地级以上城市的城镇化质量，并以相同的标准即市辖区人口规模划分城市规模，却得出了截然不同的结论。原因可能在于截面数据的年度差异性和城镇化质量评价体系的指标差异度。方创琳和王德利（2011）采用简单线性回归模型、宋宇宁和韩增林（2013）以及张春梅等（2013）利用简化的象限图法实证分析了城镇化质量与城镇化规模的适度关系。本书认为，选择恰当的方法模型和较长时间序列或多时间节点的研究时段，有助于提升研究结论的稳健性。

四、城镇化质量与经济发展水平的适度关系研究

20世纪70年代中期，钱纳里等开启了实证分析城市化与经济发展水平关系模式的研究。随后，周一星（1982）提出了城市化率与人均GDP的对数回归模型，发现城市化与经济发展水平之间存在较高的相关性；进一步地，梁进社（1999）指出任何国家或地区都在一定程度上遵循这一规律。在此背景之下，学术界开始涌现出大量探讨城镇化质量与经济发展水平适度关系的研究。

程治中（2002）通过比对国内现实情况、自身发展历史以及横向国际经验，指出中国的城镇化发展明显滞后于经济发展水平。以往研究多通过城镇化与经济发展水平、城镇化与工业化水平以及城镇化与产业、就业结构之间的适度关系来判断城镇化发展是滞后、适度还是超前（胡爱华，2004）。同时，由于中国地域广阔，城镇化发展的空间差异性特征显著，许多学者关注城镇化与经济发展水平适度关系的空间格局研究，对我国推进健康城镇化发展战略的选择具有实际指导意义（樊杰等，2003；刘盛和等，2003；李国平，2008）。

陈明星（2007）总结了有关城市化发展水平滞后、适度和超前的各学派观

点，并进一步指出应通过人口的城镇化和城镇化质量来判断城市化是否冒进或滞后。陈明星（2009）采用118个国家和地区的数据分析了世界城市化格局的一般规律，并探讨了我国城镇化与经济发展水平适度关系的演化过程。通过国际比较发现，当前我国的城镇化水平与经济发展水平处于双低状态。陈明星等（2010）在前一研究的基础上，采用改进的象限图法，进一步分析了我国31个省级行政区城镇化与经济发展水平适度关系的空间格局。结果表明两者在省际尺度的适度关系呈显著的东西分异格局和马太效应，虽然两者之间较强的相关关系已成为学术界的共识，但这种相关性并非绝对同步的线性关系。在工业化早期，城镇化水平增速较快，随着工业化水平的不断提高，城镇化水平将呈缓慢增长态势。方创琳和王德利（2011）以经济、社会和空间三类指标构建的评价体系测度了1990～2008年中国的城市化发展质量，并按照非农产业从业人员占全社会从业人员的比重衡量工业化水平。进一步地比较了城市化发展质量、城市化水平与工业化水平之间的适度关系。李琪和安树伟（2012）运用层次分析法评价了中国286个地级及以上城市2008年的城市化质量，通过聚类分析把全部城市分为城镇化质量良好、中等、一般以及较差四类。在此基础上，将钱纳里工业化阶段的划分标准与我国2008年不同类型城市的人均GDP数据相结合。结果表明，城镇化质量良好的城市多处于发达经济阶段，即第二产业较为稳定、第三产业相对繁荣；而城镇化质量中等、一般以及较差的城市则分别处于工业化后期、中期和初期阶段。

已有研究表明，学术界多考察城市化水平与经济发展水平、城市化水平与工业化水平以及城市化水平与产业结构和就业结构之间的适度关系，而有关城镇化质量与经济发展水平关系的实证研究还比较少。未来可在城镇化质量评价的基础上，将象限图法和对数回归模型等方法应用到城镇化质量与经济发展水平适度关系的研究中来。

第六节　驱动力研究

我国地域广大，城镇化水平的区际差异较大（Chen，2002；Xu和Watada，2008），全国一盘棋的城镇化战略推行难度大且成效有限（王洋，2012）。对于城镇化驱动力的分析是因地制宜制定差别城镇化政策的前提和基础，也是推进城镇化健康发展的重要依据。

国外学者对中国城镇化驱动机制的研究表明，城镇化的发展受农业现代化、工业化以及现代服务业等多元因素的驱动，产业结构优化、人口迁移、资源开发、经济增长、对外贸易等都对城市化有显著的促进作用（Moomaw，1996；Scott，2001）。

城镇化作为一项系统工程，其动力机制非常复杂，在不同地区和不同时期有不同的表现形式（顾朝林，2008）。鉴于此，国内许多学者从不同的视角研究了我国城镇化动力机制的表现及成因。早期有关城镇化驱动力的研究多以定性分析为主：蔡建明（1997）认为产业空间的集聚和结构转换、城乡与城市间的相互作用以及技术进步是中国城镇化发展的主要动力机制，此外，还应考虑行政中心的辐射效应、大型项目建设、外资以及旅游等其他因素。宁越敏（1998）认为，20 世纪 90 年代以来我国出现了以多元驱动力替代一元或二元动力机制的新变化，分散的乡村企业发展开始向较为集中的城市开发模式转型。刘传江（1999）提出产业结构转换是城镇化的动力机制，经济要素的流动和集聚是城镇化的实现机制，而制度安排与变迁则为城市化的推阻机制。辜胜阻和李正友（1998）、崔功豪和马润潮（1999）指出在中国二元城镇化模式之下，“自下而上”的城镇化发展动力发挥着重要的作用。段杰和李江（1999）认为产业结构的转换力、科技进步的推动力、国家政策的调控力以及城乡间的相互作用力是我国城镇化发展的四大动力机制。段进军等（2013）进一步指出，未来我国城镇化转型的动力因素在于创新、农民工市民化以及由出口和投资导向向内需驱动的转型。

20 世纪 90 年代后期，薛凤旋（1997）以 1978～1993 年珠三角各县市为研究对象，采用主成分分析法实证分析了工业增长、外资引导的出口增长、农业发展、交通和通信发展以及农村工业化对城镇化的驱动力。结果显示，外资引导的出口增长是近 15 年来珠三角地区城镇化发展的主要动力，“外向型城市化”发展模式基本形成。在这一阶段，中国城镇化的驱动机制主要由三种模式构成，即自上而下的城市化、自下而上的城市化以及外资驱动型城市化。自此，学术界涌现出大量有关城镇化驱动机制的定量研究（见表 2－4）。

表 2-4 城镇化质量的驱动力研究

研究方法	研究者	研究对象	研究要点	研究特点
主成分分析	薛凤旋（1997）	1978~1993 年，珠三角各县市	工业增长+外资引导的出口增长+农业发展+交通和通信发展+农村工业化	可通过 SPSS 等统计软件实现；结合已有数据信息，寻找城镇化质量的主要驱动力，并依据驱动力大小实现排序
	陈明星等（2009）	1981~2006 年，中国	市场力+行政力+外向力+内源力	
灰色关联分析	顾朝林（2008）	1984~2003 年，中国	人口+产业结构+文教卫生+基础设施+农业+投资等 15 类因素	根据因素之间发展态势的相似性或相异性衡量因素之间的关联程度；当需要从系统内多因素中确定主要因素时，该方法较为常用
	吴晓旭（2013）	1998~2010 年，河南省	农业现代化+工业化+现代服务业+制度动力	
偏相关系数分析	王洋等（2012）	2008 年，全国县域	行政力+内源力+市场力+金融力+投资力	消除其他因子的影响，考虑因变量与驱动因子之间的真实相关性
多元线性回归	欧向军（2008）	1991~2005 年，江苏省	市场力+内源力+外向力+行政力	当驱动因素数量较少时，多元线性回归模型是探索因变量与驱动力关系的最为常用的方法；以面板数据居多，考察一定时期内研究对象的纵向变化及横向对比关系
	赵永平（2014）	2000~2011 年，全国省份	政府机制+市场机制+外部机制+内在机制	
	陈茉莉和徐盈文（2015）	2005~2013 年，全国省份	内源动力+外在动力+政府动力+经济动力	
	范建双等（2015）	1999~2012 年，全国省份	行政力+市场力+外向力+内源力+投资力	
空间计量模型	曹亚平（2014）	2003~2010 年，全国地级市	人均地区 GDP+人均固定资产投资总额+城市化率+科教支出占地方财政支出比重+在岗职工总人数	通过引入空间权重矩阵考察空间溢出效应对驱动力的影响；已广泛应用于许多学科，是当前计量方法的研究热点
要素贡献率分析	邵琳（2013）	2000 年、2004 年、2007 年、2010 年，安徽省	从城镇化质量的构成要素中寻找推动城镇化质量发展的关键要素	与上述方法不同的是，要素贡献率分析法是从因变量的构成要素中寻找核心驱动力

资料来源：根据相关文献整理。

顾朝林（2008）在 1984~2003 年中国城市化进程影响要素的研究中，从人口和劳动力、产业结构、产值、产值增长指数、文教卫生、工业产品及能源、城镇及基础设施、农业、生活水平、投资、储蓄与消费、环境、交通运输与邮电、外贸与外资以及财政这 15 类因素中选取指标构建城市化影响因子的评价指标体系。进一步地采用灰色关联分析的方法对 1984 ~ 1996 年和 1997 ~ 2003 年两个时间段各项指标与城市化率关联度的变化进行分析，发现中国城市化动力机制有向多元化发展的趋势。

欧向军等（2008）运用熵值法对以人口、经济、生活方式和地域景观四个维度构建的 1991 ~ 2005 年江苏省城市化水平综合评价指标体系进行了测算。在此基础上，采用多元线性回归模型从市场力、行政力、内源力和外向力四个方面探索了区域城市化的驱动机制，其中以商品零售额、全社会固定资产投资总额、乡镇工业总产值以及实际外商直接投资额分别指代四种动力。结果显示，1991 ~ 2005 年江苏省城市化综合水平的驱动力由大到小依次为市场力、内源力、外向力和行政力。

陈明星等（2009）从人口、经济、社会和土地四个维度构建了 1981 ~ 2006 年中国城市化水平的评价指标体系，并基于熵值法进行了综合测度。在探索子系统演变特点的基础上，借鉴欧向军等（2008）的四维分析视角，采用主成分分析法实证分析了市场力、行政力、外向力和内源力四大动力因子对城市化的推动作用。研究表明，尽管全球化对中国产生了日益深远的影响，但总的来说我国的城市化进程仍然表现为一个内生过程，这一点与日韩在快速城市化过程中接受美国等发达国家的大规模直接投资有着本质区别；随着改革的进一步深化，市场力和行政力之间的主次关系愈发明晰，政府的作用应由计划向调控进一步转变；内源力持续走低表明未来应坚持统筹发展、促进区域协调。

王洋等（2012）在测度 2008 年中国 2289 个县域城镇化水平的基础上，结合子系统的评价结果，将全部县域分为人口城镇化滞后、经济社会城镇化滞后、人口—经济社会城镇化滞后以及综合城镇化非滞后四种类型。进一步地，作者拓展了欧向军等（2008）的四维驱动力分析模式，以地方一般预算财政支出指代行政力、以社会消费品零售总额指代市场力、以规模以上工业企业数指代内源力、以年末金融机构各项贷款余额指代金融力、以全社会固定资产投资代表投资力。最后，对四种城镇化类型区的五种动力因子进行了偏相关系数分析，并指出不同城镇化类型区的驱动力不同。

吴晓旭（2013）采用灰色关联分析方法，以农业现代化、工业化、现代服务业及制度动力为作用因子，分析了河南省 1998 ~ 2010 年城镇化效率的驱动力和制约力。结果显示，农业现代化和服务业对于城镇化效率有显著的促进作用，未来应进一步改变以重工业为主的工业化发展模式，深入推进市场化改革。

邵琳（2013）构建了以城镇化水平、经济发展水平、社会发展水平以及环境发展水平为子系统的安徽省城镇化质量综合评价指标体系，并采用要素贡献率分析法测度了2000年、2004年、2007年以及2010年安徽省城镇化质量的关键发展因素。与以往的研究不同，要素贡献率分析法是从因变量的构成要素中寻找推动因变量发展的核心驱动力，而非在系统以外进行动力机制分析。

赵永平和徐盈之（2014）以2000～2011年全国30个省级行政单元为研究对象，构建了新型城镇化发展水平的综合评价指标体系，在此基础上采用多元线性回归模型定量分析了政府机制、市场机制、外部机制以及内在机制对新型城镇化的驱动作用，并分别以单位财政支出总额、社会商品零售总额、外商直接投资总额和国有及国有控股企业工业总产值指代四种机制。从四种机制的来源看，该方法仍然是对欧向军等（2008）的延续；但从选择的具体指标来看，欧向军等以乡镇企业表征内源力，而赵永平等则以国有企业指代内在机制。在此基础上，作者分析了全国和三大区域不同的动力机制，对于有针对性地缩小区域间城镇化的发展差距有重要的借鉴意义。

曹亚平（2014）选用人均地区GDP、人均固定资产投资总额、城市化率、科教支出占地方财政支出比重、在岗职工总人数五项指标和空间滞后模型测度了全国279个地级及以上城市2003～2010年城镇化质量的驱动作用，充分考虑了城镇化质量在相邻城市中的空间溢出效应。

陈茉莉（2015）在内源动力、外在动力、政府动力以及经济动力的四维驱动力基础上，采用多元线性回归模型实证分析了1999～2012年全国30个省市自治区的城镇化质量动力因素。

范建双等（2015）采用DEA模型对1999～2012年全国31个省份的城镇化综合效率进行了评价，利用多元线性回归模型测度了行政力、市场力、外向力、内源力和投资力对城镇化效率的驱动作用。进一步地，作者指出内源力的外在表现是乡镇企业，而实际是由产业结构决定的，因此选择二三产业产值占GDP的比重进行指代，同时，用人均全社会固定资产投资度量投资力。研究结果表明，城镇化效率的主要动力因子由大至小依次为内源力、市场力和外向力，投资力的影响不显著，而行政力则起到了阻碍作用。

从研究时段来看，有关城镇化质量的驱动力研究多以十年左右的研究周期进行面板分析为主，原因可能在于动力机制的演化和作用模式不是一蹴而就的，需要对较长时间范围内的演进规律进行归纳和总结；从研究对象来看，考虑到省级行政单元受到国家政策、外资引入和市场机制等作用的直接影响较地级市和县域更大，因此以全国省际这样的中观层面为对象进行驱动力研究的文献居多；从研究方法上看，空间计量模型通过引入空间权重矩阵使得量化空间溢出效应成为可能，目前已广泛应用于许多学科，因此把空间计量模型引入多元线性回归分析，将成为未来城镇化质量驱动力研究的主流。

第七节 提升对策研究

我国在城镇化快速推进的过程中，出现了“不完全”城镇化、冒进式城镇化、土地城镇化、区域发展失衡和大城市病等诸多问题（陆大道等，2007；郭叶波，2013；周干峙等，2013；魏后凯和关兴良，2014；晏玲菊，2014），未来应更加关注城镇化质量已成为众多学者和政府部门的广泛共识（叶裕民，2001；周一星，2006；顾朝林，2008；牛文元，2013）。已有研究在确定城镇化质量内涵的基础上，通过构建综合评价指标体系，对城镇化质量的时空分异特征、适度性关系以及驱动机制进行了大量定性及定量分析。这些研究从不同的视角出发、针对不同的研究对象和研究时段，试图回答城镇化质量“是什么”以及“为什么”的问题。在此基础上，许多学者从城镇化质量的提升对策方面给出了“怎么办”这一问题的解决思路。

根据城镇化质量的研究维度不同，可将提升路径分为单一方面研究以及综合研究两大类。其中，在单一研究中比较有代表性的是：周丽萍（2011）在测评中国 31 个省份 2008 年人口城市化质量的基础上，从实现人口城镇化与就业非农化的协调、实现人口城市化与农民市民化同步两方面提出了提升人口城市化质量的相关建议。赖德胜和夏小溪（2012）从劳动力市场的视角指出当前中国城市化质量不高的原因在于农民工就业质量低、农民工社会融合差、基本公共服务尚未均等化以及收入差距大。在此基础上，提出未来应从改革户籍制度、促进公平就业、强化农民工人力资本投资和推进基本公共服务均等化等方面提高城镇化质量。沈正平（2013）认为，产业结构和城镇化质量之间存在着密切的推动与拉动机制，未来应充分发挥两者之间的互动互促关系，通过加快产业升级、优化产业布局、强化产城融合以及完善产业政策，推动城镇化的健康发展和城镇化质量的提升。周江燕（2014）在测度中国省域城乡发展一体化水平的基础上，从调控城乡空间结构、促进生态可持续发展、加强城乡要素双向流动以及推进公共服务均等化几方面提出了城乡一体化水平的提升路径，构成了中国城镇化质量提升对策的重要组成部分。

有关提升路径的综合研究数量较多。陈明（2012）在文献研究的基础上，梳理了提高城镇化质量的四大举措：一是健全城镇体系，完善城镇化战略格局；二是推进农民工市民化取得实质进展；三是实现城镇化的紧凑式发展；四是加强体制机制的创新。并进一步指出，中央和地方政府在这一过程中应推动政绩考核机制的改革、切实提高管理水平，为城镇化健康发展提供正确的引导。李琪和安树伟（2012）采用层次分析法测度了 2008 年中国 286 个地级及以上城市的城镇化质量，并针对城镇化质量水平不同的四类城市提出差异化的发展对策。具体而言，城镇化质量良好的城市应更多关注城乡一体化发展、警惕大城市病；质量中等的城市应大力发展第三产业、更加注重教育；质量一般的城市应寻找自身的特色产业；而城镇化质量较差的城市应充分借鉴发展较好城市的模式及理念，淡化行政区边缘经济现象。欧向军等（2012）在定量分析 2001 ~2009 年江苏省县域城镇化质量空间差异的基础上，提出未来应加快苏北和苏中沿海地区县域经济的发展，在提升江苏省城镇化发展质量的同时、缩小区域发展差距。吴晓旭（2013）在分析 1998 ~2010 年河南省新型城镇化四种动力机制的基础上，有针对性地提出构建现代农业体系、推进新型工业化、提升服务业质量和市场化水平四项对策。赵永平和徐盈之（2014）测算了 2000 ~2011 年我国 30 个省级行政区的新型城镇化水平，分区域探讨了四大驱动机制作用的差异性，在此基础上提出了树立新型城镇化理念、缩小区域间发展差距、强化产业支撑和促进企业内生化发展四点建议。梁振民（2014）使用聚类分析的方法识别了东北地区 34 个地级市城镇化发展的四大层级，在此基础上提出提升大连等四个核心城市的发展品质、提高大庆等九个周边城市的综合实力、加大对外围城市和边缘城市的支持力度。进一步地，作者指出未来提升东北地区的城镇化质量，应整合城市群、强化区域间要素流动、统筹城乡发展、实现资源型城市转型、推进工业化、农业化和新型城镇化协调发展、加大对外开放力度以及改革城市管理体制等。郝华勇（2014）在深入分析城镇化质量现实制约和演进机理的基础上，提出推进城镇化健康发展、提升城镇化质量应坚持以人为本、构筑产业支撑、统筹城乡发展、关注信息化和可持续发展。晏玲菊（2014）采用埃奇沃斯盒状图分析了城镇化质量提升的演进脉络，并进一步指出提升新型城镇化质量应遵循“六位一体”的策略，即转变政府职能、有序推进农民市民化、集约使用土地资源、加强融资模式创新、强化产业对就业的吸纳力并完善住房供需格局。王玲杰（2014）在对我国新型城镇化水平进行综合评价的基础上，提出新时期推进城镇化质量应坚持“四化同步”和以人为核心、立足城乡统筹、推进农业转移人口的市民化进程。方创琳等（2014）认为提升城镇化质量应实施速度与质量相匹配的安全型模式、因地制宜的差异型模式、降低经济发展代价的内涵型模式、坚持城乡统筹发展的公平型模式以及淡化数量指标的多维型模式。刘美平和徐丽杰（2015）提出了中国城镇化质量提升的五条路径：一是以创新的制度设计为保障，破除制度约束；二是以合理的规划安排为指导，优化空间布局；三是以集约的产业发展为动力，加快模式转型；四是以高效的资源利用为抓手，夯实发展基础；五是以优美的生态环境为目标，强化生态建设。

通过梳理已有研究，笔者发现从城镇化质量内涵到演进机理和驱动机制再到提升对策的系统研究较少，将演进机理、驱动机制与提升路径结合在同一主线之下，有利于提高文章逻辑的一致性和结论的可信性；部分学者针对城镇化质量的不同维度和聚类分析的不同类型给出了差异化的城镇化质量提升策略，丰富了研究结论的层次、提升了结论的针对性。

第八节 其他相关研究

城镇化作为一个复杂的系统，涉及人口、空间、经济、社会、资源和环境等诸多方面的问题，其推进过程具有较强的综合性和复杂性。由于城市发展中多元利益主体的存在和研究者不同的学科背景，有关城镇化质量这一多维概念的研究也存在许多不同的视角。本书将从定性和定量两方面进一步梳理与城镇化质量相关的其他研究，以期提供有益的补充与参考。

国内与城镇化质量相关的定性研究主要有城市可持续性研究（毛汉英，1996）、城市现代化研究（姚士谋等，1999；朱英明等，2000）、城市竞争力研究（倪鹏飞，2001）、城市发展质量研究（苗建军和赵霞，2005；韩士元，2005；白先春，2005；鲍悦华和陈强，2009）、健康城市研究（姚士谋，2006）以及中国现代化研究（中国现代化报告课题组，2007）等。此外，有关低碳城市、宜居城市、智慧城市、紧凑城市以及和谐城市的研究也与城镇化质量有着密切的联系。

国外文献中并未涉及有关城镇化质量的直接探讨，但与之相关的研究却不少，主要集中在三个方面：第一，城镇化质量的单因素研究，如生活质量研究（Pavot和 Diener，1993；Diener 和 Suh，1997；Shafer 等，2000）和环境质量研究（Jasch，2000）等；第二，城市可持续发展研究（Daly，1990；MacLaren，1996）；第三，相关指数研究，如联合国开发计划署的人文发展指数、联合国人居中心的城镇发展指数、联合国可持续发展委员会的国家可持续发展指数、联合国人居中心城镇指标准则以及瑞士洛桑国际管理开发学院的国际竞争力指数等。这些研究虽不直接探讨城镇化质量，但它们体现出的公平、效率、协调、可持续、生态以及统筹的思想，与提高城镇化质量的思路是“殊途同归”的（陈明，2012）。

与城镇化质量密切相关的定量研究主要集中在城市化综合水平研究、新型城镇化综合水平研究、城乡一体化及城乡统筹研究、人口城镇化与市民化研究几个方面。

一、城市化综合水平

顾朝林等（2008）采用复合指标法从人口城市化、经济城市化、生活方式城市化以及地域景观城市化四方面构建了区域城市化综合水平的评价指标体系，运用主成分分析法测算了 2006 年江苏省 54 个县市的城市化综合发展水平，并利用熵值法验证了结论的稳健性。研究结果显示，2006 年江苏省各县市城市化水平排在前 8 位的除了苏中的南通市区外，全部为苏南的县市；排在 9 ~ 20 位的除了苏北的徐州与连云港市区和苏中的泰州与扬州市区以及靖江，也全部位于苏南；而排在后 10 位的县市则全部位于苏北。整体而言，江苏省县域城市化综合水平的空间分布存在着显著的地级市市区好于县域、苏南好于苏中而苏中又好于苏北的不均衡格局。

基于与顾朝林等（2008）相同的维度，欧向军等（2008）从城市化的内涵出发，在构建区域城市化综合评价指标体系的基础上，采用熵值法测算了 1991 ~ 2005 年江苏省全域的城市化综合水平。研究期间，江苏省城市化各子系统表现出不同的时间演化特征：最初，人口城市化对城市化综合水平的贡献率一直在30%以上；随后，逐渐转变为以地域景观城市化和经济城市化为主；近年来，生活方式对江苏省区域城市化的贡献率在不断提高，并于研究期末达到25%以上，而人口城市化的贡献率则在不断下降。

陈明星等（2009）从人口城市化、经济城市化、土地城市化以及社会城市化四个维度理解城市化的内涵，并据此构建了1978～2006年中国全域城市化综合水平的评价指标体系。进一步地，采用熵值法测算了城市化综合水平的整体变化趋势以及子系统的演化过程：人口规模的扩大是人口子系统演进的主要内容，而与之形成鲜明对比的是二三产业就业比重的缓慢增加，因此应充分重视城市化进程中的失业风险；工业化进程是经济子系统推进的主要因素；1996年以来，土地子系统成为城市化综合水平提升的主要动力；而社会子系统的增长一直较为平稳，未出现大幅变动。

薛俊菲等（2010）认为生活方式城市化与城市化内涵的关系不够直接，因而在构建中国市域城市化综合水平的指标体系时仅考虑了人口、经济和空间三个方面，并分别以非农业人口占总人口比重、二三产业增加值占GDP比重和城市建设用地面积占土地面积比重进行指代。在测度2007年中国655个建制市城市化综合水平的基础上，根据子系统之间发展水平的差距将全部城市分为均衡发展、较均衡发展和不均衡发展三大类，从系统协调发展的视角指出未来城市化发展的主要方向。

王洋等（2012）在陈明星等（2009）的基础上，构建了中国县域城镇化水平的综合评价指标体系，主要考虑了人口、经济结构以及社会保障和生活方式的非农化转变，采用熵值法评价了中国2289个县域的城镇化综合水平以及子系统的发展水平。进一步地，利用空间关联中冷热点分析的结果，将全部区域分为城镇化高水平、中高水平、中水平、中低水平以及低水平五大类，并结合子系统的演化特点总结了不同类型地区的形成机制。

张荣天等（2013）在前人研究的基础上，构建了以人口、经济、空间和社会四维一体的城镇化综合评价指标体系，分别表征农村人口向城镇集中、经济结构非农化发展、地域景观演化以及生活方式转变的城镇化进程。在定量分析中，选取1990年、1997年、2004年和2012年四个时间节点测度了江苏省65个县市的城镇化综合发展水平。进一步地，使用空间探索性数据分析（ESDA）方法揭示了江苏省县域城镇化的时空演化特征。

以上有关城市化综合水平的研究主要有两方面特征。第一，不仅测度城市化的整体水平，还探索了城市化子系统的时空演进特征，由此可以发现不同子系统在城市化发展过程中差异化的贡献模式；第二，有关城市化水平的综合测度往往不包含城乡一体化和城市化推进效率等方面的指标，仅关注城市本身的发展水平和发展质量，这一点与城镇化质量研究有着本质的区别。

二、新型城镇化综合水平

何忠祥等（2013）构建了经济质量、基础设施、人民生活、公共服务以及景观环境五个维度的新型城镇化综合评价指标体系，采用熵值法评价了 2010 年江苏省县域新型城镇化的综合水平。进一步地，基于 Queen 邻接构建空间权重矩阵探索了县域新型城镇化发展的空间相关性，并以 Moran 散点图和显著性水平 LISA 图进行了可视化分析。研究结果显示，江苏省县域新型城镇化水平存在明显的空间集聚特征，空间正相关性体现在 80% 以上的县市中。

吴晓旭（2013）在探索新型城镇化多元动力机制的基础上，以非农产值、城镇化率和建成区绿化覆盖率分别表征经济、社会和生态产出，采用数据包络分析法测算了 1998 ~2010 年河南省全域的新型城镇化效率，并运用灰色系统理论模型探索了四大动力机制与城镇化效率之间的驱动关系。结果表明，农业和服务业对河南省新型城镇化效率有正向驱动作用，而重工业为主的工业模式和缺失的制动激励则阻碍了新型城镇化效率的提升。

牛文元（2013）在《中国新型城市化报告 2013》中指出，新型城市化是对原有城市化道路的扬弃与发展，应注重经济发展方式的转变，是城乡“动力、质量和公平”的有机统一。在此基础上，基于完备性、精简性和普适性的统计原则构建了中国新型城市化指标体系。进一步地，以包含省会城市和计划单列市、沿海开放城市和港口城市、资源型城市以及特选城市在内的 50 个主要城市为评价对象，对于新型城市化总体水平以及动力、质量和公平三大子系统进行了测算。

王玲杰（2014）认为，新型城镇化综合测度应包含两部分内容：一是新型城镇化发展水平的测度，二是新型城镇化与新型工业化、信息化以及农业现代化之间协调水平的测度。在此基础上，作者构建了以人口发展、经济发展、社会发展、集约发展、融合发展和绿色发展六大维度为主的新型城镇化发展水平综合评价指标体系。进一步地，以因子分析法和层次分析法测度了河南省“十一五”期间的新型城镇化发展水平。

赵永平和徐盈之（2014）基于新型城镇化的内涵构建了由经济基础、社会功能和环境质量三个维度构成的新型城镇化发展水平综合评价指标体系，采用改进的熵值法测算了 2000～2011 年我国 30 个省级行政单元的新型城镇化发展水平。研究显示，经济的持续增长是新型城镇化取得显著成效的主要因素；同时，城镇化发展水平呈显著的东、中、西分异格局，未来应尽快缩小城镇化发展的省际差异。

《国家新型城镇化规划（2014—2020 年）》（2014）在以人为本、统筹城乡、集约高效、绿色低碳、文化传承、市场主导、政府引导和统筹规划的指导思想下，构建了由城镇化水平、基本公共服务、基础设施以及资源环境四个维度组成的新型城镇化指标体系。数据显示，2012 年我国常住人口城镇化率（52.6%）和户籍人口城镇化率（35.3%）之间存在约为 17 个百分点的差额，未来应有序推进农业转移人口的市民化进程。

林挺进和宣超（2015）在《中国新型城镇化发展报告 2015》中紧扣新型城镇化内涵，构建了以城镇发展质量（经济发展质量、社会发展质量、空间规划质量）、城镇可持续发展（效率城镇、绿色城镇、集约城镇）以及城乡协调发展（经济协调度、社会协调度）三个维度的新型城镇化综合评价指标体系。进一步地，采用层次分析法测度了 2012 年我国 252 个地级市的新型城镇化水平；同时，由于县级数据的不完整性，在测算我国 368 个县级市的新型城镇化发展水平时，不包含城乡协调发展的指标。

从传统城镇化到新型城镇化，研究者对于城镇化的内涵、机理、路径及对策的研究也随之深入。新型城镇化作为我国现代城市体系发展的新阶段，与强调“量”和速度的传统城镇化有着本质的区别。因此新型城镇化评价体系更加注重体现以人为本、集约高效和可持续发展等内容。从这一点来看，其与城镇化质量研究的距离进一步拉近了。

三、城乡一体化与城乡统筹

杨翼（2013）在对城乡统筹发展内涵、发展机制、评价体系和发展对策进行系统梳理的基础上，从经济与社会两大视角，构建了以城乡生活水平差距（收入、消费、恩格尔系数）、城乡投入水平差距（固定资产投资）、城乡知识水平差距（教育文化支出）以及城乡卫生水平差距（医疗保障支出、预期寿命）为主的中国统筹城乡发展综合评价指标体系。进一步地，基于主成分分析法测算了

2000~2011年中国全域统筹城乡发展的演化过程。研究结果表明，2004年以来，中国统筹城乡发展指数不断上升，扭转了新世纪之初城乡差距扩大的趋势，随着国家城乡一体化发展战略的进一步推进，未来有望缩小城乡发展差距。

周江燕（2014）梳理了已有学者基于社会发展史、空间区域发展、经济与社会协调发展等研究视角得到的城乡一体化内涵，从系统共生理论出发，构建了以城乡空间一体化、生态环境一体化、经济一体化与社会一体化为核心的四维中国省域城乡一体化发展水平分析框架。研究结果表明，省域城乡发展一体化水平呈明显的东西分异特征，城乡空间一体化和经济一体化是推动城乡一体化发展的主要驱动力，而社会一体化和生态一体化的滞后发展则阻碍了省域城乡发展一体化水平的提高。

白永秀等（2014）在《中国省域城乡社会一体化水平评价报告2014》中指出，党的十七届三中全会明确提出要着力破除城乡二元结构，形成城乡经济社会发展一体化的新格局。然而，由于我国城乡之间在基础教育（经费投入和师资条件）、医疗卫生服务（医疗卫生投入和资源分布）以及社会保障等方面存在较大的差距，因此基本公共服务均等化成为制约我国城乡发展一体化的重大瓶颈。在此背景之下，作者从基础教育、医疗卫生、社会保障、就业与住房保障和社会管理与文化共享五个基础维度选取了27个基本指标，以主成分分析法测度了2006~2012年中国省域城乡社会一体化的综合水平。

城市化质量不仅包括城市化核心载体，即城市的发展质量，还包括城市化域面载体即区域的一体化水平。因此，城乡一体化是我们提升城镇化发展质量的终极目标（叶裕民，2001）。在有关城镇化质量内涵的研究中，无论从二维、三维还是多维视角出发，城乡一体化几乎都涵盖在城镇化质量的内涵中了。

四、人口城镇化与市民化

朱传耿等（2008）梳理了已有关于人口城市化的理论、动力机制、发展方向及影响效应的研究，采用2000年第五次人口普查的数据和主成分分析的方法实证分析了中国人口城市化的影响因素，得出了经济实力要素、消费要素、社会发展要素以及经济结构要素这四种主要驱动力。进一步将县级行政单元城市人口占比的数据进行聚类分析，初步形成了我国人口城市化的五级空间格局。

周丽萍（2011）认为当前我国农民工市民化水平较低，出现了半城市化和虚城市化的现象，具体表现为就业非正规化、居住边缘化、生活孤岛化、社会名声污名化、发展能力弱化以及社会认同内卷化。在此背景下，构建了以人口城市化适度性和人口城市化包容性为核心的人口城市化质量综合评价指标体系。其中，以水平和速度的同步协调测度人口城市化的适度性，以生存能力增强、发展能力提高和生活质量提升表征人口城市化的包容性。

赖德胜（2012）指出，随着2011年我国城市化水平突破50%，城市化发展将不再以土地城市化和劳动城市化为主，未来人的城市化将成为新时期提高城镇化质量的关键。然而，从目前农民工较低的工作和生活质量以及不断扩大的收入差距来看，当前从劳动力市场反映出的我国城市化质量并不高。未来应大力改革户籍制度、促进公平就业、加强农民工的人力资本投资，努力实现基本公共服务均等化。

王晓丽（2013）从宏观上梳理了有关可持续发展的相关研究，在中观上指出了当前我国存在的大城市病等问题，进而在微观上通过与美日英农村人口市民化模式的比对提出中国人口市民化的影响因素。进一步地，依据2011年流动人口动态监测数据库，围绕市民化意愿、市民化能力、市民化行为、居住市民化以及基本社会公共服务市民化这五个维度构建了包含40个基础指标的中国市民化综合指标评价体系。

牛文元（2013）提出当前我国城镇化存在着单一工业化驱动、快速土地城镇化发展、双二元结构扩大以及城市病难以克服等问题，在此背景之下，构建了以人的流动、人的就业、人的融入和人的幸福四维一体的人口城镇化综合评价指标体系，并据此测度了2011年中国50个主要城市的人口城镇化水平。

《国家新型城镇化规划（2014—2020年）》将有序推进农业转移人口市民化最为单独的一篇给予了大量的篇幅和重要的优先地位。规划中指出应推进符合条件的农业转移人口落户城镇、推进农业转移人口享有城镇基本公共服务、建立农业转移人口市民化的推进机制。

已有文献表明，学术界和中央政策制定部门均对人口城镇化及市民化问题给予了高度的关注。然而，通过前文有关城镇化质量评价指标体系的文献梳理可以发现，人口城市化尚未提升至与城市发展质量、城乡一体化和城镇化推进效率同一层次的维度上来。结合《国家新型城镇化规划（2014—2020年）》的相关内容和新型城镇化的内涵，未来城镇化质量的研究应更加注重人口城镇化和市民化问题。

第九节 文献评述

城镇化作为一个复杂的系统，涉及人口、空间、经济、社会、资源和环境等诸多方面的问题，其推进过程具有较强的综合性和复杂性。已有关于城镇化质量的理论与实证研究主要集中在城镇化质量的内涵、评价方法与指标赋权、评价对象与空间尺度、空间差异、适度性、驱动力、提升对策以及其他相关研究等方面。这些研究从不同的视角出发，试图回答城镇化质量“是什么”“为什么”和“怎么办”的问题。

已有研究表明，当前城镇化质量的研究存在研究视角的多元性、研究学科的交叉性、研究方法的综合性等特点，未来可在以下几方面继续完善。

第一，学术界对城镇化质量的内涵研究尚未达成共识。已有从二维、三维及多维构成要素视角理解城镇化质量内涵的研究有助于把握与城镇化质量相关的主次因素。其中，以李明秋（2010）和魏后凯（2013）为代表的三分法研究将城乡一体化和城镇化推进效率提升到与城市自身发展质量同一层面的维度上，符合党的十八大以及全面小康社会的要求。2014 年，《国家新型城镇化规划（2014—2020 年）》把人口市民化作为单独的一章，将其提升到重要的战略地位上来，而这一内容却并未充分体现到已有城镇化质量的内涵研究中。未来应在与新型城镇化规划充分对接的基础上，构建城市自身发展质量、人口市民化、城乡一体化和城镇化推进效率四维一体的城镇化质量内涵。

第二，已有研究对城镇化质量影响机理和演变规律的系统探讨较少；多数研究止于构建城镇化质量的综合评价指标体系，较少涉及城市化质量构成要素之间的内在联系和协调机制的系统阐述。未来应在紧扣城镇化质量四维一体内涵的基础上，分维度进行城镇化质量的机理分析，探讨子系统的内在联系和协调关系，把握城镇化质量的演变规律。

第三，已有文献多以省域和地级市作为主要空间尺度并结合十年左右的研究周期以揭示不同政策背景下城镇化质量的变化特征；近年来，通过多级空间尺度获取层次丰富和政策针对性较强的结论已成为研究的热点。方创琳（2009）指出城市群是城镇体系的合理化、《国家新型城镇化规划（2014—2020 年）》提出以城市群作为推进新型城镇化的主体，但现有以城市群为对象的城镇化质量研究远不能满足实际需要。未来应在新型城镇化导向与多级空间尺度的应用趋势下，以全国省域和地级市为基本空间单元，构建基于城市群的城镇化质量综合评价指标体系，充分考虑数据的可得性、处理的可操作性、结果的可比性以及结论的针对性。

第四，已有城镇化质量的驱动力研究多以较长的研究周期、中观尺度的研究对象和多元线性回归方法为主。近年来，空间计量模型通过引入空间权重矩阵使得量化空间溢出效应成为可能，目前已广泛应用于许多学科。梳理相关研究发现，只有曹亚平（2014）在驱动力分析中使用到了空间计量的方法，其选用的也只是较为基础的空间滞后和空间误差模型。未来应把多种空间计量模型引入城镇化质量的驱动机制分析中，充分考量空间溢出效应的影响，提升结论的稳健性。

第五，作为城镇化质量研究的重要落脚点，已有文献中有关提升对策的讨论存在的较大问题在于逻辑的非一致性。找到问题的解决方法，首先要回答“是什么”和“为什么”的问题，已有研究由于机理分析及演变规律的系统探讨少，由此演绎的调控机理难免偏颇。未来应贯彻从城镇化质量内涵界定到演进机理和驱动机制研究，再到提升路径分析的统一逻辑主线；针对城镇化质量的时空演进及空间差异特征，从质量提升和差异协调两个视角提出城镇化质量的调控路径。

第三章　城镇化质量空间差异的研究框架

本章在科学界定城镇化质量内涵与外延的基础上，探讨其构成要素，形成城镇化质量评价的主要内容。进一步地，从影响要素的视角出发，阐述其对城镇化质量及空间差异的作用机理，由此构建城镇化质量空间差异研究的理论分析框架。

第一节　与本书相关概念的界定

本书将在区分几组关键概念的基础上，结合已有理论和文献，科学界定城镇化质量的内涵与外延，构建本书的逻辑起点。

一、城市与农村

城市起源于“城”与“市”的结合，是两种概念的统一体。“城”，指城市的硬件，包括城市的基础设施、生产与生活的公用设施和房屋建筑、承载人类活动的自然环境和条件等；与之相对的是，“市”指城市的软件，包括交换的主体（人）和客体（生产与生活资料）、交换的制度与工具等。在中国古代，“城”特指用作防卫的墙垣，它出现的时间要早于作为交易场所的“市”，两者的结合形成了早期的城市（孔凡文和许世卫，2006）。

中国是世界上城市起源和发展较早的国家，但对于城市的研究则相对较晚。1926 年，竺可桢在《东方杂志》上发表了文章“论江浙两省人口之密度”，对江浙地区人口在1万~10万的城邑进行了统计分类，并与全国及世界主要国家进行了横向比较；1935年胡焕庸通过人口密度等值线图揭示了中国人口和城市空间分布的基本规律，迄今为止，胡焕庸线仍具有重要的理论和实践价值。新中国成立后，地理学家们陆续开展了一系列城市研究。

城市发展到今天，其含义有了很大变化，不同学者基于不同的视角和学科对城市的理解自然不同。美国“城市社会学之父”路易斯·沃思（Louis Wirth）认为，城市是生活的、具有异质性的、个人的、相对高密度的、永久性的村落；德国社会学家马克思和恩格斯指出城市本身是人口、生产、工具、资本、享乐和需求的集中；而乡村则是完全相反的情况，即孤立和分散；法国地理学家菲利普·潘什梅尔（Philippe Pinchemel）认为城市既是一个景观、一片经济空间、一种人口密度，也是一个生活中心或劳动中心，更具体点说，也可能是一种气氛、特征或者灵魂（谢文蕙和邓卫，1996）。此外，历史学家认为城市是独特的历史现象；生态学家认为城市是人类聚落的生态系统；人口学家把城市视为人口高度聚集的地区；城市规划学家认为城市是一个力场；城市管理学家则认为城市是一个相互关联的决策系统。从本质上讲，城市具有密集性、经济性和社会性三种基本属性（曾赛丰，2004）。

由此看来，科学把握城市的概念，应明确考察的视角与方法。基于此，本书侧重于从经济学的视角理解城市的概念，即城市是社会生产力发展、社会分工细化以及生产关系变革的产物；是人口相对密集、现代工业和第三产业较为集中的地区；是实现与周边地区生产要素和生活资料双向流动的场所。

农村，作为与城市相对的地域范畴，是指以农业生产活动为基础的农民聚居地，其存在与发展的早期基础是人地关系；工业革命之后，农村出现了较为简单的商品生产与交换关系。从理论上讲，非农村即为城市，但随着城市化的推进，农村人口向城市集中、城市产业向农村转移，城市和农村之间的识别与划分标准变得愈发模糊，给城乡人口的区分造成了一定的困难。在这种情况下，可通过一定的指标进行判断，比如以人口规模、人口密度、用地规模、通勤时间等区分城市与农村。

在研究中国的城市与农村问题时，应特别注意区分以下几个具有中国特色的概念：第一，我国《城市规划法》规定，城市是指国家按行政建制设立的直辖市、市和镇。作为一个行政区划概念，城市既包含按功能特征确定的城市地区，也包括乡村地区。而城市建成区则是一个与农村相对立的纯粹的城市概念。第二，城镇人口和乡村人口可按照行政建制和常住人口两种不同的统计口径进行划分。第三，依据户籍属性可将全部人口划分为农业户口人口（农业人口）和非农业户口人口（非农业人口），而依据就业属性则可划分为农业就业人口和非农业就业人口。第四，由于户籍制度的存在，我国人口的空间移动按照有无户口可分为迁移和流动两类，后者特指居住地与户籍所在地不一致的现象。进一步地，又可根据流动人口在居住地所处的时间分为暂住人口和常住人口。

二、城市化与城镇化

“Urbanization”一词最早由西班牙城市规划师塞尔达（A. Serda）于 1867 年在其著作 *Basic Theory for Urbanization* 中首次提出，现已被国内外理论界广泛接受。国外学者基于不同的学科视角及不同的研究背景，对城市化的定义有着不同的理解。

人口学家认为城市化是指人口在地理空间分布上的变化。赫茨勒（J. O. Hertzler，1963）认为，人口分布的变化方向为人口从乡村地区流入大城市以及人口在城市中的集中；西蒙·库兹涅茨（Simon Kuznets，1989）从城市和乡村之间人口分布变化的视角来理解城市化；普雷萨（R. Pressat，1989）将居住在城市地区的人口占比上升的现象称为城市化；克拉克（C. G. Clark）将城市化理解为第一产业人口不断向第二、第三产业转移的过程（孙中和，2001）。

城市经济学家更多从城乡之间要素流动的视角把握城市化的内涵。巴顿（K. J. Button，1984）将城市化视为人口和经济活动在地理空间上的大规模集中；赫希（W. Z. Hirsch，1990）从经济方式转变的视角出发，把城市化定义为“从以人口稀疏并相当均匀遍布空间、劳动强度很大且个人分散为特征的农村经济转变为具有基本对立特征的城市经济的变化过程”。

社会学家偏重于强调社会生活方式的非农化转变。路易斯·沃思（1938）采用“Urbanism”的概念，将城市化定义为乡村生活方式向城市生活方式的转变；日本学者山田浩之从城市生活方式深化和扩大的视角理解城市化（曾赛丰，2004）；矶村英一则认为城市化是社会结构和社会关系的统一（崔功豪等，1992）。

地理学家强调人口、经济、产业和资源等要素由乡村地域向城市地域的转化。日本地理学家山鹿诚次指出，城市化应包括原有市街的再组织和再开发、城市地域的扩大、城市关系的形成与变化以及大城市地域的形成。

“城市化”和“城镇化”是国内对“Urbanization”一词的不同译法，在日本和中国台湾该词又被译为“都市化”（刘美平和徐丽杰，2015）。值得注意的是，中国的理论学术界存在着“城市化”和“城镇化”的概念之争，对于两者关系的理解主要可以分为区别论、过渡论和等同论三种。

区别论者认为，城市化的提法源于对国外发展模式和经验的借鉴及总结。以英国和美国为例，由于人口规模较小，其城市化过程属于乡村人口向城市转移的集中型模式；而中国农村人口基数庞大，其城镇化进程表现为农村人口向大、中、小城市和小城镇迁移，因此称之为分散型模式。还有人提出，我国应采用“城市化”而非“城镇化”的概念（赵新平和周一星，2002）。这类观点大多认为城镇化是将人口从较为分散的农村转移到人口较密的农村，其城市化的效率和质量较低，不能从根本上解决农村问题。

过渡论者认为，“城镇化”是“城市化”的一个阶段。从城市体系来看，城镇化是以区或县为中心，而城市化则是以城市群或大中城市为中心，两者的差别在于农业人口与资源在流动和集聚形式方面的不同。因此，两者之间是包含和演化关系而非对立关系（刘士林，2012）。

等同论者则视两者为同义语，认为“城市化”与“城镇化”并无本质区别（许经勇，2003）。改革开放之初，“城市化”的概念在我国刚刚流行开来，由于当时严控大城市的特殊时代背景使得学术界和决策部门对舶来词“城市化”的使用一直存有疑虑。为避免不必要的矛盾和误解，中国城市与区域规划学界和地理学界于1982年召开了“中国城镇化道路问题学术讨论会”，会上正式提出以“城镇化”替代“城市化”的建议，并认定两者为同义语（吴万齐，1983）。

自《“十五”计划》以来，中央在正式会议和政策文件中均采用“城镇化”的提法，这与我国实现城市化的途径是密切相关的。1983年费孝通提出“小城镇大问题”、1998年党的十五届三中全会提出“小城镇，大战略”，至此，小城镇成为吸纳农村剩余劳动力、推进中国城镇化的重要空间单元；近年来，《“十二五”规划》进一步提出有重点地发展小城镇的战略、党的十八大报告多次提及促进大中小城市和小城镇共同发展。鉴于此，本书认为虽然“城市化”和“城镇化”并无本质差别，但后者显然更符合我国的历史经验和国情，更具中国特色。因此本书除引用他人理论和文献时采用“城市化”的提法外，在用词上均以城镇化为主。

中华人民共和国成立之初，城市化一度被认为是资本主义的特有规律，即在社会主义条件下不存在城市化现象。受此意识形态的影响，20 世纪 70 年代以前，中国学者并未进行有关城市化的研究（何念如和吴煜，2007）。1979 年，吴友仁发表了《关于我国社会主义城市化问题》一文，并指出城市化是农村人口转变为城镇人口、农业人口转变为非农业人口的过程，正式拉开了国内城市化问题研究的序幕。迄今为止，国内学者对城镇化这一概念的理解尚未达成共识（见表 3－1）。

表 3－1　国内学者对城镇化定义的理解

学者	年份	定义
高佩义	1991	传统落后的乡村社会向现代先进的城市社会转变的自然历史过程
崔功豪等	1992	多种经济用地和生活空间用地集聚，二三产业在特定地域空间集聚，形成消费地域
吴楚材	1996	城镇人口占总人口比重的增长过程
蔡俊豪等	1999	非城市社会向城市社会过渡，最终形成城市文明
刘传江	1999	非农业人口及活动、城市地域、城市价值观、城市生活方式的综合转型
叶裕民	2001	传统农业社会向现代城市社会转型
刘志军	2004	城市化定义的嬗变方向为"传统型—现代型—后现代型"
胡欣等	2005	城市人口和城市数量增加，城市经济社会化、现代化和集约化程度提高
孔凡文等	2006	经济结构、生产方式、生活方式、社会观念的转变，包含城镇化速度与城镇化质量
李林	2008	空间集聚、产业结构升级与优化、城市思想意识和生活方式不断传播、城市成长和农村发展统一
魏后凯	2011	经济结构、社会结构和空间结构变迁，包括人口转移和人口市民化
周干峙等	2013	农村人口转移，城镇第二、第三产业发展，城镇数量增加、规模扩大，地域景观改变，城市文明和城市意义扩散
王晓丽	2013	产业结构非农化、就业人口非农化、城市文明初步形成、思维方式有所改善
柴志阳	2013	人口、地域、经济结构以及社会生活生产方式的动态转换
邵琳	2013	经济发展、城镇人口增加、城镇规模扩张、城市功能完善、空间集聚
梁振民	2014	人口集中，城市规模扩大、数量增加，城乡一体化和农村现代化
王玲杰	2014	农业人口非农化，城镇规模扩大、数量增加、功能完善，产业结构转型升级，形成现代生产生活方式

资料来源：根据相关文献整理。

由此可见，城镇化是一个涉及人口、经济、政治、社会、文化与生活的多维概念。综合已有研究，本书认为应从以下五个方面把握城镇化内涵：第一，人口不断由分散的农村向集中的城镇转移，城镇人口占比不断提高；第二，城镇数量持续增加，城镇规模不断扩大，城市建设用地面积不断扩张，城市地域景观逐步形成；第三，非农就业人口比重增加，产业结构实现非农化转型和升级，形成现代生产方式；第四，城镇人口素质提升、现代价值观形成、城市生活方式传播、城市文明向农村扩散；第五，以实现农村现代化和城乡一体化为最终目标。

三、新型城镇化与传统城镇化

18 世纪 60 年代开始的产业革命在大机器工业和规模化生产的驱动下，促使资本、人口和产业向城市迅速集聚，形成了德国鲁尔地区、法国北部地区、美国大西洋沿岸等城市密集区，导致了以人口过密、就业困难、环境恶化、房租上涨、交通拥堵、贫富差距扩大为表征的“城市病”。历史上，城市化是资本扩张的产物，是为满足工业发展对廉价劳动力和原材料的需求以及销售市场扩张的冲动而服务的，在相当长一段时期内表现为对农民的剥削以及对工人的压榨。西方的城市化在市场机制的作用下历经了几百年、最少也有几十年的发展和演化，在付出了高昂的社会经济成本后才形成今天发达国家相对稳定和成熟的局面；然而，拉美和印度等发展中国家城市化进程的停滞，则充分暴露了其传统城市化发展模式的弊端和不可持续性，加上调控政策的不利，致使巴西、印度等国在城市化发展的关键阶段未能实现跨越，反而导致倒退，陷入了低水平的“拉美陷阱”。

改革开放以来，我国的城镇化发展在取得突出成就的同时，仍存在着发展模式粗放、城镇规模体系失衡以及体制机制阻碍等问题。此外，受后金融危机时期全球经济低迷的国际环境影响，我国建立在出口和投资驱动基础上的传统城镇化发展模式受到了严峻挑战。至此，以高资源消耗、高碳排放、高污染和低效为特征的“三高一低”型传统城镇化，因过分追求城镇化增长速度、依赖以地生财的土地城镇化，在国际和国内双重背景下已难以为继。

2012 年 12 月召开的中央经济工作会议提出了 2013 年经济工作的六项主要任务，其中包括“积极稳妥推进新型城镇化，着力提高城镇化质量”，至此，新型城镇化的概念正式出现在官方文件中；2013 年 12 月 12 日中央城镇化工作会议召开，党中央首次将城镇化提升到中央层面的战略高度；2014 年 3 月 16 日，党中央国务院批准实施了《国家新型城镇化规划（2014—2020 年）》，提出了走中国特色新型城镇化道路、全面提升城镇化质量的新要求，成为新时期全面指导城镇化健康有序发展的重要战略性和基础性规划。

仇保兴（2012）指出，“勿以新型城镇化之名，行传统城镇化之实”。实现城镇化发展模式的转型，首先应明确两者的本质区别，才能确保新型城镇化道路不走弯路。从差异对比的角度来看，本书将传统城镇化与新型城镇化的区别归纳为以下几个方面（见表3－2）。

表3－2　新型城镇化与传统城镇化的区别比较

比较内容	传统城镇化	新型城镇化
发展理念	外延式，重地轻人	内涵式，以人为本
城镇化水平	追求城镇化增长速度	提速和提质兼顾
驱动模式	资源、资本和劳动力等要素驱动	创新驱动、改革驱动
发展动力	投资和出口	消费
推进主体	以政府为主	政府、企业、个人多元主体
推进机制	以行政手段配置资源为主	发挥市场配置资源的决定性作用
生态关系	环境恶化、资源浪费，不可持续	环境友好、资源节约，可持续发展
城乡关系	城乡分割、二元式发展	统筹城乡、一体化发展
四化关系	重工业、轻农业	“四化”同步发展
空间格局	空间失衡	大中小城市和小城镇协调发展

资料来源：根据相关资料整理。

随着新型城镇化相关研究成果的大量涌现，不同学者基于不同的学科和视角提出了对于新型城镇化内涵的不同理解，目前政策界和理论界对此尚未达成共识。基于此，本书从五个方面梳理了不同学者对新型城镇化内涵的认识（见表3－3）。

表3－3　新型城镇化的内涵

分类视角	研究者	定义
综合提炼	宋林飞（2014）	以人为本、公平共享、四化同步、多元形态、功能完善、集约低碳、绿色智慧、城乡协调
	沈超（2014）	城乡统筹、城乡一体、产城互动、集约节约、生态宜居、和谐发展

续表

分类视角	研究者	定义
路径分析	倪鹏飞（2013）	以人口城镇化为核心，以四化同步为动力，以内涵增长为方式，以政府引导、市场运作为保障，走可持续发展道路
	詹运洲等（2014）	坚持以人为本，以新型工业化为动力，以城乡统筹为原则，以科学发展观统筹，实现户籍制度和土地政策两大革新
	晏玲菊（2014）	规划、人口、土地、金融、产业和住房“六位一体”推进
系统构成	马永欢（2013）	经济、社会、环境、制度、空间
	李晓燕（2013）	经济城镇化、社会城镇化、生态城镇化
	刘进辉等（2014）	人口、空间、经济、产业、生活质量
	梁振民（2014）	社会、空间、经济、资源、环境、城市
转型发展	仇保兴（2012）	从城市优先向城乡互补协调、从高能耗向低能耗、从数量增长向质量提高、从高环境冲击向低环境冲击、从放任式向集约式、从少数人先富向社会和谐转化
	李程骅（2013）	由外延式、速度型、单一功能向内涵式、质量型、综合功能转变
统筹协调	何平等（2013）	人口、经济、社会、资源、环境协调发展
	张占斌（2013）	四化协调、人口资源经济环境协调、大中小城市与小城镇协调

资料来源：根据相关文献整理。

通过对比新型城镇化与传统城镇化的区别，在梳理已有学者对新型城镇化认识的基础上，本书认为应从以下几方面把握新型城镇化的内涵：第一，以人为核心，注重提升城镇化质量；第二，发挥市场配置资源的主要推进作用，政府、企业、个人等多元推进主体并存；第三，以绿色、集约、高效、智能为特征；第四，新型工业化、农业现代化、信息化和城镇化“四化”同步发展；第五，大中小城市和小城镇协调发展；第六，统筹城乡发展，实现城乡一体化目标。

四、镇化质量的内涵与外延

目前，学术界有关城镇化质量内涵的研究尚未达成共识。在综合已有研究的基础上，本书对城镇化质量进行了如下定义：城镇化质量是指城镇化的推进过程和发展成果满足城乡居民当前及未来需求的程度。为深化对城镇化质量内涵的认识，本书进一步诠释如下：第一，城镇化质量是一个与城镇化数量相对应、反映城镇化优劣程度的综合概念。城镇化质量注重城镇化的内在机理和结构，符合内涵式的发展要求；而城镇化数量则表现在城镇数量的增加、城镇规模的扩大、城镇化发展速度的提升以及城镇化率的提高等方面，属于外延式发展。第二，城镇化的推进过程和发展成果同样重要，以往重结果轻过程的城镇化发展模式让我们付出了巨大的社会、经济和环境代价。第三，城镇化质量不仅包括城市的发展质量，还包括城市域面载体即区域的发展质量，重城市轻农村的发展模式不可维系。第四，满足居民需求的城镇化才是高质量的城镇化，以人为本、以人的需求被满足的程度为核心，是正确理解城镇化质量的关键。第五，对城镇化质量的考量应充分考虑其对可持续发展模式的贯彻。

已有从二维、三维及多维构成要素视角理解城镇化质量内涵的研究有助于把握与城镇化质量相关的主次因素。叶裕民（2001）从二维构成要素的视角提出城镇化质量是城市现代化和城乡一体化的统一；以李明秋（2010）和魏后凯（2013）为代表的三分法则在此基础上将城镇化推进效率纳入了城镇化质量的考量框架中。至此，城乡一体化和城镇化推进效率都被提升到与城市自身发展质量同一层面的维度上，体现了对过程和结果、城市与农村的统筹考量。

2012 年，中央经济工作会议正式提出走新型城镇化道路，以人为核心、提升城镇化质量；2014 年《国家新型城镇化规划（2014—2020 年）》把人口市民化作为单独的一章，肯定了其在城镇化发展过程中的重要地位，而这一内容尚未充分体现到已有研究中。在此背景之下，本书进一步结合新型城镇化的要求，在与《国家新型城镇化规划（2014—2020 年）》充分对接的基础上，突出以人为本的理念，构建城市现代化、城乡一体化、人口城镇化和城镇化推进效率“四维一体”的城镇化质量外延概念。

第二节　城镇化质量的评价内容

城镇化质量是一个反映城镇化优劣程度的综合概念，它强调城镇化构成要素的内在机理、符合可持续的内涵式发展要求。从空间载体上看，城镇化质量是由城镇化的核心载体（城市）和域面载体（区域）及城乡之间的协调互动关系共同组成的；从发展理念上看，以人为本、以人的需求被满足为核心，是实现高质量城镇化发展的关键；从过程和结果的关系上看，城镇化质量不仅关注城镇化的发展成果，同样重视城镇化的推进过程，结果导向型的发展模式已不可维系。在界定城镇化质量内涵与外延的基础上，本书进一步从城市现代化、城乡一体化、人口城镇化和城镇化推进效率四个方面形成城镇化质量评价的主要内容。

一、城市现代化

“现代”一词英文译为“Modern”，字面意思指的是当今的时代，是一个时间维度的概念；而“现代化”则是相较于传统事物而言的，是指社会发展的转变过程。现代化不是个别地区的特有现象，而是具有普遍规律的全球性趋势；它也不是只发生在特定的领域，而是涉及方方面面的整体变迁；它更不是只出现在某一时期的特定历史现象，而是一个长期的社会发展过程（朱铁臻，2001）；进一步地，“城市现代化”是指现代化在特定地域空间上的投影（黄乃文，2001）。城市现代化的概念有广义和狭义之分，广义的城市现代化是指城市的经济基础、社会风貌、地域景观以及生活方式等由传统农业社会向现代工业社会的转变过程；而狭义的城市现代化则是指城市建设的现代化，主要包括旧城更新和新城建设两方面。

从城市现代化与城市化的关系上看，两者都是人类社会发展的必然趋势，是城市发展所面临的基本问题。具体而言，可以从两方面认识两者的关系：第一，美国地理学家约翰·弗里德曼将城市化过程视为两个阶段。第一阶段为城市化的表象过程，即人口和非农业活动向城市地域集中、城市型景观逐步形成；第二阶段为城市化的深化过程，即以城市生活方式和先进价值观为标识的城市文明的形成。广义的城市现代化，不仅包括经济社会和地域景观的转变，更重要的是涵盖了生活方式和价值观等城市文明的传播。因此，从某种意义上讲，城市现代化符合城市化的深化发展要求，是城市化的高级发展阶段（朱英明等，2000）。第二，城市化的空间载体除了城市以外，还包括涵盖农村在内的整体区域；而城市现代化作为现代化在城市空间上的投影，仅探讨城市自身的发展状况，不包含城乡关系的内容。因此，城市现代化是城市化的组成部分。

从城市现代化与工业化的关系上看，把两者视为等同的观点是片面的。实际上，工业化是城市现代化的动力，而现代化则是现代工业生产和生活方式传播与扩散的过程。工业社会并非人类文明社会的终点，只是一个驿站（朱铁臻，2003）；而现代化也不仅局限于经济领域，而是涵盖了社会、政治、文化、居民生活、生态环境等方方面面的内容。因此，城市现代化描述的是比工业化更为复杂和综合的过程。

城市现代化作为城镇化发展的高级阶段和重要组成部分，它反映城镇化核心载体的发展水平，是城镇化质量的基础。弗里德曼于 1972 年提出了著名的核心—边缘理论，将区域经济的空间演化过程分为四个相继的阶段，即前工业化阶段、核心—边缘阶段Ⅰ、核心—边缘阶段Ⅱ以及区域经济一体化阶段，揭示了城市化循序渐进的发展历程：在前工业化时期，各地区自给自足、彼此孤立，形成低水平的均衡状态；随着生产力的发展和社会分工的深化，资源丰富、交通便利的城市逐渐成为区域的中心，并吸引边缘地区的人口、资金以及资源向核心区单向流动，核心区和边缘区的非均衡发展形成了城市化的雏形；随着工业化发展日趋成熟，核心区不断扩大了其与边缘地区之间的经济发展差距，两者的矛盾进一步锐化，边缘地区开始寻求更大的区域自主权并在内部促生了新的规模较小的核心；次中心的不断发展壮大使之达到了与核心地区相似的规模，逐渐形成了在功能上相互依赖的城市体系。同时，资源要素也改变了单向流动模式，开始在由核心和边缘共同构成的整个区域内流动，最终促使经济发展走向区域经济一体化，实现城市化的最终目标。

不难发现，城市现代化作为城市自身发展质量的体现，对应城镇化发展的核心—边缘阶段Ⅰ和阶段Ⅱ。此时，城市作为区域系统的核心，对于推动城镇化发展、提升城镇化质量起到重要的推动作用。换言之，如果城市现代化水平有限，也即城市自身发展质量较低，那么城镇化质量必然难以提高。在研究的早期，更有学者将城市现代化水平等同于城镇化质量（常阿平，2005）。

就城市自身来说，提高城市现代化水平的目的主要有三点：第一，充分发挥城市经济的集聚效应和规模效应，促进经济功能的快速发展；第二，为城市居民提供良好的生活与发展环境，实现基础设施的完善和教育、科学、文化及卫生事业的推进；第三，提升城市的可持续发展能力，营造优美的人居环境。以上三个方面既相互依托又互相促进，基于此，本书对城市现代化的研究将集中在经济、社会和空间三方面。

二、城乡一体化

改革开放以来，城市现代化作为我国城镇化建设的重中之重已经取得了突破性进展：城市规模不断扩大、城市基础设施不断完善、城市居民生活水平不断提高。然而，城市自身发展质量的提升并未有效带动农村地区的经济与社会发展，反而拉大了城乡差距（李明秋和郎学彬，2010）。纵观我国城镇化发展与城乡收入差距演变的历程，城镇化率自2002年以来以年均1.3个百分点提高的同时，城乡收入差距却始终维持在3倍左右（郝华勇，2014）。造成这种结果的原因主要在于城镇化一方面促进了农村的劳动力、资金以及资源等生产要素以低廉的价格向城市集中，另一方面对于农业现代化、农民收入增长、农村基础设施建设的反哺与支持力度有限。尤其需要注意的是，尽管近年来劳动密集型产业开始渐次由发展水平较高的城市向周边地区转移，但是劳动力的流向仍然以向城市集中为主，由此导致一些人口输出地（农村）陷入了“梅佐乔诺陷阱”①。

实际上，城乡关系作为马克思主义唯物史观的重要理论范畴，始终是学术界关注的重点。从经济学视角探究城乡一体化的理论渊源，可上溯至杜能（Von Thünen）的农业区位论，他通过理想化的产业布局将城市与乡村有机地融为一体，可以说是城乡一体化的理论先驱。随后，傅里叶（Charles Fourier）和欧文（Robert Owen）等空想社会主义者对资本主义发展导致的城乡失衡现象展开了大量批判，在这些思想指导下的行动虽以失败告终，但却成功地将城乡关系引入了社会历史领域；马克思和恩格斯将城乡关系纳入了历史唯物主义的研究框架，并指出只有通过大力发展社会生产力、推进城市化进程，才能最终实现城乡融合；“二战”后，芒福德（Lewis Mumford，1961）分别提出了“田园城市”和“以城带乡”的理论，符合发达国家“逆城市化”的现象，极大地拓展了城乡一体化的研究思路。

近年来，我国学者开始从城乡一体化的视角研究城镇化质量（赵雪雁，2004；韩增林和刘天宝，2009；李琪和安树伟，2012；何孝沛等，2015）。实际上，城镇化的目的不是城市人口占比的增加，而是在不断提高城市自身发展质量的同时，发挥城市对周边地区的辐射与带动作用，从而缩小城乡差距、消除城乡对立，最终实现城乡一体化发展。

城乡一体化是指城、乡这两个差异明显的子系统，通过资源要素的自由流动，充分发挥城市和农村各自的优势，在共同增长的前提下，实现经济差距缩小、社会发展成果均等的协调发展。具体而言，城乡一体化的推进过程大致可分

① “梅佐乔诺陷阱”是指一种区域发展现象，即区域内的落后地区可获取赶超所需的物质资源，却没有必要的人力资本和制度保障；落后地区没有建立起自身的发展激励机制，只依靠外部推动力不足以推动经济持续发展；由外部获取的物质资源投入在短期内可刺激经济增长，但由于这种增长并未遵循内在的比较优势，由此形成的产业结构也无法持续。

为四个阶段：第一，城镇化发展推动农村富余劳动力向城市流动，在提高城镇化率的同时，也为农村提高农业生产率、实现规模化经营奠定基础；第二，城市现代化进程促进城市第二、第三产业的快速发展和经济总量的持续增长，为更多的农业转移人口创造充足的就业岗位；第三，随着城市自身发展质量的提升，城市的基础设施和公共服务职能不断完善，为原有市民和城市新居民提供均等的社会公共服务，实现发展成果的共享；第四，城镇化发展到高级阶段，城市的资本、技术、人才以及城市文明和先进制度不断向广大农村渗透和传播，农村逐步实现现代化，农民的生活质量不断提高，城乡发展差距逐渐缩小，最终实现一体化发展。

如果说城市现代化是城镇化质量的核心与基础，那么城乡一体化就是城镇化质量提升的最终目标（叶裕民，2001）。实际上，弗里德曼核心—边缘理论的第四个阶段描述的正是城乡一体化的内容：资源和要素在由城市和农村共同构成的整个区域内自由流动，城乡界限日益模糊，最终促使区域发展走向一体化，实现城镇化的终极目标。由此可见，资源和要素由向城市单向集中到在城乡间双向自由流动是实现城乡一体化发展的关键。

城乡一体化是城市和农村实现经济差距缩小、社会成果均等的协调发展。基于此，本书从经济与社会两个视角考量城乡一体化对城镇化质量的作用关系：一方面，城乡经济一体化是实现城乡一体化发展的基础和途径。经济一体化是指城市和农村在互补互促的基础上，发挥各自的优势，促进资源和要素的自由流动，实现区内资源的优化配置和城乡经济的持续协调发展。提升城镇化质量，只依靠城市自身的发展是远远不够的。在城镇化进程中，农村应利用自身的比较优势，加快非农化和农业现代化步伐，努力缩小与城市之间的发展差距；城市应加大对农业和农村的反哺和支持力度，积极发挥扩散和带动作用，在促进内部产业升级的基础上，推动产业在区域内实现优化布局，并通过优质人力、资本、技术和信息等要素的充分流动，强化和提升区域整体的竞争优势，努力实现城乡经济的协调发展和城乡居民的共同富裕。另一方面，城乡社会一体化是实现城乡一体化发展的重要内容。社会一体化主要是指城乡居民在居住、就业、教育、医疗、卫生、养老、社会保障和文体娱乐等方面享受均等的社会公共服务。提升城镇化质量，就要提高城镇化满足城乡居民各项需求的程度，只有真正实现社会发展成果的均等化，才能彻底消除城乡社会的二元结构，构建平等的城乡社会环境，最终实现物质文明和精神文明的城乡共享。

三、人口城镇化

目前，我国常住人口城镇化率为56.1%，而户籍人口城镇化率只有39.9%，两者之间存在约16个百分点的差距（国家发展和改革委员会，2016）：表面上，大量农业转移人口作为统计意义上的城镇人口，提高了我国的城镇化水平；实际上，他们虽然进入城市并找到了工作，但由于缺失城镇户籍身份，仍难以真正融入城市社会。城乡差别并未因农民进城而消失，从农民工及随迁家属在就业、教育、医疗、社会及住房保障等方面的生存及生活需求被满足的程度来看，他们并没有享受到与城镇原有居民均等的社会基本公共服务，甚至受到各种偏见、限制和歧视，使得他们在心理上产生了一种疏远感和不认同感。因此，该群体只是表面上被城镇化了，这种现象被称为“半城镇化”或“不完全城镇化”（刘盛和等，2004；陆大道，2007；晏玲菊，2014）。

在城乡二元结构下，由于户籍制度、土地制度等制度性约束的存在，农业转移人口的城乡二重属性已成为普遍现象：一方面城镇化水平稳步提高，另一方面市民化进程却严重滞后。近年来，这种不完全城镇化造成的弊端日益凸显：一是不利于缩小城乡差距和城市内部差距，影响社会的稳定性；二是不利于扩大内需，影响经济的内涵式、可持续发展；三是引发诸多社会问题，如农村留守儿童、妇女及老人问题，带来诸多风险和隐患；四是由于大批农民工在城市部分地区集聚，其文化素质、生活方式等依旧沿袭了农村传统，造成了“城市乡村化”现象（周丽萍，2011），不利于城市现代化发展。

在此背景之下，2012年中央经济工作会议提出“积极稳妥推进新型城镇化，着力提高城镇化质量”，实现城镇化发展模式的转型。《国家新型城镇化规划（2014—2020年）》进一步指出，应坚持以人为本、公平共享的基本原则，以人的城镇化为核心，有序推进农业转移人口市民化，构建基本公共服务覆盖全部常住人口的和谐城市。

人口城镇化是提升城镇化质量的核心和出发点，是实现从半城镇化向完全城镇化转变的关键。具体而言，人口城镇化包括两个层次的内容：一是农业人口的非农化，即在向城市地区转移和集中的过程中实现就业和居住地的转变；二是原有居民和新增居民的市民化，即生活方式现代化、公共服务均等化、生活质量及居民综合素质提升。

在非农化阶段，人口城镇化以人口流动为主。我国的人口流动方向主要是从较不发达的农村地区向发达的城镇流动，农业转移人口的流动是中国城镇化演化的缩影。新中国成立至今，我国的城镇化发展历经了六次人口流动阶段：第一阶段是新中国成立之初至 1957 年，城镇化处于起步发展阶段，人口流动规模不大。随着户籍制度的确立，农业人口逐渐与城镇分离。第二阶段是 1958 ~ 1965 年，城镇化处于曲折发展阶段。农村劳动力以公社为单位进行工农业生产，人民公社固化了农村人口的流动。第三阶段是 1966 ~ 1977 年，城镇化处于停滞发展阶段。由于“文化大革命”的冲击，工农业生产全面停滞，上山下乡运动在这一时期达到高潮，城市劳动力向农村转移，形成了短暂的城乡人口逆向流动的特殊现象。第四阶段是 1978 ~ 1984 年，城镇化处于恢复发展阶段。家庭联产承包责任制极大地调动了农民的生产积极性、提高了农业劳动力的机动性，随着城乡贸易及服务业的发展，农业剩余劳动力开始逐步向城镇流动。第五阶段是 1985 ~ 1992 年，城镇化处于稳步发展阶段。随着乡镇企业的蓬勃发展和经济特区、沿海港口城市的确立，我国的农业劳动力在经历了“离土不离乡、进厂不进城”的农村工业化发展之后，又掀起了“离土和进城”的小城镇化热潮。第六阶段是 1993 年至今，社会主义市场经济体制的深化改革和大中小城市及小城镇协调发展的城镇化策略，极大地鼓舞了农民工进城的热忱，城镇化进入快速推进和全面发展的新阶段，人口流动稳定增长。

人口流动的本质是追求生活质量的提高并实现由人力资源向人力资本的转化（牛文元，2013），其作用机制可通过“推拉理论”进行说明。该理论最早可追溯到英国社会学家拉文斯坦（E. G. Ravenstein）于 19 世纪 80 年代提出的“迁移法则”；在此基础上，英国学者李（Everett S. Lee）在 20 世纪 60 年代进一步提出了系统的迁移理论。该理论将影响人口流动的因素分为“推力”和“拉力”，其中，人口流入地中那些能够使移民生活条件改善的因素为拉力，而流出地中那些不利的社会经济条件为推力，两种力量的共同作用构成了人口流动的驱动力。目前，我国区域经济发展不均衡，农村人均耕地面积少、社会保障水平较低是农业人口向城市迁移的推动力，而城市劳动报酬高、就业机会多、生活条件优越等则构成了人口流动的拉力。提升城镇化质量，应有针对性地改善推力、放大拉力，促进人口向城镇流动、提高城镇化率。

在市民化阶段，人口城镇化主要表现为农业转移人口的融入。在这一阶段，流动人口已经完成了向城镇转移和在城镇就业的任务，只有真正地被流入地社会所接纳、享有与城镇居民平等的基本公共服务和社会保障，才能实现完全的人口城镇化。因此，人口市民化，也即人的融入，是城镇化发展的内在要求，更是城镇化质量提升的关键。新型城镇化的核心是以人为本，城镇化质量的根本出发点是人口城镇化，而人口城镇化的关键在于农业转移人口的市民化。高质量的城镇化发展，应以改善民生为落脚点，力求为向城镇转移的人口提供更多的就业机会、便捷的基础设施和完善的公共服务，让更多的人共享城镇化的物质文明和精神文明成果。

四、城镇化推进效率

改革开放以来，我国的城镇化水平不断提高，但背后却是大量劳动力和资金的投入、土地的占用、能源的消耗以及生态环境的破坏。对于人多地少、人均资源占有量低的我国来说，这种粗放型的经济发展方式让我们付出了巨大的经济、社会和生态成本。具体而言，我国较低的城镇化推进效率主要表现在经济社会效率和生态环境效率两方面：第一，“土地城镇化”速度过快，城镇发展空间失控。近年来，我国的城镇建设用地出现了三次规模较大的扩张，据统计，1999～2000 年城镇建设用地年均增加 1000 平方千米，2001 年增至 2000 平方千米以上，2002 年更是突破了 3300 平方公里（陆大道，2007）。如此冒进的城镇化发展造成了建设用地的无序扩张和低效利用，侵占了大量的优质耕地，对我国的粮食生产安全构成了潜在的威胁。一些地方政府片面追求政绩，在“土地财政”的利益驱动下，低价从农民手中圈地再高价转卖给开发商，造成房价迅速飙升的同时，也助长了暴力拆迁等行为，影响了社会的稳定发展（李楠等，2014）。此外，一些城市“摊大饼”式扩张，新城新区、开发区及工业园区遍地开花，造成了大批低水平重复建设。第二，自然资源过度开采，“资源红利”退减，环境污染严重，生态破坏普遍。近年来，我国的城镇化发展在产业结构、能源结构、技术水平及公民意识等一系列因素的作用下，出现了与资源和环境的种种矛盾。各种迹象表明，从城镇化的推进过程来看，我国的城镇化质量还有很大的提升空间。

在此背景之下，党的十八大在经济建设、政治建设、文化建设和社会建设“四位一体”的基础上，将生态文明建设放在突出地位，上升到“五位一体”的中国特色社会主义总体布局中；《国家新型城镇化规划（2004—2020 年）》提出优化布局、集约高效、生态文明、绿色低碳的城镇化发展基本原则，以城市发展模式科学合理、建设集约紧凑型开发模式为发展目标，并将资源环境作为重要维度纳入新型城镇化指标体系。2015 年 4 月 25 日，中共中央、国务院印发《关于加快推进生态文明建设的意见》，阐述了我国生态文明体制改革的指导思想、理念、原则、目标等重要内容，提出加快建立完整的生态文明制度体系，为我国生态文明领域的改革做出了顶层设计。2015 年 9 月 11 日，中央政治局审议通过了《生态文明体制改革总体方案》，无论是在理念层面还是制度建设层面，都堪称生态文明建设顶层设计的里程碑，实现了由“理念”“政策”到“具体操作”层面的转变。

本书在借鉴已有研究的基础上，认为城镇化推进效率是一个与城镇化成果相对应的概念，是对城镇化发展过程高效与否的评价。其目的是以尽量少的劳动力、土地、资金和资源投入获得尽可能多的产出，并对生态环境造成尽量小的损耗。城镇化推进效率是提升城镇化质量的根本保证，它强调经济社会效率的提升和生态环境的保护，这与生态经济学强调生态价值和环境福利的观点不谋而合。城镇化是实现现代化的重要途径，它的顺利推进必须依托和谐的自然地域空间。传统城镇化以土地、资本和劳动力等要素为驱动，以粗放型的发展方式和重地轻人的发展理念为表征，过分追求城镇化的增长速度和发展规模，造成了环境恶化、资源浪费、不可持续的生态关系。高质量的城镇化发展，应摒弃以资源环境换取经济增长的传统认识，既要重视城镇化的发展成果、也要关注城镇化的推进效率，将生态文明理念融入城镇化的发展过程，通过提高城镇居民的思想观念和人口素质，实现城镇化与生态环境的永续协调发展。

本书用图 3－1 说明城镇化质量和四项基本维度的包含关系以及每个维度所含的具体要素，形成城镇化质量评价的主要内容。

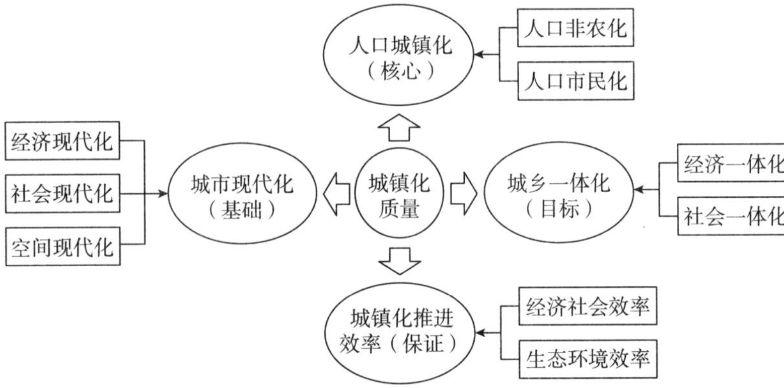

图 3－1　城镇化质量的理论分析框架

第三节 城镇化质量空间差异的影响因素

对城镇化质量及其空间差异表现进行影响因素分析是理解其作用机理的重要前提，也是推进城镇化健康发展、因地制宜提升城镇化质量的主要依据。城镇化质量作为一项系统工程，其影响机制的内涵和层次十分复杂，在不同时期、不同地区亦有不同的表现形式。

首先，从时序变化来看，20 世纪 50 ~ 70 年代，中央财政和国家政策是城镇化发展最主要的影响因素，国家通过计划生育政策和户籍管理制度对人口的增长和流动进行严格管控，并对区域资源进行统一配置，这些均对城镇化的发展起到了决定性的影响（Xie 和 Costa，1991）。在这一阶段，中国城镇化的影响模式主要表现为以国家财政为依托、有计划投资建设的“自上而下”型（宁越敏，1998）；随着改革的不断深化，乡镇企业于 20 世纪 70 ~ 80 年代获得迅猛发展，由此带来的乡村工业化热潮极大地带动了小城镇的崛起和发展，形成了“自下而上”式的城镇化影响模式（辜胜阻和李正友，1998；崔功豪和马润潮，1999）；80 年代中后期，对外开放政策的大力实施促进了珠江三角洲地区劳动密集型出口经济的发展，中国城镇化的影响模式开始向多元型转变（薛凤旋和杨春，1997）；21 世纪以来，多元影响要素的来源不断丰富，市场经济发展、人口增长与流动、产业结构升级、科技和教育进步等均成为新时期影响我国城镇化质量提升的重要因素。

其次，从地区差异来看，我国地域广大，自然地理禀赋、人口空间分布、经济发展差距和国家政策倾斜等造就了地区差异显著的城镇化水平和质量。无论是“自上而下”的行政要素，还是“自下而上”的市场要素，抑或是以外资为主的外向要素等，在不同地区的影响模式和作用机制均有不同。

已有关于城镇化影响因素的研究主要集中在城镇化水平（欧向军等，2008；陈明星等，2009；王洋等，2012）、城镇化综合效率（范建双等，2015）、新型城镇化发展水平（赵永平和徐盈之，2014）、新型城镇化发展效率（吴晓旭，2013）等方面；对于城镇化质量影响机制的研究则鲜有涉及，且在指标选取等方面尚未突破城镇化水平与效率的分析框架（邵琳，2013；陈茉莉，2015）；而有关城镇化质量空间差异的影响因素研究仍处于空白之中。

鉴于此，本书在已有研究的基础上拓展了欧向军、陈明星等有关城镇化影响因素的四维分析视角，综合选取了市场要素、行政要素、外向要素、内源要素和金融要素，并创新性地提出科技要素，以此为出发点探索多元影响因素对城镇化质量及其空间差异表现的双重作用机制。

一、市场要素

改革开放以来，随着国家对经济干预的减少以及市场机制的成熟，影响我国城镇化发展的主要因素发生了本质变化。在市场经济的作用下，市场在区域经济的发展进程中对资源配置起到基础性的调节作用，其对城镇化及其发展质量的影响主要表现为各项生产要素（劳动力、资本、土地和技术等）在比较利益的驱动下由农业部门向非农业部门转移和集聚，从而加速了城镇化的进程、提高了城镇化的效率和发展质量。

具体来看，相较于二三产业，农业表现为一定程度的先天弱质性：一方面，农业的生产周期长易受自然因素和市场波动的双重影响，抗风险和冲击的能力较差；另一方面，传统农业近乎表现为完全竞争性特征，进入壁垒低、供给弹性大，且预期收益较低。早在 17 世纪，英国古典政治经济学家威廉·配第（William Petty）就已发现，经济的发展历程即为产业重心由农业向工业，再向商业转移的过程，而劳动力必然因为比较利益的关系，先由农转工，而后再由工转商；1940 年，英国经济学家科林·克拉克（Colin G. Clark）在此基础上进一步明确了经济发展过程中劳动力在三次产业中依次分布的演进规律，即配第—克拉克定理（于刃刚，1996）。

随着劳动力由农业向非农业、由传统产业向现代产业的转移，人口分布的空间格局也发生了变化，即由分散的农业人口向集中的城镇人口演化。实际上，这种产业结构的演进和人居方式的集聚化与规模化正是城镇化的本质。具体而言，劳动力的非农化是在农业内部推力和非农产业外部拉力两方面的驱动下完成的，而资本、技术和土地等其他生产要素也具有类似的转移趋势：一方面，农村剩余劳动力的快速增长超过了有限耕地的承载能力，有碍于农业生产效率的提高和农民收入的增加，由此带来的不断扩大的城乡收入差距极大地损伤了农民的生产积极性。另一方面，城市相比农村拥有更丰富的物质和文化生活条件、良好的社会环境、更多的受教育机会，这些均构成了对农业人口转移的吸引力。

进一步地，市场要素对城镇化质量空间差异的影响主要表现为不同区域市场发育的阶段性和完备性不同，因此对本地和邻域城镇化质量发展的影响强度和影响方向不同：在市场经济发育的雏形期，即便劳动力、资本和技术等生产要素有流向高收益产业的“冲动”，也还不具备快速流通的渠道。市场机制发育滞后的地区，因其获取的城镇化发展动能有限，故城镇化发展的效率和质量也就十分有限。此时，各地区应采取疏通要素流通渠道、推动市场机制完善的种种措施，以加快城镇化发展、提升城镇化质量；在市场经济发育的成熟期，纯粹比较利益驱动下的生产要素不仅会由预期收益率较低的本地农业部门向非农业部门集聚，还会从效益较低的本地企业向发展较好的邻域企业转移，由此形成地区间“此消彼长”的竞争关系，近而对邻域城镇化质量的提升起到负面影响。此时，如不匹配以完备的市场规则和适当的行政监管，则市场要素对城镇化质量空间差异的负面影响将会持续放大。

二、行政要素

在尊重市场规律的前提下，政府发挥适当的行政职能、进行恰当的制度安排，能更好地激发经济活力，促进城镇化的健康有序发展。具体而言，行政要素对城镇化质量的影响主要表现在土地城镇化、人口城镇化和制度安排与创新三个方面。首先，政府通过产业规划和主体功能区规划等政策规划，借助中央和地方财政支出对城镇化资金需求的支持，引导诸如水利工程、公共交通等基础设施建设，极大地加强了其与外界联系的通达性、改善了城市的投资环境，推动了城市的发展壮大和城镇化效率与质量的提升。其次，政府通过行政区划调整将农村地域直接转变为城镇地域（如撤乡变县、撤县变市等）或通过户籍制度调整将农村人口直接转变为城镇人口、农业人口转变为非农业人口，以此推动城镇人口规模的扩大和城镇化率的提升。再者，根据新制度经济学的观点，有效的制度安排会促进经济增长和发展。而城镇化作为社会经济发展的产物，同样也会受到制度安排与变迁的影响。因此，制度安排的合理性和创新性是新时期行政要素推动城镇化质量提升的关键所在。

进一步地，行政要素对城镇化质量空间差异的影响主要表现为不同地方政府对城镇化发展的干预程度和制度安排的有效程度不同，因此对本地和邻域城镇化质量发展的影响强度和影响方向不同：首先，在地方政府干预不当的地区，土地城镇化和人口城镇化进程与真实的城镇化水平和速度不匹配，由此产生的土地城镇化和人口城镇化是被动的、间接的，这种城镇化发展模式违背了城镇化质量的内涵式发展要求，引致了冒进式城镇化（陆大道，2007）、半城镇化（方创琳，2010）和不完全城镇化（魏后凯，2014）等现象。因此，实现政府对城镇化发展的干预与真实的城镇化发展水平相契合、与内在的城镇化发展质量相匹配，是缩小城镇化质量空间差异的重要内容。其次，在制度安排低效的地区，城镇化发展的阻碍过多。从我国城镇化发展的曲折历程来看，改革开放以前低效的制度安排使得城镇化进程极大放慢，甚至在一定阶段出现了停滞和倒退。归根结底，城镇化是一场涉及破除城乡二元结构的制度变革（周庆智，2016）。如果我国的城镇化建设不触及土地制度、户籍制度、社会保障制度等城乡二元体制的核心，就不可能真正实现城乡统筹和一体化发展，也就不可能真正提高城镇化质量。因此，提升与城镇化发展相关的制度的有效性是缩小城镇化质量空间差异的重要举措。最后，地方政府间为争夺城镇化发展资源而进行的隐性竞争也是造成城镇化质量空间差异的重要因素。本地政府通过一定的制度安排和政策倾斜，在招商引资、基础设施建设和提供公共物品等方面与邻近地区形成了较强的政府间无序竞争，进而对邻域的城镇化质量产生了负面影响，在一定程度上扩大了区域间城镇化质量的发展差距、有碍于全域城镇化质量的提升。

三、外向要素

外向要素是指城镇化发展的外部影响因素，尤以外贸和外资对城镇化的影响最为深远。随着经济全球化的不断深入，全球产业重组和转移对我国部分地区的社会经济发展和城镇化建设起到了巨大的带动作用（许成安和曾媛，2006）。已有研究关于外资能够促进城镇化发展的结论基本是一致的，区别只在于不同地区接受的外资数量和质量不同，因而对城镇化的影响也有差异；但有关外资能否促进城镇化质量的提高这一问题尚未有研究涉及过。

根据发展经济学的相关理论，广大发展中国家在经济发展之初都会面临资本不足而劳动力过剩的问题。在这一阶段，相较于劳动力、土地和技术等其他生产要素而言，资本的重要作用尤为突出。20 世纪 60 年代，美国经济学家钱纳里在《工业化与经济增长的比较研究》一书中提出了利用外资发展经济的“两缺口”理论模型。该理论指出，由于发展中国家面临储蓄和贸易的双重缺口，因此无法充分利用有限的国内生产要素，从而阻碍了经济发展的进程。鉴于此，利用外资来填补国内缺口，缓解资金的瓶颈约束则显得尤为必要。但是，该理论对于引进外资的数量和结构没有进行深入研究，也忽略了一国偿债能力的隐性约束以及技术进步等内生要素进步的重要性（祝年贵，2003）。

实际上，仅追求外资数量而忽视其质量的招商引资项目并不符合涵盖创新与绿色的“五大理念”，其对于城镇规模的扩张或许有促进作用，但对于城镇化内涵式发展与城镇化质量的提升甚至可能产生负面影响。因此，应一分为二地认识外向因素对城镇化质量的影响。

进一步地，外向要素对城镇化质量空间差异的影响主要表现为不同地区引进外资的数量和质量结构与利用外资的能力不同，因此对本地和邻域城镇化质量发展的影响强度和影响方向不同：

对于沿海地区而言，一方面，外资项目数量与质量的匹配以及本土企业利用外资能力的提升均对城镇化质量起到正向促进作用。另一方面，交通通达性较好的沿海地区由于拥有良好的地理区位条件，可引进的外资数量较为充足，区域间因竞相引进外资而形成不良竞争、近而抑制邻域城镇化质量发展的情况较少出现。

对于内陆地区而言，一方面，由于区位因素等限制，本地区能够吸引到的外资数量有限，引进外资的能力和利用外资的水平都比较低。为追求外资的数量而忽略质量的招商引资项目不符合内涵式的新型城镇化理念，反而会对城镇化质量起到消极影响。因此，应注意利用外资改善本地的资本形态、技术和产业结构，切实提高本土企业的管理水平（陆大道，2003）。另一方面，外资数量的不足加剧了区域间招商引资的竞争压力，甚至出现降低门槛引入破坏生态环境项目的“俱损”现象，应予以高度关注。

四、内源要素

内源要素是指城镇化发展的内部影响因素，在改革开放初期主要表现为农村工业化发展对城镇化的推进。20 世纪 70 年代末，我国农村率先推行了以家庭联产承包责任制为主的经济体制改革。改革的成效显著，一方面，极大地调动了农民的生产积极性、解放了农村生产力、提高了农业生产的效率；另一方面，农业剩余劳动力的出现也带来了较大的就业压力，在当时严格的户籍管理制度下难寻出路。在此背景之下，富有中国特色的乡镇企业承载着农民就业和致富的双重愿望应运而生。乡镇企业的快速发展，推动了农村二三产业的迅速发展，为城镇化的发展奠定了坚实的产业基础；同时，还吸引着人口、资金、技术等生产要素向城镇大量集聚，改变了农村地域的景观和面貌，使其在文化和生活方式等方面向城市地域趋近，为小城镇的发展壮大提供了必要的资金支持和集聚平台（欧向军等，2008）。在这一阶段，乡镇企业和农村工业化成为城镇化发展的主要推动力，并于邓小平南方谈话之后进入了第二次发展高潮期（朱嘉蔚，2011）。

随着城市改革的深化以及户籍制度的逐渐放宽，农村剩余劳动力不再局限于在乡村和城镇中寻找致富的出路，内源要素对城镇化发展的作用形式发生了变化。规模以上本地工业企业发展（王洋等，2012）、国有企业改革（赵永平和徐盈之，2014）、城市企业的郊区化迁移和产业园布点以及产业结构的转型升级（范建双等，2015）等均成为城市本地企业创造产值、吸引农村剩余劳动力的主要媒介。

进一步地，内源要素对城镇化质量空间差异的影响主要表现为不同地区本地企业的发展程度不同，因此对本地和邻域城镇化质量发展的影响强度和影响方向不同：在本地企业基础较好、发展较快的地区，为城镇化奠定了坚实的产业基础以及资金、技术和农村剩余劳动力等生产要素的集聚平台，推动了城镇化水平和质量的提高；而在本地企业发育不足的地区，则难以通过创造产值和吸引本地剩余劳动力就业促进城镇化质量的提升，尤其对于规模以上企业而言，其多布局于大中型城市且劳动力就业门槛较高，而对受教育程度较低的农村剩余劳动力的岗位供给有限，因而对城镇化质量的带动作用不足，未来可通过推广职业培训项目等方式适度降低企业在就业方面的准入门槛。

五、金融要素

金融要素是指影响城镇化质量提升的资金因素。已有研究表明，城镇化的有序推进离不开金融市场的支持与金融创新的推动（刘奂成，2013）。作为经济运行的“血脉”，金融创新可有效促进金融资源的优化配置，不仅能够增强金融机构的盈利能力，还可发挥显著的经济杠杆作用，扩大融资渠道，提高资产流动性，为新型城镇化发展提供灵活的融资机制和低成本、低风险的融资项目，从而推动城镇化的快速发展。

目前，新型城镇化在保障性住房、新兴产业发展、农业发展和基础设施建设等方面均存在较大的资金需求缺口（王振坡等，2014）。国家开发银行曾预测未来三年我国城镇化建设的资金总需求量将达到25万亿元，而城镇化建设资金的缺口约为11.7万亿元①。财政资金难以独立承担我国城镇化建设的重任，地方政府的债券融资也不足以成为建设资金的主要来源，巨大的资金需求缺口终将通过银行等金融机构提供可持续的融资渠道来填补。

进一步地，金融要素对城镇化质量空间差异的影响主要表现为不同地区金融市场的规范性和金融创新的力度不同，因此对本地和邻域城镇化质量发展的影响强度和影响方向不同：在金融市场的不断规范和完善下，金融创新通过提供灵活和多样化的融资项目，有效地促进了金融资源的优化配置、填补了城镇化发展的资金需求缺口，推动了城镇化规模和质量的提升；在金融创新滞后、金融市场不规范的地区，则阻碍了本地城镇化质量的提升；同时，还应注意金融市场在区域间发育的不均衡性，也会加剧城镇化质量的空间差异性。

六、科技要素

近年来，学术界涌现出了大量探讨科技进步与城镇化发展关系的研究（丁明磊等，2013；于莲，2014；李曦和彭品贺，2014），并在科技创新对城镇化的促进作用上达成了共识，但有关科技力与城镇化质量的关系研究却尚未有人涉及。鉴于此，本书在城镇化质量及其空间差异表现的影响因素分析中创新性地引入科技要素，探讨科技进步与创新对城镇化质量的影响机制。

从本质上来讲，城镇化质量探讨的是一个与城镇化数量和规模相对应、注重城镇化的内在机理和结构、反映城镇化优劣程度的综合概念。无论是城市自身发展质量的增强还是城镇化推进效率的提高，都离不开科技的进步与创新。同时，当前走新型城镇化道路、提升城镇化质量已成为新时期我国社会经济发展的必由之路，而新型城镇化与传统城镇化的一个重要区别就在于由依赖廉价劳动力和土地扩张的要素驱动和投资驱动向创新驱动和科技驱动转型，实现城镇化由重数量和规模的外延式发展模式向重质量的内涵式模式转变（辜胜阻和刘江日，2012）。因此，科技要素无疑将成为新时期城镇化发展的核心支撑力以及城镇化质量提升的重要影响因素。

进一步地，科技要素对城镇化质量空间差异的影响主要表现为不同地区由要素驱动向创新驱动转型的程度和各地推进科技合作的力度不同，因此对本地和邻域城镇化质量发展的影响强度和影响方向不同：在科技创新突出且积极与周边地

① 有关资料来源于 http://www.guandian.cn/article/20130426/131821.html。

区开展科技合作的地区，其城镇化质量发展拥有良好的本地和周边环境；而那些为锁定科技进步对本地城镇化推进效率和经济发展水平促进作用的地区，则通过采取一些抑制科技创新传播的措施，进而对邻域城镇化质量的提升形成一定的消极影响。

第四章　城镇化质量综合评价指标体系

根据第三章对城镇化质量内涵及评价内容的确定，本章依据全面性与系统性、代表性与科学性、动态与静态结合以及可比性与可操作性的原则，综合使用理论分析法和频度统计法，构建城镇化质量综合评价指标体系，阐明评价指标的数据来源和数据处理过程，并采用熵值法为指标赋权。

第一节　指标选取原则与方法

城镇化质量作为一个涵盖经济、政治、社会、文化、生态等多个维度的综合概念，受到许多因素的影响。在构建城镇化质量评价指标体系时，需遵循一定的原则和方法，才能尽可能客观、准确地反映城镇化质量的丰富内涵，使指标体系形成一个有机的系统。

一、指标体系构建原则

本书基于以下几项原则构建城镇化质量综合评价指标体系：

第一，全面性与系统性原则。指标体系就评价目的和目标而言应该能够全面反映评价对象的各方面特征（牛文元等，2013）。城镇化质量作为一个内涵丰富的复杂系统，包含城市现代化、城乡一体化、人口城镇化和城镇化推进效率四个子系统，每个子系统内部又包含不同层次的分项指标和基础指标。鉴于此，指标体系首先应从多个视角、尽可能全面地反映城镇化质量的内涵，满足全面性原则；同时，从系统论的观点出发，指标体系既要反映城镇化质量的整体水平，还要体现各子系统的运行水平，以及子系统内部和子系统之间的协同发展关系，满足系统性原则。

第二，代表性与科学性原则。为保证指标体系的全面性而将可得的全部指标都纳入指标体系是既不科学也不经济的行为。一方面，指标数量的增加意味着数据获取成本的增加；另一方面，指标之间的相关性增加了冗余指标的可能性。因此，指标体系必须紧扣城镇化质量内涵，那些与城镇化质量不直接相关甚至放之四海而皆准的指标，不满足代表性原则，不应纳入指标体系；同时，指标体系应明确反映城镇化质量与基础指标之间的支配关系，避免出现指标体系庞大、指标设定空泛、指标层次繁杂、指标考量过细等问题，满足科学性原则。

第三，动态与静态结合的原则。城镇化质量是反映城镇化发展优劣程度的综合概念，它既关注城镇化的发展成果，也重视城镇化的推进过程。因此，在构建指标体系时，既要包含反映城镇化质量发展成果的指标，也应包含体现城镇化质量推进过程的指标，从动态过程和静态结果两方面选取评价指标。此外，城镇化质量具有鲜明的时代特征，其内涵会随时间的推移而不断丰富，因此指标体系的内容并不是一成不变的，应体现城镇化的动态发展特征。

第四，可比性与可操作性原则。指标的统计口径在研究年份内对不同研究对象应保持稳定和一致，才能使资源禀赋、人口基数和区域面积不同的省份或地级市之间具有可比性，因此应选取近年来统计部门稳定提供且统计口径未发生重大变化的指标；理论上的完备性在操作过程中往往受到实际数据和统计资料缺失的限制与约束，因此所选指标必须具备稳定和可靠的数据来源，并在确保数据质量的前提下，能够在现行统计资料中获取或通过间接计算得到，满足可操作性原则。

二、指标选取方法

已有研究在指标选取时主要采用三种方法，即理论分析法、频度统计法和专家咨询法（白永秀等，2014）。理论分析法是指依据既有理论和文献，在构建城镇化质量评价理论分析框架的基础上，选取那些能够反映城镇化质量主要特征的指标；频度统计法是指通过对城镇化质量评价的相关指标进行频率统计，从中选取使用频率较高的指标；专家咨询法是在初步提出评价指标的前提下，通过征询专家意见，进一步对指标体系进行调整与完善。

本书综合使用理论分析法和频度统计法选取指标。首先，在科学界定城镇化质量内涵与外延的基础上，采用理论分析法明确城镇化质量评价的四个基本维度，即城市现代化、城乡一体化、人口城镇化和城镇化推进效率。其次，在梳理既有研究的基础上，使用理论分析法确定每一维度下的分项指标。比如，通过理论分析可知，人口城镇化应包含人口非农化和人口市民化两个层次的内容，而城镇化推进效率不仅包括经济社会效率，还应体现生态环境效率。以上两项工作已在第三章完成，并体现在图 3 - 1 中。最后，本书采用频度统计法确定了一些在已有研究中较常使用的、紧扣城镇化质量内涵的基础指标，如能够反映城乡经济一体化水平的城乡收入差异指标、能够体现人口非农化水平的不完全城镇化率指标以及能够表明生态环境效率的单位 GDP 能耗指标，这部分内容是本章的主要工作。

第二节　指标体系构建

科学构建城镇化质量的综合评价指标体系是测度城镇化质量的重要基础。本书根据城镇化质量的内涵与外延以及指标选取的原则和方法，构建城镇化质量的综合评价指标体系。

一、基础指标选取

在回顾已有理论和文献的基础上，本书从城市现代化、城乡一体化、人口城镇化和城镇化推进效率四个维度出发，采用频度统计法确定了既有研究中使用频率较高，与城镇化质量内涵紧密相关的 22 项基础指标。

（一）城市现代化基础指标选取

城市现代化反映城镇化核心载体的发展水平，是城镇化质量的基础，主要包括经济现代化、社会现代化和空间现代化三方面内容。

（1）经济现代化方面，王富喜等（2013）在构建山东省城镇化质量综合评价指标体系时，采用城镇居民人均可支配收入等指标度量经济发展水平；李琪和安树伟（2012）在测度中国 286 个地级及以上城市 2008 年的城市化质量时，选取第二、第三产业占 GDP 比重表征产业结构。鉴于此，本书尝试从居民收入和产业结构出发，选取城镇居民人均可支配收入和非农产业比重两项基础指标刻画经济现代化水平。

（2）社会现代化方面，何平（2013）指出劳动力市场的供需平衡是城镇化质量的重要方面，而城镇登记失业率是反映人口就业水平的重要指标；刘美平和徐丽杰（2015）在测度1999~2013年中国的城镇化质量时，选用科技和教育支出占财政支出的比重衡量公共服务水平；于涛等（2010）以江苏省常熟市的城镇化质量为研究对象，选取万人拥有公共汽车数表征生活设施的发展质量。在此基础上，本书以城镇登记失业率反映就业情况、以科技和教育支出占财政支出的比重表征科教水平、以人均拥有公共交通车辆数代表基础设施条件。

（3）空间现代化方面，陈明星等（2009）以人均建成区面积衡量土地城市化水平；韩增林和刘天宝（2009）在测度中国286个地级及以上城市的城市化质量时，用人均城市道路面积表征基础设施质量；方创琳和王德利（2011）构建了1980~2008年中国城市化发展质量的综合评价指标体系，并选取建成区绿化覆盖率等几个指标复合形成生态环境保障指数。据此，本书采用人均建成区面积、人均城市道路面积和建成区绿化覆盖率分别反映生活空间、生产空间和生态空间的发展质量。

（二）城乡一体化基础指标选取

城乡一体化是城镇化发展的最终目标，指的是城市与农村在共同增长的前提下，实现经济差距缩小、社会成果均等的协调发展，主要表现为城乡经济一体化和城乡社会一体化两个方面的内容。

（1）城乡经济一体化方面，叶裕民（2001）把农民人均纯收入和城镇居民人均可支配收入相结合，构造了城乡居民收入差异系数；李明秋和郎学彬（2010）采用农村人均GDP占城市人均GDP的比重测度城乡生产差异。鉴于此，本书以城乡居民人均收入比反映收入差异、以市辖区与全市人均GDP差异系数反映生产差异。

（2）城乡社会一体化方面，郭叶波（2013）选用市辖区与全市人均图书馆藏书数的比值衡量城乡文化差异；何孝沛等（2015）在构建河南省城镇化质量评价指标体系时，采用市辖区与全市的医生数之比测度城乡卫生水平的差异状况。据此，本书采用市辖区与全市人均公共图书馆藏书数之比和人均医生数之比分别表征城乡文化差异和卫生差异水平。

（三）人口城镇化基础指标选取

人口城镇化是提升城镇化质量的核心和出发点，主要包含人口非农化和人口市民化两个方面的发展。

（1）人口非农化方面，顾朝林等（2008）指出，人口城镇化的重要标志之一是职业的非农化，农民要实现向市民的身份转化首先要保证脱离农业进入第二、第三产业就业，即拥有一份非农职业，这也是其在城镇安身立命的基础，因此选取第二、第三产业就业人口比重反映就业结构的非农化；王若桢（2013）在测度江苏省城市化质量时，选取非农业户籍占比刻画人口城市化水平；苏红键等（2015）认为，当前以常住人口城镇化率和户籍人口城镇化率分别衡量城镇化水平的做法有失偏颇，未来构建城镇化质量指标体系应契合《国家新型城镇化规划（2014—2020年）》，引入不完全城镇化率考察人口城镇化的情况。基于此，本书从就业结构、人口结构和城镇化水平三个方面入手，选取非农从业人口比重、非农业人口比重以及不完全城镇化率三个基础指标反映人口非农化的发展现状。

（2）人口市民化方面，魏后凯和苏红键（2013）采用各类社会保险参保人数与城镇人口之比测算城镇社会保险参与率，以衡量中国农业转移人口的市民化程度；王德利等（2010）选取社会保障总支出占财政支出的比重测度经济与社会的协调发展水平。在此基础上，本书采用社会保障支出占财政支出的比重和城镇社会保险参与率反映人口市民化的发展质量。

（四）城镇化推进效率基础指标选取

城镇化推进效率是城镇化质量提升的根本保证，主要包括经济社会效率和生态环境效率两方面内容。

（1）经济社会效率方面，本书参照郭叶波（2013），从土地使用效率、资本利用效率和劳动生产效率三方面分别选取单位建成区面积实现的GDP、单位固定资产投资实现的GDP以及单位劳动力实现的GDP表征经济社会效率。

（2）生态环境效率方面，梁振民（2014）在构建全国省级层面城镇化质量评价指标体系时，选用万元GDP能耗衡量环境发展代价；柴志阳（2013）在测度湖南省“3+5”城市群地区的城镇化质量时，采用工业固体废物综合利用率表征生态环境质量。鉴于此，本书选取单位GDP能耗和工业固体废物综合利用率。

二、评价指标体系

以城镇化质量为总评价目标，以城市现代化、城乡一体化、人口城镇化和城镇化推进效率为维度评价目标，本书构建了包含9个一级指标和22个基础指标的城镇化质量综合评价指标体系（见表4－1）。

表4－1　城镇化质量综合评价指标体系

目标	维度	一级指标	二级指标	单位	属性
城镇化质量	城市现代化	经济现代化	居民收入（X_1）：城镇居民人均可支配收入	元/人	正向
			产业结构（X_2）：非农产业比重	%	正向
		社会现代化	就业（X_3）：城镇登记失业率	%	逆向
			科技教育（X_4）：科教支出占比	%	正向
			基础设施（X_5）：人均拥有公共交通车辆数	标台	正向
		空间现代化	生活（X_6）：人均建成区面积	m^2	正向
			生产（X_7）：人均城市道路面积	m^2	正向
			生态（X_8）：建成区绿化覆盖率	%	正向
	城乡一体化	经济一体化	收入差异（X_9）：城乡居民人均收入比	—	逆向
			生产差异（X_{10}）：市辖区与全市人均GDP差异系数	—	逆向
		社会一体化	文化差异（X_{11}）：市辖区与全市人均公共图书馆藏书数之比	—	逆向
			卫生差异（X_{12}）：市辖区与全市人均医生数之比	—	逆向
	人口城镇化	人口非农化	就业结构（X_{13}）：非农从业人口比重	%	正向
			人口结构（X_{14}）：非农业人口比重	%	正向
			城镇化水平（X_{15}）：不完全城镇化率	%	逆向
		人口市民化	财政（X_{16}）：社会保障支出占比	%	正向
			社保（X_{17}）：城镇社会保险参与率	%	正向
	城镇化推进效率	经济社会效率	土地（X_{18}）：单位建成区面积实现的GDP	元/m^2	正向
			资本（X_{19}）：单位固定资产投资实现的GDP	元	正向
			劳动力（X_{20}）：单位劳动力实现的GDP	元/人	正向
		生态环境效率	废物利用（X_{21}）：工业固体废物综合利用率	%	正向
			能源消耗（X_{22}）：单位GDP能耗	吨标准煤/万元	逆向

注：鉴于数据的可得性，选用不同指标构建中国省级、城市群和地级市城镇化质量评价指标体系。具体而言，省级层面的指标体系由20项基础指标构成，不含非农业人口比重（X_{14}）和工业固体废物综合利用率（X_{21}）；城市群和地级市层面的指标体系由18项基础指标构成，不含不完全城镇化率（X_{15}）、社会保障支出占比（X_{16}）、城镇社会保险参与率（X_{17}）以及单位GDP能耗（X_{22}）。

（一）主要指标说明

（1）城镇居民人均可支配收入。城镇居民人均可支配收入是反映城市经济现代化水平的重要指标。该指标值越高，城市的经济发展水平越高。

（2）非农产业比重。城镇化发展不仅是人口结构由农转非的变化，更是产业结构升级的过程。非农产业比重以第二、第三产业占 GDP 的比重来表征产业结构的非农化特征，是城市经济现代化的重要组成部分。

（3）城镇登记失业率。劳动力市场的供需平衡是社会稳定的基础，也是城镇化质量的重要内容。城镇登记失业率是反映人口就业水平的重要指标，该指标值越高，说明劳动力供过于求的失衡情况越严重，因此属于逆向指标。

（4）科技教育支出占财政支出比重。科技教育支出是发展科技和教育事业的重要基础。该比值越高，则社会现代化水平越高，城镇化质量也就越高。

（5）人均拥有公共交通车辆数。提升公共交通的便利性是城市基础设施建设的重要目标。人均拥有公共交通车辆数能够直观地反映城市公共交通的便利程度，是城市社会现代化的重要内容。

（6）人均建成区面积。本书用人均建成区面积指代城市居民的生活空间。人均建成区面积越大，则城市的空间现代化水平越高，城镇化质量也就越高。

（7）人均城市道路面积。人均城市道路面积可以表征城镇生产空间，是反映城镇空间现代化水平的重要指标。该指标属于正向指标，即指标值越高，城市现代化水平越高。

（8）建成区绿化覆盖率。建成区绿化覆盖率是衡量城市生态空间的重要指标，其在既有研究中使用的频率也比较高。建成区绿化覆盖率越高，则城市的生态环境越好，城镇化质量也越高。

（9）城乡居民人均收入比。城乡居民人均收入比是城镇居民人均可支配收入与农民人均纯收入的比值，能够反映城乡居民的收入差距，是测度城乡经济一体化水平的重要指标。该指标值越高，表明城乡居民收入差异水平越大，城乡经济一体化水平越低、城镇化质量越低，因此属于逆向指标。

（10）市辖区与全市人均 GDP 差异系数。市辖区与全市人均 GDP 差异系数是市辖区人均 GDP 与全市人均 GDP 的比值。该指标间接表明城乡的生产差异水平，指标值越高，则市辖区与全市的人均 GDP 数值差异越大，也即城乡生产差距越大。因此，该指标属于逆向指标。

（11）市辖区与全市人均公共图书馆藏书数之比。人均公共图书馆藏书数能够反映一个城市为居民创造文化环境的能力，是衡量社会现代化水平的重要指标。市辖区与全市人均公共图书馆藏书数之比是间接反映城乡文化水平差异的重要指标。该指标值越高，则城乡文化水平差异越大，城乡社会一体化水平越低，因此是逆向指标。

（12）市辖区与全市人均医生数之比。人均医生数是衡量城市医疗卫生水平的关键指标。市辖区与全市人均医生数之比是衡量城乡卫生水平差异的重要指标。该指标属于逆向指标，即指标值越低，城乡卫生水平差异越小，城镇化质量越高。

（13）非农从业人口比重。农业人口实现非农化转变的关键是拥有一份非农职业。二三产业就业人口比重是测度就业结构非农化的重要指标，也是反映人口城镇化水平的主要指标。该指标值越高，表明人口非农化水平越高，因此属于正向指标。

（14）非农业人口比重。非农业人口指的是户籍人口中拥有非农业户口的人口，因此也称为非农业户籍人口。非农业人口比重是非农业户籍人口与户籍总人口的比重，是反映人口城镇化水平的重要指标。该指标属于正向指标，指标值越大，则人口城镇化率越高，城镇化质量越高。

（15）不完全城镇化率。我国的统计公报和统计年鉴中提供的城镇化率多为常住人口城镇化率，其分子是城镇人口，即居住在城市和集镇中的人口。这部分人口既包括拥有非农业户口的城市原住人口和新增人口，也包括没有城镇户籍的流动人口。显然，后者虽被统计为城镇人口，但其与城市户籍居民在就业、教育、医疗、社保等各项公共服务中所享有的权利是不同的。近年来，有学者称这部分人口为半城镇化人口，以反映其非农化进程的不彻底性。《国家新型城镇化规划（2014—2020年）》提出了不完全城镇化率，即常住人口城镇化率与户籍人口城镇化率的差额，其中，户籍人口城镇化率的分子是非农业户籍人口，两者的分母都是常住人口。不完全城镇化率能够真实地反映人口非农化水平，是测度人口城镇化质量的重要指标。该指标值越高，意味着城镇人口和非农户籍人口的差额越大，也即半城镇化人口比例越大，城镇化质量也就越低，因此属于逆向指标。

（16）社会保障支出占财政支出比重。提高城镇化质量，应以改善民生为落脚点，为城镇转移人口提供更多的就业机会、便捷的基础设施和完善的公共服务，而社会保障支出是政府履行上述职能的重要基础。

（17）城镇社会保险参与率。城镇社会保险主要包括养老、失业、医疗、工伤和生育保险。本书在计算城镇社会保险参与率时采用五种社会保险的参保人数与常住人口比重的几何平均值。

（18）单位建成区面积实现的 GDP。单位建成区面积实现的 GDP 是国内生产总值与建成区面积的比值，是度量城镇化推进过程中土地使用效率的重要指标。

（19）单位固定资产投资实现的 GDP。单位固定资产投资实现的 GDP 是国内生产总值与固定资产投资总额的比值，是测度资本利用效率的主要指标。该指标值越大，则资本利用效率越高，城镇化推进效率越高。

（20）单位劳动力实现的 GDP。单位劳动力实现的 GDP 是国内生产总值与劳动力人口的比值。鉴于劳动力数据的可得性，本书在计算该指标时，采用年末总人口替代劳动力人口。

（21）单位 GDP 能耗。单位 GDP 能耗是一次能源（煤炭、石油、天然气、电力等）消耗总量与国内生产总值的比值，反映的是能源消耗水平和节能降耗状况，是衡量城镇化生态环境效率的重要指标。该指标值越高，表明城镇化的生态环境效率越低、城镇化质量也就越低，因此属于逆向指标。

（22）工业固体废物综合利用率。工业固体废物综合利用率是反映能源消耗和再利用水平的主要指标。该指标值越高，则工业固体废物的再利用水平越高，城镇化效率越高。

（二）指标体系特点

（1）从结构与内容上看，本书构建的城镇化质量综合评价指标体系是由"城镇化质量总目标——城市现代化、城乡一体化、人口城镇化和城镇化推进效率四个维度目标——9 个一级指标——22 个基础指标"构成的四级指标体系。具体而言，基础指标在各维度的分布情况为：城市现代化 8 项、城乡一体化 4 项、人口城镇化 5 项以及城镇化推进效率 5 项。

（2）从功能上看，该指标体系既能反映城镇化质量的总体水平，也能刻画城市现代化、城乡一体化、人口城镇化、城镇化推进效率四个子系统的发展状况。

（3）从适用范围上看，指标体系所含的 22 项基础指标又可进一步分为省级层面的 20 项指标以及城市群和地级市层面的 18 项指标，使得同一体系测度多级空间尺度的城镇化质量成为可能。

第三节　评价对象与数据来源

在构建城镇化质量评价指标体系的基础上，为客观准确地测度城镇化质量，本书将详细阐述多尺度评价对象的构成以及基础指标的数据来源和处理过程。

一、评价对象

本书分别基于省级、城市群和地级市三个尺度构建城镇化质量评价指标体系。在省级层面，由于西藏自治区和港、澳、台地区数据缺失较多，本书以其余30个省级行政单元为评价对象；在城市群层面，本书分别测度12个城市群的城镇化质量（见表4－2）；在地级市层面，以12个城市群所含142个地级市为基本空间单元。

表4－2　城市群基本概况①

区域	城市群	空间范围	地级城市数
东部地区	京津冀城市群	北京、天津、唐山、廊坊、保定、秦皇岛、石家庄、沧州、承德、张家口	10
	山东半岛城市群	济南、青岛、烟台、威海、日照、东营、潍坊、淄博、泰安、莱芜、滨州、德州、聊城	13
	长江三角洲城市群	上海、南京、无锡、常州、苏州、南通、扬州、镇江、泰州、杭州、宁波、嘉兴、湖州、绍兴、舟山、台州	16
	海峡西岸城市群	福州、厦门、泉州、漳州、莆田、宁德、温州、汕头、汕尾、潮州、揭阳	11
	珠江三角洲城市群	广州、深圳、珠海、佛山、江门、肇庆、惠州、东莞、中山	9
	辽中南城市群	沈阳、大连、丹东、锦州、营口、盘锦、鞍山、抚顺、本溪、辽阳、铁岭、葫芦岛	12

① 本书基于方创琳2014年主编的《中国新型城镇化发展报告》中对城市群定量识别标准和空间范围的界定，在其提出的5个国家级大城市群和9个区域性中等城市群中，进一步参考黄金川和陈守强（2015）对中国城市群等级类型的综合划分，考虑城市群的区位分布情况和数据的可得性后，综合选取了12个发展较为成熟的城市群。

续表

区域	城市群	空间范围	地级城市数
中部地区	长江中游城市群	武汉、黄石、鄂州、孝感、黄冈、咸宁、宜昌、荆州、荆门、长沙、株洲、湘潭、衡阳、岳阳、益阳、常德、娄底、南昌、九江、鹰潭、新余、抚州、宜春、萍乡、景德镇、仙桃、潜江、天门	28
	中原城市群	郑州、洛阳、开封、新乡、焦作、许昌、平顶山、漯河、济源	9
	江淮城市群	合肥、芜湖、蚌埠、淮南、安庆、池州、铜陵、滁州、马鞍山、宣城	10
西部地区	成渝城市群	重庆、成都、德阳、绵阳、眉山、资阳、遂宁、乐山、雅安、自贡、泸州、内江、南充、宜宾、达州、广安	16
	关中城市群	西安、宝鸡、咸阳、铜川、渭南、商洛	6
	广西北部湾城市群	南宁、北海、防城港、钦州、玉林、崇左	6

注：湖北省的仙桃市、潜江市和天门市以及河南省的济源市为省直管市，限于基础数据的可得性，在测度长江中游城市群和中原城市群的城镇化质量时不包括以上四个地市。

二、数据来源

本书用于城镇化质量评价的各项基础数据①主要来自2003～2017年《中国统计年鉴》《中国城市统计年鉴》《中国人口和就业统计年鉴》《中国能源统计年鉴》《中国劳动统计年鉴》《中国区域经济统计年鉴》等公开出版资料，其中来自《中国统计年鉴》的数据包括：省级层面的城镇居民人均可支配收入、农民人均纯收入、非农产业比重、城镇登记失业率、教育支出、科技支出、社会保障支出、万人拥有公共交通车辆数、人均城市道路面积、国内生产总值、建成区面积、常住人口及常住人口城镇化率、养老保险、失业保险和医疗保险参保人数。

来自《中国城市统计年鉴》的数据包括：地级市层面的非农产业比重、教育支出、科技支出、城镇登记失业人数、万人拥有公共交通车辆数、人均公共图书馆藏书数、人均医生数、建成区面积、人均城市道路面积、建成区绿化覆盖率、国内生产总值、固定资产投资总额、工业固体废物综合利用率和二三产业从

① 需要注意的是，当以城市群为城镇化质量的评价对象时，需要将地级市数据进行加总得到城市群数据，故以地级市数据作为城市群的基础数据来源。

业人员比重。

来自《中国区域经济统计年鉴》的数据包括：地级市层面的城镇居民人均可支配收入、农民人均纯收入；来自《中国人口和就业统计年鉴》的数据包括：年末户籍总人口和非农业人口；来自《中国能源统计年鉴》的数据包括：能源消耗总量；来自《中国劳动统计年鉴》的数据包括：工伤保险和生育保险参保人数。

三、数据处理

在通过上述统计年鉴获取基础数据时，部分数据需要经过一定的处理才能用于评价指标体系：

（1）由于部分省份和地级市个别数据缺失，在保证与国家统计年鉴口径一致的前提下，本书查阅了各省市统计年鉴、统计公报以及 CNKI 中国经济社会发展统计数据库；如果仍有残缺值，则采用插值法或趋势法补齐。

（2）对于一些有价值属性的指标如国内生产总值、固定资产投资总额等，需要消除通货膨胀等物价因素，进行平减处理。本书选用的价格指数来自《中国统计年鉴》，并以 2003 年为基期进行换算。其中，以国内生产总值指数平减国内生产总值、以消费价格指数平减城镇居民人均可支配收入、以固定资产投资价格指数平减固定资产投资总额。

（3）由于深圳市已完全实现城镇化，因此没有农民人均纯收入数据。在计算城乡居民人均收入比时，需要处理深圳市的数据缺失问题。城乡居民人均收入比属于逆向指标，而完全城镇化意味着城乡一体化水平也达到了最高，因此深圳市的城乡居民人均收入比在全部地市中应该是最低的。本书以该指标该年份的最小值替代深圳市的数据：即 2003 ~ 2009 年丹东市和 2010 ~ 2016 年中山市。

第四节　指标赋权方法

构造多指标综合评价指标体系的核心在于权重的确定，它会直接影响评价的结果。某一指标的权重是一个相对的概念，是指该指标在整体评价中的相对重要程度。根据权重确定方式的不同，赋权方法可以分为主观赋权法（层次分析法、德尔菲法和专家打分法等）、客观赋权法（主成分分析法、因子分析法、聚类分析法和熵值法等）以及主客观相结合的方法。在既有研究的基础上，本书综合考虑了前文构建的城镇化质量综合评价指标体系的数据特点，采用熵值法确定权重，其他方法不再赘述。

一、熵值法的原理与步骤

“差异驱动”原理认为，当某项评价指标非常重要但取值波动程度很小时，无论它的取值有多大，则对于全部被评价对象而言，该指标对评价结果的影响都是非常小的。极端的情况是，如果某项指标的取值全部相等，则其在总体评价中不起作用；反之，如果某项评价指标取值的变化幅度很大，那么它对于评价结果的影响也会很大。该理论的基本思想是：权重应当是对各个指标在指标总体中的变异程度和对其他指标影响程度的度量，指标赋权的信息应直接来源于客观环境，即根据指标自身所包含的信息量来决定相应的权重。

熵值法（Entropy Method）是基于“差异驱动”原理的客观赋权方法，核心在于根据指标观测值所提供的信息量大小和变异程度确定指标权重。熵是热力学中的一个名词，在信息论中是指对不确定性的一种度量。某项指标的变异程度越大，信息量越大，不确定性就越小，信息熵也就越小；反之，指标的变异程度越小，信息量越小，不确定性就越大，信息熵也就越大（郭显光，1998；乔家君，2004）。熵值法借用熵的概念，依据信息熵测量指标变异程度，进而计算指标权重，为多指标综合评价提供依据。

客观赋权法大致可以分为以下三类：第一，消除指标间的相关性确定权重。指标之间若存在相关性，则直接合成必然包括重复的信息从而影响评价结果。鉴于此，可通过数据变化使原始变量简化为相互独立的分量。这种方法多见于多元分析中，以主成分分析法和因子分析法为代表。第二，根据指标间的重复信息确定权重。复相关系数法认为，若某项指标与其他指标之间的重复信息越多，说明该指标的变化越能被其他指标的变化所解释，也即该指标在综合评价中所起的作用越小，权重值越小。第三，依据指标信息的变异程度确定权重。前两类赋权方法都是从重复信息出发，或是消除重复信息，或是利用重复信息。而熵值法利用的是指标的变异信息量。此外，熵值法不减少评价指标的维度，计算过程也比较简单。

设待评方案数量为 m，评价指标数量为 n，指标数据矩阵为 $X=(x_{ij})_{mn}$，用熵值法进行多指标综合评价的步骤如下：

（1）数据的标准化：由于指标的量纲和数量级不同，需要对初始数据进行无量纲化处理；同时，计算信息熵时涉及对数运算，因此须将数据转化为正数。

对于正向指标：

$$x'_{ij} = 90 \times (x_{ij} - \min_i x_{ij}) / (\max_i x_{ij} - \min_i x_{ij}) + 10$$

对于逆向指标：

$$x'_{ij} = 90 \times (\max_i x_{ij} - x_{ij}) / (\max_i x_{ij} - \min_i x_{ij}) + 10$$

转化后，$10 \leqslant x'_{ij} \leqslant 100$

（2）计算第 j 项指标下第 i 个评价方案所占比重：

$$p_{ij} = x'_{ij} / \sum^{m} x'_{ij}$$

（3）计算第 j 项指标的信息熵：

$$e_j = -k \sum^{m} p_{ij} \ln p_{ij}$$

其中，$k>0$，一般可取 $k=1/\ln m$，此时 $0 \leqslant e_j \leqslant 1$。

（4）计算第 j 项指标的冗余度：

$$g_j = 1 - e_j$$

（5）计算第 j 项指标的权重：

$$w_j = g_j / \sum^{n} g_j$$

（6）计算第 i 个评价方案的评价值：

$$S_i = \sum^{n} w_j x'_{ij}$$

二、评价指标的赋权结果

本书以多尺度空间单元为城镇化质量的评价对象，分别构建省级层面、城市群层面以及地级市层面的城镇化质量评价指标体系。不同尺度的研究对象之间不具可比性，需结合数据信息分次赋权。通过上述步骤可计算得到各项指标的权重值（见表 4－3 至表 4－5）。

表 4－3　全国省级层面城镇化质量评价指标的权重值

目标层	准则层	指标层	
		名称	权重
城镇化质量	城市现代化	城镇居民人均可支配收入	0.0968
		非农产业比重	0.0225

续表

目标层	准则层	指标层	
		名称	权重
城镇化质量	城市现代化	城镇登记失业率	0.0156
		科教支出占比	0.0434
		人均拥有公共交通车辆数	0.0591
		人均建成区面积	0.0753
		人均城市道路面积	0.0635
		建成区绿化覆盖率	0.0403
	城乡一体化	城乡居民人均收入比	0.0311
		市辖区与全市人均 GDP 差异系数	0.0323
		市辖区与全市人均公共图书馆藏书数比	0.0330
		市辖区与全市人均医生数比	0.0215
	人口城镇化	非农从业人口比重	0.0078
		不完全城镇化率	0.0381
		社会保障支出占比	0.0463
		城镇社会保险参与率	0.0961
	城镇化推进效率	单位建成区面积实现的 GDP	0.0503
		单位固定资产投资实现的 GDP	0.1205
		单位劳动力实现的 GDP	0.0953
		单位 GDP 能耗	0.0112

资料来源：借助熵值法计算整理。

表 4－4　全国城市群层面城镇化质量评价指标的权重值

目标层	准则层	指标层	
		名称	权重
城镇化质量	城市现代化	城镇居民人均可支配收入	0.0812
		非农产业比重	0.0193
		城镇登记失业率	0.0132
		科教支出占比	0.0505
		人均拥有公共交通车辆数	0.0815
		人均建成区面积	0.0582
		人均城市道路面积	0.0625
		建成区绿化覆盖率	0.0170

续表

目标层	准则层	指标层	
		名称	权重
城镇化质量	城乡一体化	城乡居民人均收入比	0.0538
		市辖区与全市人均 GDP 差异系数	0.0719
		市辖区与全市人均公共图书馆藏书数比	0.0242
		市辖区与全市人均医生数比	0.0164
	人口城镇化	非农从业人口比重	0.0311
		非农业人口比重	0.0452
	城镇化推进效率	单位建成区面积实现的 GDP	0.1136
		单位固定资产投资实现的 GDP	0.1042
		单位劳动力实现的 GDP	0.1265
		工业固体废物综合利用率	0.0297

注：城市群层面的评价对象为 12 大城市群。城市群数据通过两种方式计算得到：第一，城市群所辖地级市数据的加权平均值。其中，人均类指标以总人口数占比为权重，产值类指标按产值占比加权，收入和支出类指标用收入和支出占比作权重，建成区绿化覆盖率指标以建成区面积占比为权重，工业固体废物综合利用率指标以工业总产值占比为权重。第二，经济社会效率中的三个指标分别以城市群内所辖地级市的建成区面积和、固定资产投资总额和以及总人口和为分母，以 GDP 总额为分子计算得到。

表 4－5　全国地级市层面城镇化质量评价指标的权重值

目标层	准则层	指标层	
		名称	权重
城镇化质量	城市现代化	城镇居民人均可支配收入	0.1238
		非农产业比重	0.0299
		城镇登记失业率	0.0031
		科教支出占比	0.0476
		人均拥有公共交通车辆数	0.0802
		人均建成区面积	0.0742
		人均城市道路面积	0.0863
		建成区绿化覆盖率	0.0287
	城乡一体化	城乡居民人均收入比	0.0215
		市辖区与全市人均 GDP 差异系数	0.0208
		市辖区与全市人均公共图书馆藏书数比	0.0308
		市辖区与全市人均医生数比	0.0129

续表

目标层	准则层	指标层	
		名称	权重
城镇化质量	人口城镇化	非农从业人口比重	0.0025
		非农业人口比重	0.1238
	城镇化推进效率	单位建成区面积实现的 GDP	0.0766
		单位固定资产投资实现的 GDP	0.0989
		单位劳动力实现的 GDP	0.1006
		工业固体废物综合利用率	0.0378

第五章 城镇化质量空间差异的测度

在构建城镇化质量综合评价指标体系的基础上，本书从时空分异特征和空间关联特征两方面对城镇化质量的空间差异进行测度，尝试解答“各级空间单元的城镇化质量是否存在明显的空间分布规律”“沿海地区的城镇化质量是否显著高于内陆地区”“城镇化质量的地区差异是否随时间推移呈扩大趋势”“城镇化质量各维度的发展状况是否和总体发展趋势一致”“城镇化质量较高的省域或城市群是否存在集聚现象”等问题。

本书首先探索 2003 ~ 2016 年中国省域和城市群城镇化质量的时序演化规律，其次采用聚类分析探究城镇化质量空间分布的层级特征，通过变异系数和泰尔指数分解揭示城镇化质量地区差异的变化及构成，并阐述城市现代化、城乡一体化、人口城镇化和城镇化推进效率四项基本维度的发展情况，最后运用 ArcGIS 软件分析空间关联特征。

第一节 城镇化质量的时空分异特征

在熵值法赋权的基础上，本书计算了各级空间单元的城镇化质量得分，构成了空间差异测度和影响因素分析的前提和基础。由于不同空间尺度下各项评价指标的权重值不同，因此跨尺度的城镇化质量测评是无效也是无意义的。基于此，本书将分别探讨 30 个省域和 12 个城市群城镇化质量的时序演化规律和空间分异特征。

一、省域城镇化质量的时空分异特征

本书从时间序列变化、空间分布格局以及基本维度评价三方面探讨中国省域城镇化质量的时空分异特征：首先从三大区域和30个省域两层视角分析2003~2016年城镇化质量的总体变化趋势，其次探索省域城镇化质量的层级特征及地区差异情况，最后对各维度的发展状况进行评价。

（一）时序变化

根据省域尺度指标权重值（见表4-3），本书计算了2003~2016年中国省域城镇化质量得分，并依据各省得分进一步计算三大区域[①]城镇化质量得分[②]（见表5-1）。

表5-1 2003~2016年中国省域和三大区域城镇化质量得分

年份 省份	2003	2004	2005	2006	2007	2008	2009	2010	2011	2012	2013	2014	2015	2016
北京	61.72	61.95	61.29	62.64	64.10	65.95	66.32	63.91	66.57	69.05	70.07	71.58	71.33	72.16
天津	52.86	53.77	54.33	56.30	54.00	55.11	53.18	53.49	55.43	56.03	55.86	55.43	54.61	55.21
河北	42.49	41.56	41.01	39.78	41.60	42.03	40.56	42.35	43.22	43.99	43.79	45.18	45.68	47.48
山西	39.99	39.95	39.08	38.26	41.31	44.09	41.29	41.43	42.32	43.13	43.63	42.86	42.98	43.87
内蒙古	35.44	34.52	34.07	34.58	37.98	39.41	39.32	40.67	41.61	43.01	44.61	45.34	46.37	46.72
辽宁	47.46	45.13	44.44	43.93	46.19	46.99	46.45	47.09	48.76	49.72	49.63	50.88	52.94	54.57
吉林	40.96	41.51	40.25	39.05	40.73	40.82	42.02	42.53	43.77	44.86	44.81	45.74	46.27	45.75
黑龙江	44.56	44.88	44.35	43.54	43.74	43.53	42.54	41.92	43.69	44.64	45.03	46.20	45.95	45.70
上海	58.94	59.96	58.60	59.36	61.02	61.31	61.20	60.70	63.55	63.82	63.21	63.22	62.87	66.03
江苏	47.28	48.25	48.85	48.16	51.89	52.55	52.73	53.30	55.72	56.77	57.63	58.99	59.38	60.82

① 本书基于30个省级行政单元和三大区域对城镇化质量进行测度。未选择四大经济区域的原因在于东北地区样本量少，在第六章分地区空间面板模型回归中各变量均未通过显著性检验，因此在城镇化质量测度、影响因素和成因分析中均选择三大区域的分析视角。三大区域的划分标准与《中国卫生和计划生育统计年鉴》一致：东部地区包括北京、天津、河北、辽宁、上海、江苏、浙江、福建、山东、广东和海南11个省、直辖市；中部地区包括山西、吉林、黑龙江、安徽、江西、河南、湖北和湖南8个省份；西部地区包括内蒙古、广西、重庆、四川、贵州、云南、陕西、甘肃、青海、宁夏和新疆（不含西藏）11个省、自治区、直辖市。

② 三大区域城镇化质量得分是以分省平减后的各省国内生产总值为权重，根据各区域所辖省份得分计算的加权算术平均值。

续表

省份＼年份	2003	2004	2005	2006	2007	2008	2009	2010	2011	2012	2013	2014	2015	2016
浙江	46.87	48.13	48.80	47.56	50.73	52.48	52.43	52.89	55.33	56.56	57.90	59.00	58.81	59.20
安徽	38.55	38.19	36.38	35.47	37.76	37.84	37.70	38.55	40.84	41.34	42.62	43.01	43.33	44.85
福建	46.98	46.20	45.40	42.75	44.28	44.82	45.11	44.86	46.07	47.54	47.05	48.09	48.55	48.94
江西	37.43	37.02	36.49	35.69	38.82	38.74	38.08	38.15	40.45	41.39	41.51	42.09	42.36	43.03
山东	42.86	43.11	42.94	44.80	47.97	48.80	48.23	48.96	51.53	52.77	53.30	53.91	55.92	56.09
河南	38.93	38.38	37.80	36.35	38.58	38.56	37.75	38.46	40.17	40.80	40.79	40.66	39.89	41.39
湖北	42.31	42.25	41.87	41.98	43.72	43.49	42.59	41.33	42.44	43.34	43.57	44.56	44.57	45.55
湖南	38.59	38.35	37.91	37.37	39.25	39.88	38.79	38.21	38.73	39.71	39.36	40.62	40.74	41.34
广东	47.48	48.05	48.07	46.33	48.98	50.92	51.07	50.48	53.42	54.73	55.49	55.75	55.18	56.35
广西	36.74	36.62	35.86	35.58	35.91	35.97	36.35	36.59	37.74	38.16	38.95	40.28	39.73	40.60
海南	42.08	44.56	44.50	43.72	44.50	44.24	44.21	44.77	46.91	47.49	47.98	47.51	47.02	47.05
重庆	36.60	35.88	35.58	35.82	39.25	40.05	40.07	39.78	42.52	45.97	46.70	47.97	47.99	48.88
四川	37.58	37.72	36.78	36.41	38.85	38.47	37.25	37.71	40.88	42.06	42.56	42.84	43.83	45.05
贵州	29.78	30.09	30.36	29.50	31.75	33.01	31.80	31.51	32.29	32.95	34.40	36.50	37.55	38.34
云南	36.64	33.57	31.68	30.56	33.84	35.48	34.60	34.63	36.24	37.69	37.49	39.24	37.88	39.34
陕西	37.14	36.84	37.95	37.11	39.62	41.02	40.84	41.13	42.97	44.51	44.61	44.51	44.51	45.12
甘肃	36.70	36.35	36.54	36.37	36.39	36.84	36.03	35.81	37.31	37.67	39.27	38.97	38.74	39.20
青海	35.67	36.99	37.50	37.31	39.71	42.17	41.11	41.18	41.26	41.08	39.28	39.45	38.91	39.92
宁夏	35.85	36.71	36.23	38.23	41.63	42.46	42.40	42.73	44.81	47.43	48.29	49.91	49.61	50.40
新疆	42.07	42.53	42.53	42.76	45.89	45.52	45.61	46.14	46.93	46.66	47.57	48.13	47.85	48.42
东部地区	51.66	52.08	51.64	51.63	53.21	54.02	53.61	53.34	55.50	56.58	56.92	57.65	57.89	59.27
中部地区	40.49	40.42	39.64	38.83	40.74	41.15	40.35	40.28	41.72	42.58	42.82	43.40	43.43	44.04
西部地区	36.81	36.60	36.36	36.39	38.89	39.77	39.36	39.72	41.22	42.40	42.95	43.73	43.69	44.47

资料来源：依据基础指标值和权重值测算而得。

从区域层面看，研究期间三大区域城镇化质量均呈平稳增长态势，但区域间差异明显（见图5－1）。具体而言，东部地区城镇化质量得分最高，由期初的51.66分提升至期末的59.27分，增幅最大，比中部和西部地区高约15分；2012年以前，中部地区城镇化质量得分略高于西部地区，此后，西部地区逐渐反超；至研究期末，中部地区城镇化质量得分最低，增长幅度也最小。以上分析表明，我国区域层面的城镇化质量表现为“东部 > 西部 > 中部”的梯度分布规律。

值得注意的是，近年来城镇化质量的“中部塌陷”现象日益凸显①。原因可能有两个：第一，中部地区在市场化程度和区位条件、政策扶持力度等方面分别不及东部和西部地区，面对东部繁荣和西部开发的双重夹击，形成了以经济发展差距不断扩大为主要特征的“中部塌陷”现象（安虎森和殷广卫，2009）。第二，中部地区在经济发展滞后、本地财力不足、中央扶持有限和人口压力膨胀的背景下，出现了科教文卫和社会保障等方面公共服务短缺、服务水平下降的问题（陈洋庚，2009），更有学者通过实证研究发现，中部地区已成为当前我国总体公共服务水平最差的区域（潘文轩，2012）。由此看来，经济和社会发展的双重滞后极有可能是中部地区城镇化质量低水平发展的主要原因。

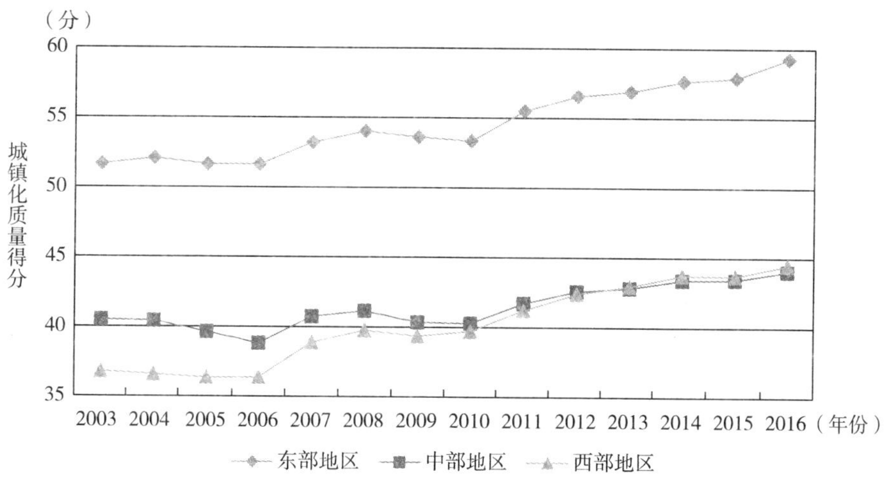

图 5－1　2003～2016 年中国三大区域城镇化质量得分

资料来源：根据表 5－1 绘制而成。

从省域层面看，2003～2016 年我国 30 个省域的城镇化质量均呈波动上升趋势。同一区域内的省份其城镇化质量增长具有较高的趋同性，不同区域间的省份则差异明显（见图 5－2 至图 5－4）。

东部各省除个别年份出现负增长外，城镇化质量总体上表现出稳步提升的趋势，未出现明显波动。具体而言，北京和上海领跑全国，成为“65 分 +”的第

① 本书中“中部塌陷”是指地理空间上形成的城镇化质量东西高、中间低的凹陷分布现象。

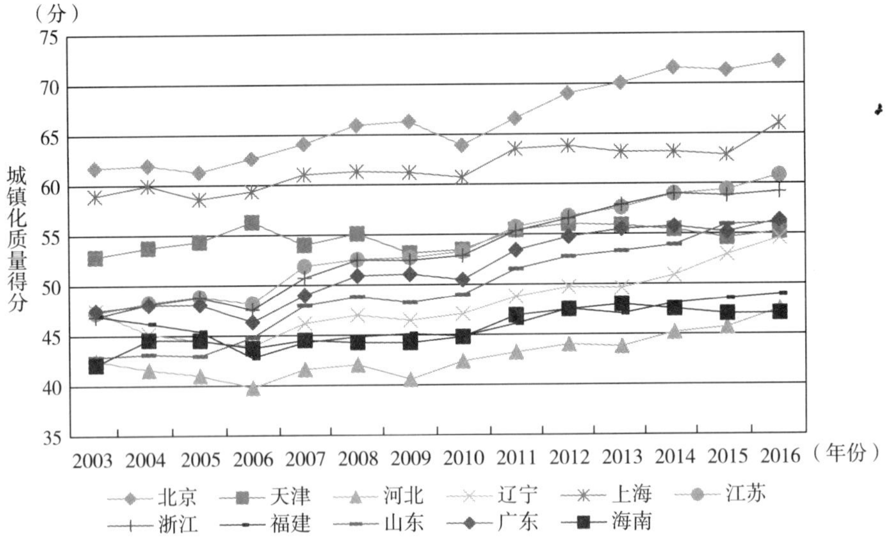

图 5－2　2003～2016 年东部地区分省城镇化质量得分

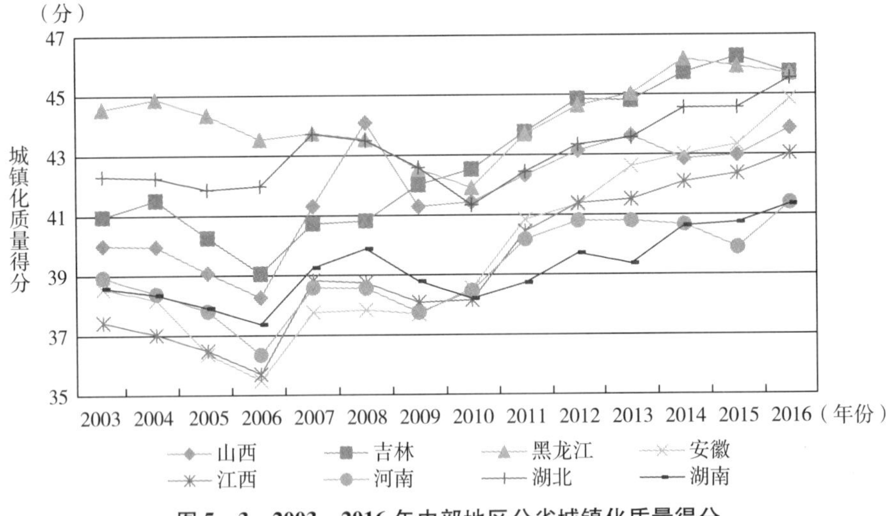

图 5－3　2003～2016 年中部地区分省城镇化质量得分

一梯队；江苏和浙江紧随其后，构成“60 分”的二级梯队；广东、山东、天津和辽宁得分相近，位列“55 分”的三级梯队；福建、河北、海南得分不足 50 分，总体上处于全国中等偏上的水平。与期初相比，北京、江苏、浙江和山东的得分增幅均超过 10 分，而天津和福建仅增长 2 分左右，因此期末排序有所下降。总的来说，东部地区城镇化质量的“两极分化”现象较为显著，得分最高的北京

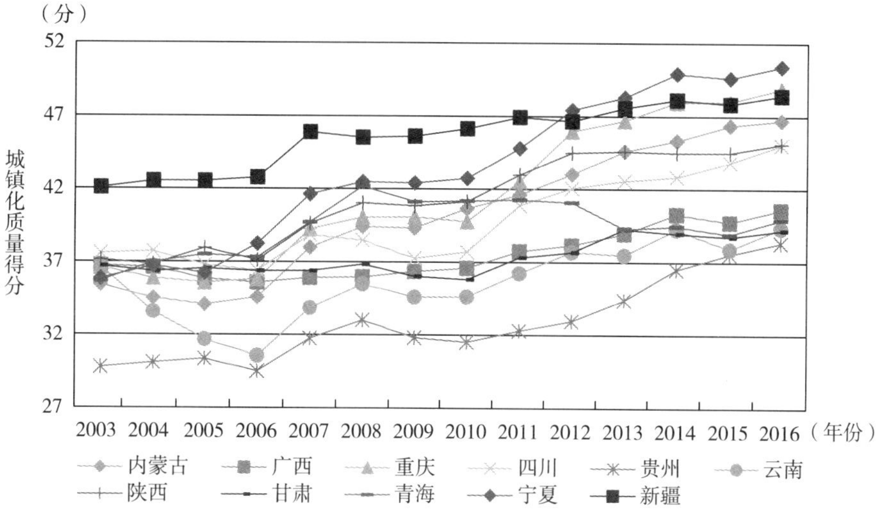

图 5-4　2003~2016 年西部地区分省城镇化质量得分

和最低的海南之间得分差距超过 25 分。中部 8 省的城镇化质量呈现高度趋同的时间变化趋势，2006 年和 2010 年是两个低值年份。其中，吉林、黑龙江和湖北在期初和期末均位列前三，河南和湖南则排在末位，但与第一名的吉林仅存在不足 5 分的差距。总的来说，中部各省处于中低水平均衡的状态，省际差异在三个区域中最小。西部地区则表现为典型的“宁夏领跑、九省居中、贵州兜底”的三级分布特征，得分最高的宁夏比最低的贵州高 12 分，省际差异较大。

（二）空间格局

本书结合三大区域将省域城镇化质量得分分为前十名、中间十名和后十名三类，探索城镇化质量排名的区位分布情况，并采用时序纵向比对法揭示省域排名的变动情况。

1. 区位分布

由表 5-2 和表 5-3 可知，2003~2016 年中国省域城镇化质量排名中，北京、上海、江苏、浙江、广东、天津和辽宁 7 个东部省份始终位居全国前十。与期初相比，山东由第 10 名升至第 6 名，福建降至第 10 名，河北和海南则进入第二梯队。总的来说，排名前十的省份中，东部地区占据 9 席。研究期间，西部地区的 11 个省份在 3 种类别中均有分布，位列第三梯队的省份数量则由期初的 9 席降至期末的 5 席。其中，宁夏由期初的第 27 名升至期末的第 9 名；其余 10 个省份则较为平均地落入第二、第三梯队。值得注意的是，广西、青海、云南、甘肃和贵州基本包揽了全国省域的倒数五名，进而拉大了西部地区的内部差异。在东部和西部地区均有省份进入全国前十的情况下，中部地区除期初个别年份外，后期不曾入围前十名。2016 年，排名最高的吉林、黑龙江、湖北徘徊在中等偏下的水平上，安徽、山西、江西、河南和湖南则分列第 21 名至第 25 名，再次印证了前文有关中部各省处于中低水平均衡的结论。

表 5－2　2003～2016 年中国省域城镇化质量得分排名的区域分布情况

区域	东部地区省份数			中部地区省份数			西部地区省份数		
位次 年份	前 10	中 10	后 10	前 10	中 10	后 10	前 10	中 10	后 10
2003	9	2	0	1	6	1	0	2	9
2004	9	2	0	1	6	1	0	2	9
2005	9	2	0	1	5	2	0	3	8
2006	9	2	0	1	4	3	0	4	7
2007	9	2	0	0	5	3	1	3	7
2008	9	2	0	0	4	4	1	4	6
2009	9	2	0	0	4	4	1	4	6
2010	9	2	0	0	4	4	1	4	6
2011	9	2	0	0	4	4	1	4	6
2012	10	1	0	0	4	4	0	5	6
2013	9	2	0	0	4	4	1	4	6
2014	8	3	0	0	4	4	2	3	6
2015	9	2	0	0	3	5	1	5	5
2016	9	2	0	0	3	5	1	5	5

资料来源：根据表 5－1 测算得到。

综合三大区域和 30 个省域城镇化质量的得分及排序情况，我们发现，一方面，东部地区城镇化质量最高的结论是十分明确的；另一方面，由于西部各省表现出显著的三级分布特征，中部 8 省则始终集聚在中等偏下的位置，这使得区域尺度下“西部地区城镇化质量优于中部地区”的结论在省域尺度中变得不那么明确了。

进一步对比表5－3中期末与期初的位序变化可以发现，排名提升5位及以上的省份依次是宁夏18名、重庆15名、内蒙古14名，以上三省均位于西部地区；而排名下降较多的是黑龙江8名、河南7名、湖南7名、湖北6名以及山西6名，均位于中部地区。由此可见，西部地区排名居中的几个省份近年来名次提升显著，有望拉高西部地区整体的城镇化质量。如果中部地区继续维持这样低水平的均衡状态，则被西部地区彻底超越的可能性将会进一步增加。

表5－3 2003～2016年中国省域城镇化质量得分排名及变化情况

年份 省份	2003	2004	2005	2006	2007	2008	2009	2010	2011	2012	2013	2014	2015	2016
北京	1	—	—	—	—	—	—	—	—	—	—	—	—	1（0）
天津	3	—	—	—	—	—	—	—	4	5	—	6	7	7（-4）
河北	11	14	—	—	15	17	19	14	15	17	18	17	17	13（-2）
山西	16	—	—	—	—	12	16	—	19	—	—	21	22	22（-6）
内蒙古	29	28	—	—	25	22	21	20	—	—	16	14	15	15（14）
辽宁	5	8	9	8	—	—	—	—	—	—	—	—	—	8（-3）
吉林	15	—	—	—	17	19	15	13	—	14	15	—	—	16（-1）
黑龙江	9	—	10	—	12	13	—	15	14	15	14	—	16	17（-8）
上海	2	—	—	—	—	—	—	—	—	—	—	—	—	2（0）
江苏	6	4	—	—	—	—	—	—	3	—	4	—	3	3（3）
浙江	8	5	—	—	—	—	—	—	—	4	3	—	4	4（4）
安徽	19	—	24	27	26	—	25	22	23	—	21	20	21	21（-2）
福建	7	—	—	12	11	10	—	—	11	9	12	11	10	10（-3）
江西	21	—	23	25	23	—	—	25	24	22	23	—	—	23（-2）
山东	10	11	—	7	—	—	—	—	—	—	—	—	5	6（4）
河南	17	—	19	23	24	—	—	23	25	—	24	—	25	24（-7）
湖北	12	13	—	—	—	14	12	17	18	—	20	18	—	18（-6）
湖南	18	—	—	—	20	21	22	24	26	—	25	—	24	25（-7）
广东	4	6	—	—	—	—	—	—	—	—	—	5	6	5（-1）
广西	23	25	26	—	28	—	27	—	—	—	28	26	—	26（-3）
海南	13	10	8	9	10	11	—	—	10	—	—	13	—	14（-1）
重庆	26	27	—	24	21	20	—	21	17	13	—	12	11	11（15）
四川	20	—	21	—	22	25	26	—	22	21	22	—	20	20（0）
贵州	30	—	—	—	—	—	—	—	—	—	—	—	—	30（0）

续表

年份 省份	2003	2004	2005	2006	2007	2008	2009	2010	2011	2012	2013	2014	2015	2016
云南	25	29	—	—	—	—	—	—	—	28	29	28	29	28（-3）
陕西	22	23	17	20	19	18	—	19	16	—	17	19	—	19（3）
甘肃	24	26	22	—	27	—	28	—	—	29	27	29	28	29（-5）
青海	28	22	20	19	18	16	17	18	21	24	26	27	—	27（1）
宁夏	27	24	25	17	14	15	14	12	—	11	9	—	—	9（18）
新疆	14	12	—	11	9	—	—	—	—	12	11	10	12	12（2）

注：“—”表示排名与上一年相同；括号中数字表明与2003年相比，2016年省际排序的总体变化。

2. 层级特征

前文的分析表明，区域尺度和省域尺度的城镇化质量均呈现显著的地域层级特征。本书利用系统聚类法对城镇化质量进行分层聚类分析（Hierarchical Cluster Analysis），力求客观和准确地划分并验证城镇化质量的空间层级。

聚类分析是一种研究多要素事物分类问题的数量方法，亦称群分析或点群分析。其基本原理是，根据样本数据自身的属性，以数学方法构造差异性或相似性指标，定量测度样本之间的亲疏关系，并据此进行样本的聚类（徐建华，2010）。本书选用聚类分析中的层次聚类法，该方法遵循自下而上的原则，以离差平方和计算样本对象间的欧氏距离，并将距离最近的两个对象归为一类。随着聚类标准（距离）的不断放大，不断计算类与类之间的距离，并按上述方法将距离最近的两类进行合并，直到所有对象聚为一类。在SPSS16.0软件的支持下，分别指定聚类组数为2组至5组，观测不同组数下2003年和2016年省域城镇化质量层级特征的变化情况（见表5－4）。

表5－4显示，研究初期，当聚类组数为2组时，全部省份较为平均地分成两组。随着组数的增加，已有层级不断分化形成新的层级。在这一过程中，当聚类组数为3组时，北京和上海由于城镇化质量显著地高于其他省份，从原有层级中脱颖而出；当聚类为4组时，东部地区的天津、辽宁、江苏、浙江、福建和广东从原有层级中分化出来；聚类为5组时，贵州“掉队”，单独构成最后一层级，表明其与其他省份的差距较大。2003年的层级划分结果显示，排名前八的北京、上海，以及天津等6省份分别构成第一、第二层级，黑龙江等6省份、山

表 5-4 2003 年和 2016 年中国省域城镇化质量的层级划分

年份	组数	层级	省份	数量
2003	两组	第一层级	北京、天津、河北、辽宁、黑龙江、上海、江苏、浙江、福建、山东、湖北、广东、海南、新疆	14
		第二层级	其他	16
	三组	第一层级	北京、上海	2
		第二层级	天津、河北、辽宁、黑龙江、江苏、浙江、福建、山东、湖北、广东、海南、新疆	12
		第三层级	其他	16
	四组	第一层级	北京、上海	2
		第二层级	天津、辽宁、江苏、浙江、福建、广东	6
		第三层级	河北、黑龙江、山东、湖北、海南、新疆	6
		第四层级	其他	16
	五组	第一层级	北京、上海	2
		第二层级	天津、辽宁、江苏、浙江、福建、广东	6
		第三层级	河北、黑龙江、山东、湖北、海南、新疆	6
		第四层级	山西、内蒙古、吉林、安徽、江西、河南、湖南、广西、重庆、四川、云南、山西、甘肃、青海、宁夏	15
		第五层级	贵州	1
2016	两组	第一层级	北京、天津、辽宁、上海、江苏、浙江、山东、广东	8
		第二层级	其他	22
	三组	第一层级	北京、上海	2
		第二层级	天津、辽宁、江苏、浙江、山东、广东	6
		第三层级	其他	22
	四组	第一层级	北京、上海	2
		第二层级	天津、辽宁、江苏、浙江、山东、广东	6
		第三层级	河北、山西、内蒙古、吉林、黑龙江、安徽、福建、江西、湖北、海南、重庆、四川、陕西、宁夏、新疆	15
		第四层级	河南、湖南、广西、贵州、云南、甘肃、青海	7
	五组	第一层级	北京、上海	2
		第二层级	天津、辽宁、江苏、浙江、山东、广东	6
		第三层级	河北、内蒙古、福建、海南、重庆、宁夏、新疆	7
		第四层级	山西、吉林、黑龙江、安徽、江西、湖北、四川、陕西	8
		第五层级	河南、湖南、广西、贵州、云南、甘肃、青海	7

资料来源：根据 SPSS 软件计算结果整理。

西等 14 省份为第三、第四层级，排名最后的贵州则单独成为第五层级。与 2003 年的层级分化过程相似，2016 年城镇化质量排名前八的省份依旧构成前两个层级，除个别省份排序发生变化外，山东取代福建进入第二梯队。此外，贵州不再单独构成第 5 层级，说明其与其他省份之间的得分差距有所减小。

本书在层级划分的基础上尝试加入空间视角，进一步探索层级分布的空间特征。我们发现，2003 年以北京和上海为点，以东部沿海地区为面，构成了城镇化质量得分的高值区；除此之外，西部地区的新疆、中部地区的黑龙江和湖北、东部地区的山东、河北及海南，其城镇化质量均列全国中等及以上水平；而广大中西部地区则沦为城镇化质量的低值凹陷区。2016 年，山东取代福建进入城镇化质量的上游梯队，西部地区的宁夏、重庆和内蒙古排序大幅上升，由低值区进入中游梯队，而中部地区的黑龙江和湖北则掉入第四梯队。值得注意的是，东部地区的 11 个省份涉及了前三层级，再次印证了前文有关区内省际差异较大的结论。其中，以京津冀地区的北京和天津、长三角地区的上海、浙江和江苏以及珠三角地区的广东为城镇化质量高值区，而河北或许由于受到强大的虹吸效应其城镇化质量不进反退，由此形成鲜明的地域层级特征。

3. 地区差异

区域差异问题一直是学术界和政府管理者关注的重要议题。2003 年以来，区域和省域尺度的城镇化质量都经历了波动提升的过程，但即使同时提高的两个地区，其速度也有快慢之分，加之资源禀赋、区位特征、经济基础和人口条件等要素的差异，使得省域城镇化质量的发展形成了鲜明的空间分异特征。鉴于此，本书将进一步测度城镇化质量地区差异的变化及构成情况。

研究地区差异的统计指标有很多，较常使用的有基尼系数（Gini Coefficient）、泰尔指数（Theil index）、变异系数（Coefficient of Variation）和艾肯森指数（Atkinson Index）。研究表明，各项指标并不存在孰优孰劣的本质差异，每种指标都有优缺点和各自的适用范围，研究者应结合具体的研究对象进行甄选（Max 和 Enru，2002）。总的来说，艾肯森指数使用频率较低，适用于分析微小差异；基尼系数多用于评价社会收入差距，并通过因子分析剖析区域差异的驱动机制；变异系数则简单易用，适用于时间序列的变化比较；泰尔指数最大的优点在于可以通过分解来评估不同空间尺度的区域差异对整体差异的贡献程度，并确定哪个空间尺度的区域差异起到主导作用（刘慧，2006）。为探索地区差异的时序变化情况及不同尺度空间单元对整体差异的贡献度，本书综合使用变异系数和泰尔指数，测度城镇化质量地区差异的演化趋势及分解情况，以期相互验证。

我们令 U_i 代表第 i 个研究单元的特征值，$\bar{U}$ 为所有研究单元的平均值，S 为标准差，N 为研究单元个数，则变异系数计算公式为：

$$CV = \frac{S}{\bar{U}} = \frac{1}{\bar{U}}\sqrt{\frac{\sum_{i=1}^{N}(U_i - \bar{U})^2}{N}} \tag{5-1}$$

基于省域单元的泰尔指数计算公式为：

$$Theil = \sum_{i=1}^{N} w_i \frac{U_i}{\bar{U}} \ln\left(\frac{U_i}{\bar{U}}\right) \tag{5-2}$$

其中，N、U_i、$\bar{U}$ 指代含义同式（5－1）；w_i 表示第 i 个省域 GDP 占全部省域 GDP 的比重。

根据式（5－1）和式（5－2），表 5－5 计算了 2003～2016 年中国省域尺度城镇化质量及四项基本维度的变异系数和泰尔指数。结合图 5－5 可以发现，研究期间城镇化质量变异系数和泰尔指数的演变趋势具有高度的一致性，基本达到了相互验证的预期目的。同时，省域城镇化质量总体差异的波动幅度较小，变异系数和泰尔指数均呈现先扩大后缩小的趋势，期末与期初的差异水平相近。

表 5－5　2003～2016 年中国城镇化质量的地区差异变化（省域）

年份	城镇化质量		城市现代化		城乡一体化		人口城镇化		城镇化推进效率	
	CV	*Theil*	*CV*	*Theil*	*CV*	*Theil*	*CV*	*Theil*	*CV*	*Theil*
2003	0.1670	0.1029	0.2551	0.2403	0.2269	0.2070	0.2289	0.1778	0.1457	0.1375
2004	0.1743	0.1166	0.2483	0.2477	0.2453	0.2338	0.2237	0.1748	0.1536	0.1352
2005	0.1772	0.1218	0.2273	0.2192	0.2407	0.2119	0.2433	0.2168	0.1548	0.1261
2006	0.1872	0.1343	0.2309	0.2169	0.2406	0.2181	0.2544	0.2531	0.1626	0.1402
2007	0.1705	0.1197	0.1996	0.1812	0.2325	0.2065	0.2582	0.2717	0.1404	0.1046
2008	0.1711	0.1239	0.2025	0.1847	0.2251	0.1983	0.2665	0.2918	0.1341	0.0882
2009	0.1772	0.1356	0.2123	0.1967	0.2169	0.1936	0.2956	0.3504	0.1298	0.0770
2010	0.1706	0.1247	0.1895	0.1656	0.2044	0.1654	0.3075	0.3693	0.1328	0.0705
2011	0.1731	0.1287	0.1860	0.1579	0.1937	0.1484	0.3172	0.3763	0.1344	0.0778
2012	0.1725	0.1274	0.1764	0.1412	0.1884	0.1447	0.3312	0.3963	0.1558	0.1002
2013	0.1717	0.1297	0.1783	0.1448	0.1725	0.1248	0.3453	0.4191	0.1572	0.1075
2014	0.1691	0.1273	0.1770	0.1442	0.1465	0.0894	0.3580	0.4435	0.1645	0.1230
2015	0.1695	0.1296	0.1718	0.1387	0.1553	0.1047	0.3767	0.4822	0.1752	0.1388
2016	0.1696	0.1300	0.1646	0.1321	0.1503	0.0981	0.4031	0.5541	0.1855	0.1479

注：由于泰尔指数的计算结果取值较小，为便于比较，以 10^{-1} 为单位将其放大 10 倍。

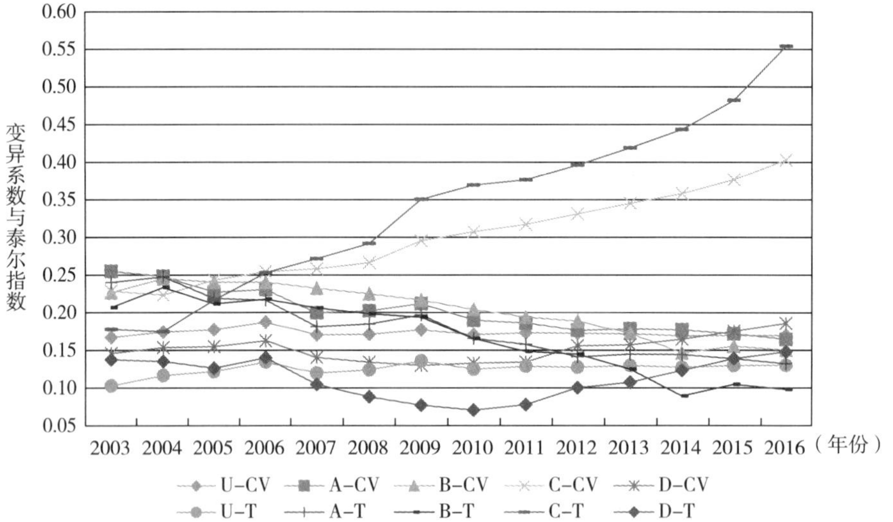

图 5-5　2003～2016 年中国城镇化质量地区差异的变动趋势（省域）

注：U 表示城镇化质量；A 表示城市现代化；B 表示城乡一体化；C 表示人口城镇化；D 表示城镇化推进效率；CV 表示变异系数；T 表示泰尔指数。

城市现代化、城乡一体化、人口城镇化以及城镇化推进效率四个子系统的区域差异变化情况再次印证了变异系数和泰尔指数演化趋势趋同的结论，但不同子系统地区差异的变化方向不同。具体而言，城市现代化子系统的地区差异在研究期间呈波动下降趋势；城乡一体化子系统的地区差异降幅最大，尤其是 2014～2016 年，泰尔指数值约为期初的一半，说明省域城乡一体化的地区差异近年来有显著缩小的趋势；人口城镇化子系统的地区差异除 2004 年略有下降外，其余年份均呈显著提升趋势，表明研究期间省域人口城镇化的差异水平持续增高；城镇化推进效率子系统的地区差异则经历了先升后降再升的曲折变化，并于研究期末达到最高。

进一步对比各维度不同年份的差异数值发现，研究初期城市现代化系统的地区差异最大，城乡一体化和人口城镇化两个子系统的差异程度近似，而城镇化推进效率系统的差异最小。至研究期末，子系统的差异情况发生了较大变化：一方面，人口城镇化超过城市现代化成为差异最大的子系统。另一方面，城市现代化和城镇化推进效率的差异水平相近，基本与城镇化质量的总体差异持平。这表明我国省域城镇化质量的差异近年来主要表现为人口城镇化方面的不平衡，也即社会因素的差距逐渐发挥着主导作用。

泰尔指数具有把整体差异划分成组内与组间差异的特性，可用于群体分解。本书将泰尔指数基于三大区域进行分解，如式（5－3）所示。其中，等式右边第一项为区域内部的省际差异，第二项为区域之间的差异。w_g 表示第 g 个区域 GDP 占全域 GDP 的比重，$T(u_g)$ 表示第 g 个区域的组内差距，T_{inter} 为三大区域的组间差距，$w_gT(u_g)/T$ 表示第 g 个区域对总泰尔指数的贡献率（于伟和张鹏，2015）。

$$Theil = \sum_{g=1}^{4} w_g T(u_g) + T_{(inter)} \tag{5-3}$$

根据式（5－3），表 5－6 计算了 2003～2016 年以省域为基本空间单元的泰尔指数分解情况。从三大区域的内部差异来看，研究期内泰尔指数值始终呈现东部地区 > 西部地区 > 中部地区的分布规律，表明东部地区城镇化质量的省际差异最大，西部次之，中部最小。由此，地区差异指标的计算佐证了时序分析中的结论；从各区域泰尔指数值的变化情况来看，东部和中部地区城镇化质量的差异呈现先增大后波动下降的趋势，西部地区的差异则持续走高。从泰尔指数的贡献率来看，区域间的差距要比区域内部差异大得多，在整个研究期间平均约占总差异的 2/3，说明基于省域尺度的中国城镇化质量差异主要来源于区域间的不均衡发展。

表 5－6　2003～2016 年中国城镇化质量的泰尔指数分解

年份	东部地区		中部地区		西部地区		三大区域间	
	指数	贡献率（%）	指数	贡献率（%）	指数	贡献率（%）	指数	贡献率（%）
2003	0.3529	34.29	0.0340	3.30	0.0356	3.46	0.6067	58.95
2004	0.3910	33.53	0.0428	3.67	0.0448	3.84	0.6876	58.97
2005	0.3719	30.54	0.0485	3.98	0.0536	4.40	0.7437	61.08
2006	0.4372	32.56	0.0591	4.41	0.0635	4.73	0.7827	58.30
2007	0.3593	30.00	0.0343	2.87	0.0603	5.03	0.7436	62.10
2008	0.3515	28.37	0.0387	3.12	0.0515	4.16	0.7974	64.35
2009	0.3885	28.65	0.0327	2.41	0.0612	4.51	0.8736	64.43
2010	0.2981	23.90	0.0216	1.73	0.0692	5.55	0.8581	68.82
2011	0.3150	24.49	0.0197	1.53	0.0679	5.28	0.8840	68.71
2012	0.3099	24.33	0.0205	1.61	0.0796	6.25	0.8637	67.81

续表

年份	东部地区		中部地区		西部地区		三大区域间	
	指数	贡献率（%）	指数	贡献率（%）	指数	贡献率（%）	指数	贡献率（%）
2013	0.3312	25.55	0.0243	1.87	0.0793	6.12	0.8617	66.46
2014	0.3138	24.65	0.0268	2.10	0.0670	5.26	0.8657	67.99
2015	0.2790	21.53	0.0324	2.50	0.0749	5.78	0.9093	70.18
2016	0.2844	21.89	0.0225	1.73	0.0684	5.26	0.9241	71.11

注：由于泰尔指数的计算结果取值较小，为便于比较，以 10^{-2} 为单位将其放大 100 倍。

总的来说，我国城镇化质量的地区差异基本服从区域间 > 东部地区 > 西部地区 > 中部地区的分布规律。鉴于此，提升我国城镇化质量尤其应注重区域间的发展失衡现象以及东部地区内部的“两极分化”问题。

（三）维度评价

本书从省域子系统排序的时序变化以及 2016 年省域城镇化质量分维度得分的空间分布两方面考察城市现代化、城乡一体化、人口城镇化和城镇化推进效率四项基本维度的时空分异情况。

1. 时序变化

表 5－7 显示了 2003 年和 2016 年中国省域城镇化质量及四项基本维度的得分与排名情况。通过对比各维度排名与城镇化质量的总排名，可以得到几点重要信息：第一，城镇化质量总得分排在前七位的北京、上海、江苏、浙江、广东、山东和天津，其各维度得分也基本排在前十名，说明其城镇化质量在各个维度的发展较为均衡。其中，浙江和天津人口城镇化排名 13、21，山东和广东城乡一体化排名 13、19，一定程度上拉低了该省城镇化质量的总体水平。第二，湖南、广西、青海、云南、甘肃和贵州的城镇化质量总得分排在后六位，其各维度得分基本都在后十名，说明以上省份未来提高城镇化质量须全面提升各维度的发展水平。其中，湖南的城镇化推进效率排在第 11 位，比其城镇化质量总排名高出 14 名，但由于该维度在指标体系中的权重值较低，因而对总得分的贡献程度有限（见图 5－6），难以起到拉高城镇化质量整体水平的作用。第三，宁夏和新疆的城镇化推进效率、四川和福建的人口城镇化、海南的城乡一体化以及安徽的城市现代化子系统排名均与该省份总排名有超过 10 名以上的正向或负向差距，应予以特别关注。

表 5-7　2016 年中国省域城镇化质量及分维度得分与排名

省份	城镇化质量		城市现代化		城乡一体化		人口城镇化		城镇化推进效率	
	得分	排名	得分	排名	得分	排名	得分	排名	得分	排名
北京	72.16	1	32.93	1（1）	10.15	4（3）	13.22	1（24）	15.86	2（4）
上海	66.03	2	24.14	9（5）	10.40	2（1）	12.87	3（12）	18.62	1（1）
江苏	60.82	3	30.58	2（3）	9.55	6（8）	10.53	8（20）	10.16	5（9）
浙江	59.20	4	29.33	3（2）	8.89	8（6）	10.16	13（30）	10.81	3（7）
广东	56.35	5	26.74	6（6）	7.73	19（20）	11.54	5（27）	10.33	4（3）
山东	56.09	6	28.70	4（8）	8.51	13（10）	10.88	7（26）	8.00	9（14）
天津	55.21	7	26.92	5（4）	10.84	1（2）	8.76	21（4）	8.69	7（5）
辽宁	54.57	8	23.10	13（9）	8.60	11（7）	12.94	2（1）	9.92	6（8）
宁夏	50.40	9	24.97	7（16）	8.70	10（9）	10.98	6（11）	5.75	24（30）
福建	48.94	10	24.56	8（7）	8.32	15（17）	7.43	28（29）	8.63	8（2）
重庆	48.88	11	20.90	18（28）	9.47	7（14）	12.44	4（18）	6.06	19（21）
新疆	48.42	12	23.42	12（11）	9.89	5（5）	9.51	14（8）	5.61	26（27）
河北	47.48	13	22.40	14（10）	7.55	22（26）	10.32	12（14）	7.21	10（10）
海南	47.05	14	20.68	20（17）	10.31	3（4）	9.34	16（19）	6.72	14（19）
内蒙古	46.72	15	23.74	11（29）	7.72	21（12）	9.08	18（23）	6.18	18（24）
吉林	45.75	16	20.53	21（24）	8.46	14（16）	10.36	11（2）	6.40	17（15）
黑龙江	45.70	17	19.63	26（13）	8.71	9（13）	10.40	10（3）	6.96	13（6）
湖北	45.55	18	22.15	15（12）	7.49	23（11）	8.88	20（6）	7.03	12（20）
陕西	45.12	19	22.14	16（18）	8.04	16（24）	9.42	15（9）	5.53	28（25）
四川	45.05	20	20.14	24（20）	8.54	12（19）	10.43	9（17）	5.94	20（22）
安徽	44.85	21	23.99	10（19）	7.72	20（22）	7.55	27（15）	5.59	27（18）
山西	43.87	22	20.45	22（23）	8.02	17（18）	8.97	19（7）	6.42	16（17）
江西	43.03	23	21.72	17（14）	7.42	24（27）	7.98	24（10）	5.91	21（23）
河南	41.39	24	19.58	27（15）	7.17	27（29）	8.11	23（16）	6.54	15（11）
湖南	41.34	25	20.80	19（21）	5.56	30（28）	7.81	25（21）	7.17	11（12）
广西	40.60	26	20.45	23（26）	7.12	28（23）	7.20	29（28）	5.83	23（13）
青海	39.92	27	17.03	30（22）	7.76	18（15）	9.22	17（13）	5.91	22（29）
云南	39.34	28	19.84	25（27）	6.06	29（25）	7.76	26（22）	5.68	25（16）
甘肃	39.20	29	18.79	29（25）	7.19	26（21）	8.36	22（5）	4.85	30（26）
贵州	38.34	30	19.05	28（30）	7.42	25（30）	6.61	30（25）	5.25	29（28）

注：括号内是 2003 年各省排名；分维度得分依据其所含二级指标的指标值和权重值测算而得。

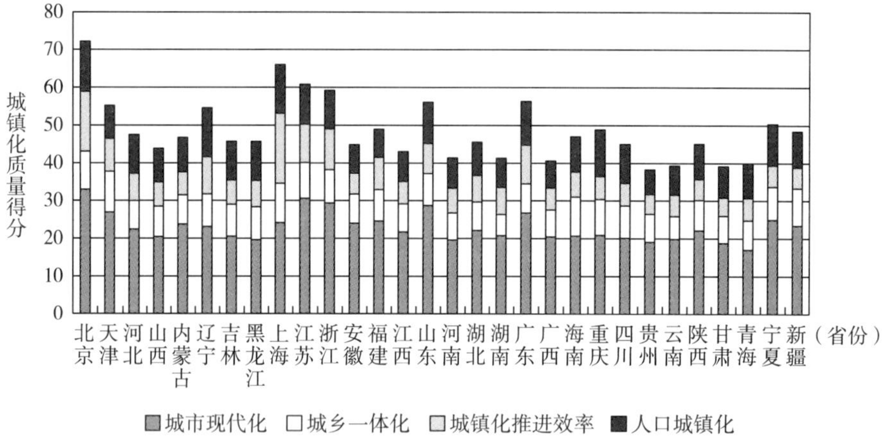

图 5－6　2016 年中国省域城镇化质量各子系统发展状况

资料来源：根据表 5－7 绘制而成。

进一步地，对比各维度 2003 年和 2016 年的排名变化情况可以发现：第一，省域排名变化超过 10 位的分别是城乡一体化 1 个、城镇化推进效率 1 个、城市现代化 4 个以及人口城镇化 9 个。人口城镇化子系统的省域变动最大，其次是城市现代化，而城乡一体化与城镇化推进效率系统的变化幅度较小。第二，重庆在城市现代化与人口城镇化两个子系统中的排名都增加了 10 名以上，在城乡一体化子系统中排名也提高了 7 位，这使得重庆城镇化质量的总排名由 2003 年的 26 名提升到 2016 年的 11 名，进步幅度很大。第三，内蒙古在城市现代化子系统中排名上升 18 位，在城乡一体化中上升 9 位，总排名升至 15 位，较期初提高了 14 名。

2. 空间分布

本书利用自然间断点分级法（Jenks）将 2016 年省域城镇化质量四项基本维度得分划分为五个层级（见表 5－8）。

表 5－8　2016 年中国省域城镇化质量分维度层级划分

维度	层级	省份	数量
城市现代化	一	北京、江苏、浙江、山东	4
	二	天津、广东、宁夏、福建	4
	三	上海、安徽、内蒙古、新疆、辽宁、河北、湖北、陕西、江西	9
	四	重庆、湖南、海南、吉林、山西、广西、四川、云南、黑龙江、河南	10
	五	贵州、甘肃、青海	3

续表

维度	层级	省份	数量
城乡一体化	一	天津、上海、海南、北京	4
	二	新疆、江苏、重庆	3
	三	浙江、黑龙江、宁夏、辽宁、四川、山东、吉林、福建、陕西、山西	10
	四	青海、广东、安徽、内蒙古、河北、湖北、江西、贵州、甘肃、河南、广西	11
	五	云南、湖南	2
人口城镇化	一	北京、辽宁、上海、重庆	4
	二	广东、宁夏、山东、江苏、四川、黑龙江、吉林、河北、浙江	9
	三	新疆、陕西、海南、青海、内蒙古、山西	6
	四	湖北、天津、甘肃、河南、江西、湖南、云南	7
	五	安徽、福建、广西、贵州	4
城镇化推进效率	一	上海、北京	2
	二	浙江、广东、江苏、辽宁、天津、福建	6
	三	山东、河北、湖南、湖北、黑龙江、海南	6
	四	河南、山西、吉林、内蒙古、重庆、四川、江西、青海、广西	9
	五	宁夏、云南、新疆、安徽、陕西、贵州、甘肃	7

资料来源：借助 Arcgis 软件测算而得。

从城市现代化子系统得分的分布情况来看，东部地区的北京、江苏、浙江和山东位列第一梯队，天津、广东、宁夏和福建构成第二梯队。与城镇化质量得分的地区分布情况类似，高分区域主要集中在京津冀、长三角以及珠三角地区；东部沿海地区的上海、辽宁、河北，西部地区的内蒙古、新疆、陕西以及中部的安徽、湖北和江西则构成了城市现代化子系统的中流砥柱；值得注意的是，中部八省份均位于第三、第四层级，再度印证了其处于中低水平均衡状态的结论。

城乡一体化子系统得分的分布情况则与城镇化质量的总体分布有着明显不同。其中，第一层级均位于东部地区，分别是天津、上海、海南和北京，第二层级则由东部的江苏和西部的新疆、重庆组成，以上两个层级的空间形态表明高值区呈散点状分布；第三、第四层级则在三大区域均有涉及，空间上呈连片分布；

第五层级的低值区包括云南和湖南。

在人口城镇化子系统中，北京、辽宁、上海、重庆为一级梯队，呈散点状分布；二级梯队则由东部地区的广东、山东、江苏、河北、浙江，中部地区的吉林和黑龙江以及西部地区的宁夏组成；三级梯队出现了在中西部地区抱团式集聚的现象；而第四和第五层级的省域分布则较为分散。总的来说，人口城镇化维度的空间集聚现象在省域尺度并不明显，高值区或低值区连片发展的空间格局尚未形成，可能的原因在于人口城镇化子系统在发展过程中受邻近省域的空间溢出效应影响较小。

城镇化推进效率子系统则表现出高度的空间相关性。第一、第二层级的省域均位于东部沿海地区，其余东部省份也集中在第三层级中；此外，第三层级还包括中部地区的黑龙江、湖南和湖北；而低值区则集中分布在广大中西部地区。总体而言，城镇化推进效率的子系统得分基本遵循由东南沿海地区向中西部内陆地区递减的分布规律。

二、城市群城镇化质量的时空分异特征

2012 年 12 月召开的中央城镇化工作会议明确提出要以城市群作为推进新型城镇化的主体；2014 年出台的《国家新型城镇化规划（2014—2020 年）》进一步指出应通过提升东部地区城市群、培育中西部地区城市群、建立城市群发展的协调机制，来优化城镇化的空间布局。此外，已有研究发现，城镇化质量较高的城市多呈“群”状集中分布，与既有城市群的拟合度较高（韩增林和刘天宝，2009；梁振民，2014；汪洋洋，2015）。

在此背景之下，本书以我国 12 大城市群为研究对象，从时序变化、空间格局和维度评价三方面探讨其城镇化质量的时空分异特征。首先分析 2003 ~ 2016 年 12 个城市群城镇化质量的时序变化，其次分别以每个城市群为对象，揭示城市群内部各地级市城镇化质量的空间分异情况，并探索城市群城镇化质量的层级特征和地区差异，最后对四项基本维度的发展状况进行评价。

（一）时序变化

根据城市群尺度的基础指标权重（见表 4 - 4），本书计算了 2003 ~ 2016 年中国 12 大城市群城镇化质量的得分及排名情况（见表 5 - 9）。

表 5－9　2003～2016 年中国城市群城镇化质量得分及排名

城市群＼年份	2003	2004	2005	2006	2007	2008	2009	2010	2011	2012	2013	2014	2015	2016
珠三角	68.53	69.53	73.57	74.33	75.87	77.48	76.85	78.44	81.68	82.09	83.13	81.76	78.25	78.69
	1	—	—	—	—	—	—	—	—	—	—	—	—	1
长三角	59.54	59.20	60.27	60.29	62.85	63.75	63.90	65.22	66.90	67.96	67.79	67.48	67.75	68.88
	2	—	—	—	—	—	—	—	—	—	—	—	—	2
京津冀	47.45	47.74	51.11	52.65	53.39	54.89	54.44	56.20	57.49	58.27	58.85	58.60	56.59	56.60
	5	—	3	—	4	3	—	—	—	—	—	—	—	3
山东半岛	50.20	49.61	51.07	50.72	53.41	54.19	52.03	52.17	54.45	55.35	55.80	54.71	54.40	54.65
	4	—	—	—	3	4	—	—	—	—	—	—	—	4
中原	37.70	38.03	38.00	38.80	40.56	42.72	41.70	41.60	43.37	44.05	44.38	45.95	49.53	47.24
	7	—	—	—	—	—	—	—	—	—	—	6	5	5
海峡西岸	50.94	50.03	47.43	45.59	45.83	46.53	46.38	46.81	47.43	48.96	48.79	45.02	46.08	46.32
	3	—	5	—	6	—	—	—	—	—	—	7	—	6
辽中南	46.64	45.31	44.25	44.68	46.69	47.71	46.40	47.51	49.44	50.39	50.08	47.42	48.14	45.75
	6	—	—	—	5	—	—	—	—	—	—	—	6	7
江淮	34.84	35.57	35.00	34.87	35.61	37.08	37.74	39.71	40.80	42.64	43.62	43.59	44.53	45.01
	9	—	—	8	9	—	—	8	9	—	8	—	—	8
长江中游	36.58	37.64	35.91	34.78	37.06	38.79	37.82	38.62	41.28	42.99	43.15	42.14	42.52	42.89
	8	—	—	9	8	—	—	9	8	—	9	—	—	9
关中	34.20	33.80	34.48	34.08	35.20	35.43	36.26	36.46	40.18	41.70	41.21	40.70	40.92	41.55
	10	—	—	—	—	—	—	—	—	—	—	—	—	10
成渝	29.80	30.97	29.54	30.31	32.14	32.64	32.58	33.31	35.44	37.05	36.67	35.87	38.33	37.46
	11	—	—	—	—	—	—	—	—	—	—	—	—	11
广西北部湾	28.59	28.66	28.05	28.21	29.44	29.77	28.61	29.24	30.47	31.64	33.06	34.37	34.21	33.94
	12	—	—	—	—	—	—	—	—	—	—	—	—	12

注：上为城镇化质量得分，下为城镇化质量排名；“—”表示排名与上一年相同。

2003～2016 年，中国城市群城镇化质量呈局部波动下降、总体缓慢递增的态势。依据各城市群排序及变动趋势，可将其分为四类：第一类包括排名始终位于前两位的珠三角城市群和长三角城市群。结合图 5－7 可以发现，2005 年以来，两者城镇化质量得分均超过 60 分，相较于其他城市群具有绝对领先优势，构为城市群城镇化质量的第一梯队。第二类包括京津冀和山东半岛城市群，两者得分差距较小、变动趋势相近，其排序在研究期间略有变动，较研究初期各进一位。第三类包括高开低走的海峡西岸城市群、持续走高的中原城市群以及平稳波动的辽中南、江淮和长江中游城市群，至2016年，以上5个城市群城镇化质量得分差距不断缩小，与期初约15分的差距形成鲜明对照。由关中、成渝和广西北部湾城市群组成的第四梯队则包揽了倒数三名。三者城镇化质量得分虽较期初有所提升，但总体水平仍较低。需要注意的是，成渝城市群作为五个国家级城市群①之一，其城镇化质量却始终位列倒数第二，应予以高度关注。

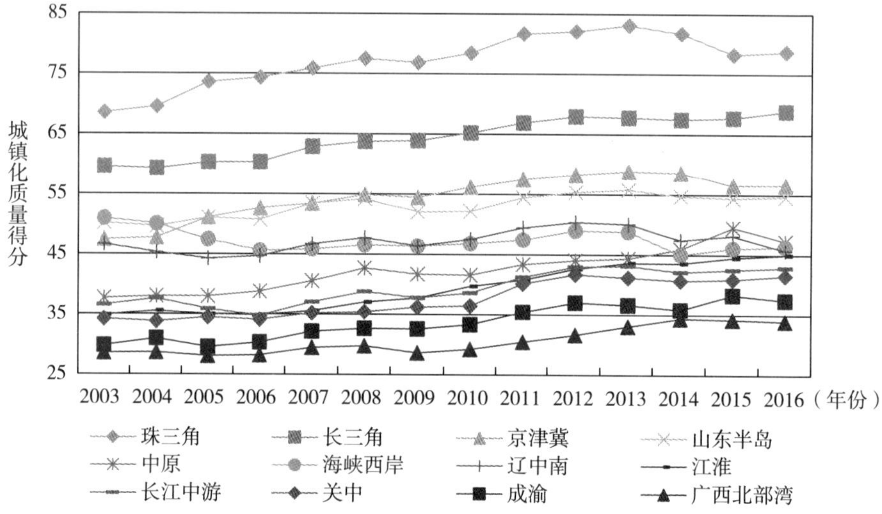

图5－7　2003～2016年中国城市群城镇化质量得分

资料来源：根据表5－9绘制而成。

（二）空间格局

根据地级市尺度的基础指标权重（见表4－5），本书首先计算了12个城市群所含142个地级市的城镇化质量得分，详细阐述了每个城市群内部各地市的发展情况，其次以12个城市群为对象，探讨城镇化质量空间分布的层级特征，最

① 在2014年12月20日举办的中国城市群发展高层论坛上，中国工程院院士徐匡迪和中国科学院研究员方创琳分别提出了中国城市群建设“5＋6＋11”和“5＋9＋6”的新格局。其中，两者对于重点建设的五个国家级核心城市群达成了高度共识，包括珠江三角洲城市群、长江三角洲城市群、京津冀城市群、长江中游城市群和成渝城市群。

后通过计算变异系数和泰尔指数，考察城市群之间城镇化质量的差异变动及分解情况。

1. 区位分布

珠江三角洲城市群是我国经济发展最为迅速的地区之一，也是重点建设的国家级城市群，由广东省的广州、深圳、珠海、佛山、江门、肇庆、惠州、东莞和中山九个地级市组成。鉴于数据的可得性，本书不考虑香港和澳门特别行政区。

为清晰揭示城镇化质量的时空特征，表 5 - 10 给出了 2003 年、2007 年 2012 年和 2016 年珠江三角洲城市群全部城市的城市化质量得分（下同）。具体而言，深圳市在研究期内始终是珠江三角洲城市群城镇化质量最高的地市，这一点与已有许多研究的结论一致（韩增林和刘天宝，2009；魏后凯，2013），东莞市排名第二，珠海市、广州市和佛山市则始终稳定在第三梯队。2003 年，江门市排在第六位，城镇化质量高于中山市，却在 2012 年被中山反超，并于 2016 年跌至倒数第二名；惠州市紧邻高分值的深圳市、东莞市和广州市，在其影响之下，城镇化质量不断提高，由期初的第五梯队提升至期末的第三梯队；而距离城市群中心最远的肇庆市则始终排在最后。总体来说，珠江三角洲城市群的城镇化质量呈现出以深圳和东莞为中心、东部高西部低的空间分布特征。

表 5 - 10 珠江三角洲城市群城镇化质量得分

城市	2003 年	2007 年	2012 年	2016 年
广州	45.72	50.85	54.69	57.81
深圳	66.94	71.66	73.96	71.79
珠海	50.22	51.74	53.83	57.87
佛山	46.48	51.83	55.06	55.97
江门	40.63	41.64	42.97	42.68
肇庆	30.39	32.39	36.21	38.09
惠州	34.20	38.57	44.51	47.53
东莞	41.78	55.22	58.64	65.63
中山	38.19	43.38	49.20	48.75

资料来源：依据基础指标值和权重值测算而得，下同。

长江三角洲城市群由上海市、江苏省的南京市、无锡市、常州市、苏州市、南通市、扬州市、镇江市和泰州市以及浙江省的杭州市、宁波市、嘉兴市、湖州市、绍兴市、舟山市和台州市共16个地市组成。

从各地市的发展状况来看，上海市的城镇化质量在四个时间截面上都是最高的，南京、苏州和无锡始终稳定在前两个梯队，杭州和宁波分别由期初的第三、第四梯队升至期末的第二梯队，南通和绍兴则在二三梯队波动。地处南京和无锡之间的镇江与常州，城镇化质量始终处于中等偏上的位置。然而，远离城市群中心地区的扬州、泰州、湖州、嘉兴、台州和舟山，城镇化质量较低，处于第四或第五梯队。至2016年，长江三角洲城市群基本上形成了以上海市到南京市、杭州市到宁波市为两大横轴的城镇化质量高值区域，而与之相对的低值区则是处于两个轴线以外的北部、中部和南部地区（见表5－11）。

表5－11　长江三角洲城市群城镇化质量得分

城市	2003年	2007年	2012年	2016年
上海	44.76	48.95	54.40	58.47
南京	39.73	44.91	50.55	53.81
无锡	43.73	49.13	52.23	53.69
常州	37.15	39.86	44.54	47.31
苏州	39.67	46.35	51.39	55.22
南通	40.38	44.56	47.32	50.24
扬州	37.82	39.85	44.46	48.19
镇江	37.22	39.69	45.88	49.06
泰州	37.60	39.25	42.32	43.82
杭州	38.50	44.25	48.45	52.59
宁波	37.28	42.40	48.19	52.04
嘉兴	35.22	39.42	44.55	47.50
湖州	34.55	38.62	42.16	45.85
绍兴	38.42	44.33	48.59	50.27
舟山	33.93	36.90	40.46	43.25
台州	33.58	36.96	39.84	41.58

京津冀城市群包括北京市、天津市以及河北省的石家庄市、保定市、沧州市、张家口市、唐山市、廊坊市、秦皇岛市和承德市共10个地市。

其中，北京和天津始终位于京津冀城市群城镇化质量的第一、第二梯队，石家庄和秦皇岛则由期初的第一梯队降至期末的第三梯队，沧州、保定和廊坊逐渐成长为京津冀城市群城镇化质量的中流砥柱，在第三、第四梯队稳步发展；与此同时，唐山由期初的第三梯队降至期末的第五梯队，与北部的张家口和承德共同构成城镇化质量的低值区。总体来看，京津冀城市群形成了以北京和天津为核心、以石家庄和秦皇岛为次中心，南高北低的城镇化质量空间分布格局（见表5-12）。

表5-12 京津冀城市群城镇化质量得分

城市	2003年	2007年	2012年	2016年
北京	41.40	46.27	51.38	56.80
天津	39.14	42.04	45.30	48.15
石家庄	41.65	42.50	44.52	45.23
唐山	36.64	37.28	39.88	39.46
秦皇岛	42.37	43.38	42.82	45.16
保定	36.27	36.49	41.81	43.82
张家口	36.30	36.14	37.07	38.87
承德	32.97	35.25	38.68	39.63
沧州	37.23	40.63	42.92	44.21
廊坊	35.54	36.04	39.51	42.82

山东半岛城市群由以济南市为中心的聊城市、德州市、滨州市、东营市、淄博市、莱芜市和泰安市以及以青岛市为中心的威海市、烟台市、潍坊市和日照市共13个地级市组成，是黄河经济区和环黄海经济区、环渤海经济区的交汇点，也是华北经济区和华东经济区的结合部（马传栋，2003）。

从城镇化质量的空间分布情况来看，济南、青岛和东营为城镇化质量得分的高值点，且三者之间的得分差距很小；潍坊、烟台和威海的城镇化质量稳步增高，于研究期末稳定在第二梯队；除聊城逐步由第四梯队坠入第五梯队外，其余地市均较期初有所提升。至研究期末，基本形成了以济南、东营和青岛为城镇化质量高值点，以鲁西南地区为低值区的空间格局，如表5-13所示。

表 5-13 山东半岛城市群城镇化质量得分

城市	2003 年	2007 年	2012 年	2016 年
济南	42.03	43.25	49.25	52.13
青岛	42.46	47.06	49.83	52.36
淄博	38.25	41.62	43.85	44.43
东营	42.73	48.13	49.92	50.98
烟台	36.71	41.90	46.29	48.42
潍坊	36.81	40.34	45.07	47.16
泰安	33.05	35.00	37.14	39.64
威海	39.95	45.05	47.21	48.31
日照	31.76	36.22	38.67	39.48
莱芜	32.53	37.01	39.94	41.66
德州	34.69	41.37	44.43	43.45
聊城	34.06	36.33	37.39	36.21
滨州	34.46	41.05	44.28	43.73

中原城市群位于河南省中部地区，是实现我国中部崛起的重要战略阵地和空间平台，以省会郑州市为中心，包括洛阳市、焦作市、新乡市、开封市、平顶山市、许昌市、漯河市 8 个地级市和济源市 1 个省直管市，鉴于数据的可得性，本书数据不包含济源市。研究期间，中部的郑州和许昌稳定于第一梯队，南部的漯河则始终排在末位。总体而言，中原城市群呈现出以郑州市和许昌市为中部高值区，以漯河市为低值点，西部显著高于东部的城镇化质量地域分布特征（见表 5-14）。

表 5-14 中原城市群城镇化质量得分

城市	2003 年	2007 年	2012 年	2016 年
郑州	36.11	39.44	41.57	44.13
开封	33.71	34.85	36.69	37.28
洛阳	35.45	36.09	38.29	38.53
平顶山	36.01	37.44	40.20	40.26
新乡	36.36	36.94	38.76	38.37
焦作	35.72	37.84	38.38	39.39
许昌	37.56	40.33	42.87	45.87
漯河	30.04	32.69	34.79	36.03

海峡西岸城市群地处长江三角洲城市群和珠江三角洲城市群辐射区重叠的关键位置，与台湾省隔海相望，由浙江省的温州市、福建省的福州市、厦门市、莆田市、泉州市、漳州市、宁德市以及广东省的潮州市、揭阳市、汕头市和汕尾市11个地级市组成，共涉及3个省份。

2016年，厦门城镇化质量最高，泉州和福州的城镇化质量也不断提升，以上三市共同构成第一梯队。研究期间，汕头排序有所下降，温州则排序上升，两者构成第二梯队。宁德和莆田虽紧邻城镇化质量高值区，却成为低值点。距离海峡西岸城市群和珠三角城市群中心都较远的潮州、揭阳和汕尾，城镇化质量始终较低。总体来说，海峡西岸城市群并未出现明显的地域分异特征，高值点和低值点的分布较为分散。原因可能在于该城市群地域空间比较狭长，增长极的辐射和扩散效应较难发挥作用（见表5－15）。

表5－15　海峡西岸城市群城镇化质量得分

城市	2003年	2007年	2012年	2016年
福州	40.58	41.81	46.02	47.98
厦门	41.57	43.73	50.77	51.71
莆田	35.41	33.49	34.97	34.75
泉州	39.63	40.27	45.96	47.52
漳州	38.39	37.68	39.92	43.15
宁德	29.50	29.70	33.81	33.68
温州	36.96	40.40	43.26	44.97
汕头	44.95	45.16	44.57	45.26
汕尾	32.98	32.38	36.73	36.08
潮州	29.87	31.17	33.14	36.14
揭阳	32.68	32.79	33.87	36.14

辽中南城市群是我国东北地区对外开放的重要门户和海陆交通走廊，对于辐射带动东北地区的发展和振兴东北老工业基地等有着重要的战略意义，由辽宁省的大连市、沈阳市、鞍山市、营口市等12个地级市组成。

研究期间，大连市和盘锦市始终处于城镇化质量的第一梯队，鞍山市和抚顺市则由初期的高值区逐渐落入中下游梯队，葫芦岛市的城镇化质量最低，锦州、营口和铁岭的排名在研究期内有所提升。总的来说，辽中南城市群的城镇化质量呈现出以中部的大连、盘锦、营口、沈阳为高值区，以东部的铁岭、抚顺、丹东和西部的葫芦岛为低值区的空间分布规律（见表5－16）。

表 5－16　辽中南城市群城镇化质量得分

城市	2003 年	2007 年	2012 年	2016 年
沈阳	38.46	41.67	44.41	44.69
大连	40.86	43.76	47.67	46.86
鞍山	41.16	40.87	40.48	40.23
抚顺	40.65	39.44	40.50	39.96
本溪	38.91	40.49	42.00	41.47
丹东	36.48	36.51	37.18	39.09
锦州	34.79	38.75	40.23	40.69
营口	35.07	37.98	41.29	43.70
辽阳	36.25	39.28	41.26	37.41
盘锦	40.71	43.08	46.72	46.31
铁岭	32.60	35.00	39.66	39.17
葫芦岛	34.88	34.22	36.57	35.84

江淮城市群地跨长江和淮河两大流域，由安徽省的合肥市、芜湖市和马鞍山市等 10 个地级市组成①，是继中部崛起战略又提出的省域经济发展的新思路。研究期间，江淮城市群的城镇化质量呈明显的空间分异特征：位于中部核心区的合肥市、芜湖市、铜陵市和马鞍山市始终位列第一和第二梯队，是城镇化质量的高值区域；安庆市则处于中游水平；北部的淮南市、蚌埠市和滁州市基本位于中游偏下的位置；南部的池州市和宣城市则毫无疑问成为城镇化质量的低值区。总体来说，江淮城市群的城镇化质量表现为由中间向周边递减的地域分布特征（见表 5－17）。

表 5－17　江淮城市群城镇化质量得分

城市	2003 年	2007 年	2012 年	2016 年
合肥	38.33	40.32	44.80	47.58
芜湖	37.85	41.23	45.33	48.35
蚌埠	33.73	34.98	38.69	40.35

① 经国务院批准，2011 年 8 月 22 日安徽省人民政府正式撤销地级巢湖市，将原地级巢湖市所辖的一区四县划分给合肥市、芜湖市和马鞍山市。鉴于本书选取的评价指标均为人均类或占比类，故在此暂不考虑巢湖市拆分对三地市评价指标计算的影响。为保证研究的一致性，以最新的地级市版图为主，研究期间均不含巢湖市。

续表

城市	2003 年	2007 年	2012 年	2016 年
淮南	34.56	34.38	36.62	36.33
马鞍山	37.70	40.80	42.98	44.15
铜陵	38.01	44.75	44.47	43.49
安庆	33.49	35.36	38.02	38.94
滁州	32.89	32.54	35.46	39.11
池州	27.30	27.18	30.79	32.47
宣城	31.15	28.99	30.91	33.24

长江中游城市群包含湖南省的长沙市、株洲市、湘潭市、衡阳市、益阳市、岳阳市、常德市和娄底市，江西省的南昌市、景德镇市、九江市、新余市、鹰潭市、宜春市、抚州市和萍乡市以及湖北省的武汉市、鄂州市、荆门市、荆州市、黄石市、咸宁市、黄冈市、孝感市和宜昌市共25个地级市，涵盖了武汉城市圈、环长株潭城市群及环鄱阳湖城市群的空间范围（何胜等，2014）。鉴于数据的可得性，本书不包括天门市、潜江市和仙桃市三个省直管县。

长江中游城市群共涉及三个省份，城市群内部城镇化质量的高分区域也集中在武汉市、南昌市和长沙市三个省会城市附近。值得注意的是，研究初期该城市群北部的城镇化质量显著高于东南和西南区域，随着时间的推移，低值区逐渐向北部蔓延，至研究末期，除东南部的宜春和抚州以及西南部的益阳以外，其余低值点均位于北部地区（见表5-18）。

表5-18 长江中游城市群城镇化质量得分

城市	2003 年	2007 年	2012 年	2016 年
南昌	39.41	39.29	43.02	43.78
景德镇	36.93	39.96	42.77	44.25
萍乡	32.15	33.49	36.04	37.83
九江	33.03	36.98	39.79	41.55
新余	30.30	32.26	36.72	38.24
鹰潭	32.48	34.34	37.61	41.97
宜春	26.70	30.09	31.48	32.11
抚州	26.13	29.27	33.03	34.69

续表

城市	2003 年	2007 年	2012 年	2016 年
武汉	37.86	39.28	43.74	46.62
黄石	39.66	41.22	42.36	43.57
宜昌	33.70	35.15	37.09	37.79
鄂州	32.31	32.74	33.38	34.85
荆门	38.14	34.47	34.43	34.79
孝感	30.47	31.30	31.52	32.16
荆州	32.52	33.57	33.11	32.49
黄冈	32.35	31.06	35.48	36.00
咸宁	31.68	31.21	32.87	34.20
长沙	38.73	41.91	44.35	46.62
株洲	37.17	38.87	42.44	42.67
湘潭	37.64	39.10	39.49	40.25
衡阳	33.41	35.98	37.80	39.71
岳阳	33.13	39.01	41.22	40.38
常德	31.96	35.47	36.17	36.59
益阳	28.42	27.59	31.14	31.55
娄底	31.11	35.30	36.22	36.78

关中城市群以陕西省会西安市为中心，包括咸阳市、宝鸡市、铜川市、渭南市和商洛市共六个地级市，地处中西部区域的交界地带，是西北地区综合经济实力最强的地区，也是新时期推进西部大开发的重要载体（李伟和刘光岭，2009）。目前，该城市群的总体规模较小，人口和经济容量较低。研究期间，位于城市群中心位置的西安市始终排在第一位；地处西北部的宝鸡市和咸阳市紧随其后；东部的铜陵市、渭南市和商洛市的城镇化质量偏低。总体来说，关中城市群整体呈现出中间最高、西部次之、东部最低的空间分布特征（见表 5－19）。

表 5－19　关中城市群城镇化质量得分

城市	2003 年	2007 年	2012 年	2016 年
西安	34.18	35.60	40.89	41.76
铜川	30.06	31.38	36.81	36.83

续表

城市	2003 年	2007 年	2012 年	2016 年
宝鸡	31. 32	33. 23	38. 06	38. 36
咸阳	31. 92	33. 45	36. 91	37. 54
渭南	26. 79	29. 16	32. 24	35. 84
商洛	23. 61	24. 71	28. 89	30. 94

成渝城市群地处长江上游地带，以成都市和重庆市两个超大城市为双核，包含德阳市、绵阳市、资阳市、眉山市、雅安市、乐山市、内江市、自贡市、南充市、遂宁市、广安市、达州市、宜宾市和泸州市共 16 个地级市，是我国西部地区发展规模最大、人口密集度最高的城市群，近年来接受国家政策倾斜的力度很高，是推行西部大开发战略的关键区域。

研究期间，成都市一直是成渝城市群城镇化质量的最高点，稳居第一梯队；紧邻成都市的德阳市和绵阳市，城镇化质量始终较高，稳定在第二梯队；值得注意的是，近年来重庆市的城镇化质量稳步提升，由期初的第四梯队成长至期末的第二梯队，再次印证了前文省域城镇化质量部分得到的结论。2016 年，西南部的自贡市、宜宾市、乐山市、雅安市、眉山市和泸州市成为成渝城市群城镇化质量的中坚力量，而位于成都市和重庆市两大高分区域之间的地市则沦为城镇化质量的塌陷区，形成典型的“双峰和低谷”式空间分布形态（见表 5－20）。

表 5－20 成渝城市群城镇化质量得分

城市	2003 年	2007 年	2012 年	2016 年
重庆	27. 20	30. 34	35. 21	37. 59
成都	36. 57	39. 49	44. 99	48. 03
自贡	31. 89	32. 98	35. 16	37. 03
泸州	27. 18	29. 38	33. 10	35. 36
德阳	30. 51	32. 61	38. 28	39. 28
绵阳	31. 86	33. 88	36. 55	38. 82
遂宁	27. 17	27. 81	30. 54	33. 24
内江	27. 79	29. 05	31. 23	33. 03
乐山	30. 21	31. 55	34. 38	35. 90

续表

城市	2003 年	2007 年	2012 年	2016 年
南充	28.95	30.28	31.42	32.58
眉山	28.08	30.00	33.69	36.07
宜宾	27.86	32.21	35.67	37.30
广安	24.20	26.50	29.54	31.48
达州	29.49	31.38	35.03	37.86
雅安	28.48	32.62	32.73	34.90
资阳	28.33	28.73	30.23	32.30

根据国务院批复的《广西北部湾经济区发展规划》，广西北部湾城市群由南宁市、北海市、防城港市、钦州市、玉林市和崇左市六个地级市组成，是地处我国西南部的国际区域经济合作的重要战略区。研究期间，南宁市和北海市的城镇化质量得分始终排在前两位，形成“南北对望”的两大高值点。总体而言，广西北部湾城市群并无明显的空间分异特征，除南宁和北海以外的其余四市城镇化质量得分差距较小（见表 5－21）。

表 5－21　广西北部湾城市群城镇化质量得分

城市	2003 年	2007 年	2012 年	2016 年
南宁	31.45	33.64	35.71	38.93
北海	33.35	32.43	34.47	38.37
防城港	30.35	29.93	32.74	35.17
钦州	26.16	27.26	30.43	31.46
玉林	29.75	28.29	29.59	34.29
崇左	30.17	28.83	28.97	30.67

2. 层级特征

表 5－22 由 SPSS 软件聚类分析得到的 2003 年和 2016 年 12 个城市群城镇化质量的层级划分情况。

整个研究期间，城市群城镇化质量呈现明显的自东向西递减的趋势。2003 年，当聚类组数为 2 时，全部城市群被均分成两类；进一步地，在三级分层的情况下，珠三角、长三角城市群由于城镇化质量显著高于其他城市群，从第二层级中“脱颖而出”，形成了“2-4-6”的金字塔状层级分布特征；随着聚类组数的增加，原有层级不断分化，当聚类组数为5时，东部沿海地区的六个城市群构成前三层级，中原、长江中游、江淮和关中城市群构成唯一的跨区域城市群组合，而位于西南地区的成渝和广西北部湾城市群城镇化质量最低，单独构成第五层级。

2016年，东部沿海地区的4个城市群构成前三层级，海峡西岸和辽中南城市群则失去了初始优势，从由沿海地区构成的高值区跌入了中西部城镇化质量凹陷区。由于自然间断点分级法通过近似值分组实现组间差异最大化，因此，辽中南及海峡西岸城市群的层级变化表明其与以京津冀和山东半岛城市群构成的三级梯队间的发展差距逐渐扩大，并有被中西部城市群赶超的可能。相比之下，第一、第二和第五层级则形成相对稳定的格局，未发生变化。由此可见，无论是中游城市群对高值区的追赶或是低值区实现发展差距缩小的努力，都将面临较大阻力。以上分析表明，中国东部沿海地区的城市群城镇化质量普遍高于中西部内陆城市群，这与城市群经济发展水平的空间分布格局类似。

表5-22　2003年和2016年中国城市群城镇化质量的层级划分

年份	分组	层级	城市群	区域/数量
2003	两组	一	珠三角、长三角、海峡西岸、山东半岛、京津冀、辽中南	东/6
		二	中原、长江中游、江淮、关中、成渝、广西北部湾	中/3+西/3
	三组	一	珠三角、长三角	东/2
		二	海峡西岸、山东半岛、京津冀、辽中南	东/4
		三	中原、长江中游、江淮、关中、成渝、广西北部湾	中/3+西/3
	四组	一	珠三角、长三角	东/2
		二	海峡西岸、山东半岛、京津冀、辽中南	东/4
		三	中原、长江中游、江淮、关中	中/3+西/1
		四	成渝、广西北部湾	西/2
	五组	一	珠三角	东/1
		二	长三角	东/1
		三	海峡西岸、山东半岛、京津冀、辽中南	东/4
		四	中原、长江中游、江淮、关中	中/3+西/1
		五	成渝、广西北部湾	西/2

续表

年份	分组	层级	城市群	区域/数量
2016	两组	一	珠三角、长三角	东/2
		二	京津冀、山东半岛、中原、海峡西岸、辽中南、江淮、长江中游、关中、成渝、广西北部湾	东/4 + 中/3 + 西/3
	三组	一	珠三角、长三角	东/2
		二	京津冀、山东半岛	东/2
		三	中原、海峡西岸、辽中南、江淮、长江中游、关中、成渝、广西北部湾	东/2 + 中/3 + 西/3
	四组	一	珠三角、长三角	东/2
		二	京津冀、山东半岛	东/2
		三	中原、海峡西岸、辽中南、江淮、长江中游、关中	东/2 + 中/3 + 西/1
		四	成渝、广西北部湾	西/2
	五组	一	珠三角	东/1
		二	长三角	东/1
		三	京津冀、山东半岛	东/2
		四	中原、海峡西岸、辽中南、江淮、长江中游、关中	东/2 + 中/3 + 西/1
		五	成渝、广西北部湾	西/2

资料来源：根据 SPSS 软件计算结果整理。

3. 地区差异

已有研究表明，研究尺度不同，泰尔指数的计算结果也不同（丁志伟，2015）。基于此，本书进一步探讨城市群尺度城镇化质量及四个基本维度的地区差异变化情况。如表 5 - 23 和图 5 - 8 所示，城镇化质量的变异系数和泰尔指数均呈现先增大后减小的趋势，两个指数测算的地区差异走向基本一致。

表 5 - 23　2003 ~ 2016 年中国城镇化质量的地区差异变化（城市群）

年份	城镇化质量		城市现代化		城乡一体化		人口城镇化		城镇化推进效率	
	CV	T	CV	T	CV	T	CV	T	CV	T
2003	0. 2810	0. 1431	0. 2503	0. 2836	0. 3698	0. 4481	0. 3349	0. 4666	0. 3418	0. 4690
2004	0. 2770	0. 1533	0. 2565	0. 3071	0. 3177	0. 3464	0. 3461	0. 4846	0. 3200	0. 3903
2005	0. 3051	0. 1791	0. 2615	0. 3173	0. 2935	0. 3423	0. 4276	0. 7082	0. 2927	0. 3380

续表

年份	城镇化质量		城市现代化		城乡一体化		人口城镇化		城镇化推进效率	
	CV	T	CV	T	CV	T	CV	T	CV	T
2006	0.3086	0.1736	0.2557	0.3090	0.2888	0.3645	0.4481	0.7663	0.2943	0.3276
2007	0.3015	0.1694	0.2462	0.2830	0.2675	0.3404	0.4794	0.8186	0.2820	0.2761
2008	0.2987	0.1632	0.2547	0.2900	0.2768	0.3362	0.4571	0.7751	0.2570	0.2045
2009	0.2996	0.1658	0.2611	0.3100	0.2987	0.3607	0.4665	0.8220	0.2372	0.1674
2010	0.3001	0.1614	0.2550	0.2972	0.2844	0.3324	0.4994	0.8923	0.2365	0.1609
2011	0.2918	0.1636	0.2459	0.2835	0.2863	0.3157	0.5016	0.9224	0.2313	0.1483
2012	0.2790	0.1577	0.2288	0.2506	0.2712	0.2878	0.5009	0.9028	0.2481	0.1681
2013	0.2789	0.1608	0.2407	0.2853	0.2547	0.2344	0.5138	0.9599	0.2159	0.1330
2014	0.2769	0.1627	0.2498	0.3015	0.2721	0.2847	0.5180	1.0102	0.2035	0.1404
2015	0.2516	0.1610	0.2054	0.2027	0.2742	0.2960	0.5051	0.9619	0.1980	0.1212
2016	0.2506	0.1636	0.2342	0.2607	0.2771	0.2953	0.5269	0.0451	0.1879	0.1154

注：由于泰尔指数的计算结果取值较小，为便于比较，以 10^{-1} 为单位将其放大 10 倍。

城市现代化、城乡一体化和城镇化推进效率子系统的变异系数和泰尔指数在研究期间均呈波动下降趋势，这表明地区差异逐渐缩小。从具体数值来看，城镇化推进效率的下降幅度最大，城乡一体化次之，城市现代化降幅最小。与前三个子系统截然不同的是，人口城镇化的地区差异表现为明显的上升趋势，且变动幅度在四个子系统中也是最大的。由此可以推断，在其余三者差异均缩小的情况下，城镇化质量的地区差异主要表现在人口城镇化子系统中。

进一步地，以 12 个城市群所辖的 142 个地级市为基础空间单元，将泰尔指数在城市群内部和城市群之间进行分解。从差异变化的趋势看，京津冀城市群和中原城市群城镇化质量的地区差异呈波动缩小趋势，长三角和广西北部湾城市群在经历了小幅攀升后逐渐回落至期初水平，其余 8 个城市群以及城市群之间的地区差距均有不同程度的扩大。其中，珠三角城市群地级市间的差异提升幅度最大，为期初的 4 倍之多，江淮城市群和山东半岛城市群紧随其后，扩大了 3 倍左右。从泰尔指数对总体差异的贡献率来看，城市群之间差距的贡献率在研究期间始终最高，超过 50%。城市群内部差距最大的依次是中原城市群、珠三角城市群、海峡西岸城市群、京津冀城市群和成渝城市群。其中，城镇化质量最高的珠江三角洲城市群，其内部发展差距也较大，具体如表 5 – 24 所示。

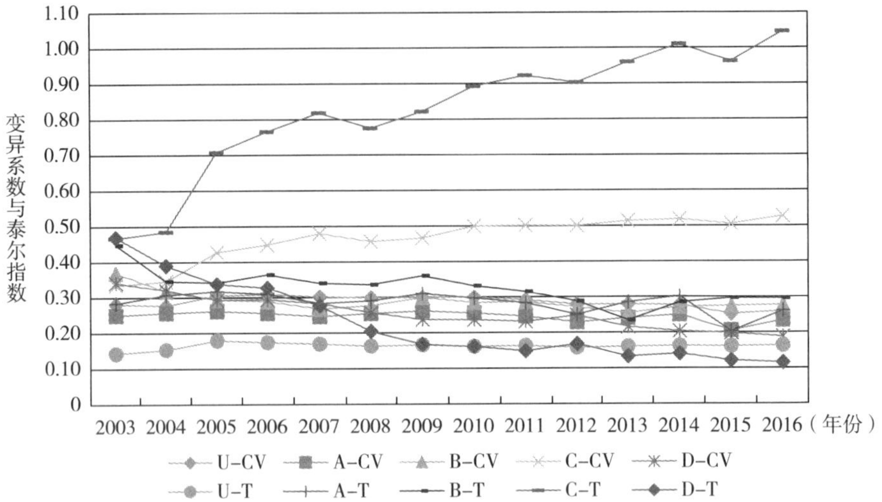

图 5-8　2003~2016 年中国城镇化质量地区差异的变动趋势（城市群）

注：U 表示城镇化质量；A 表示城市现代化；B 表示城乡一体化；C 表示人口城镇化；D 表示城镇化推进效率；CV 表示变异系数；T 表示泰尔指数。

表 5-24　2003~2016 年中国城镇化质量的泰尔指数分解

年份 城市群	2003	2004	2005	2006	2007	2008	2009	2010	2011	2012	2013	2014	2015	2016
珠三角	0.023	0.027	0.039	0.057	0.052	0.051	0.062	0.060	0.056	0.064	0.071	0.085	0.088	0.106
	1.59	1.73	2.17	3.27	3.05	3.12	3.75	3.70	3.44	4.04	4.43	5.22	5.47	6.50
长三角	0.012	0.010	0.007	0.011	0.013	0.016	0.018	0.019	0.018	0.019	0.018	0.016	0.014	0.011
	0.85	0.68	0.40	0.63	0.76	0.98	1.07	1.20	1.11	1.21	1.12	0.99	0.85	0.65
京津冀	0.092	0.082	0.098	0.097	0.088	0.082	0.083	0.085	0.083	0.077	0.078	0.080	0.082	0.086
	6.43	5.35	5.48	5.60	5.18	5.00	5.02	5.27	5.05	4.86	4.86	4.95	5.09	5.27
山东半岛	0.008	0.012	0.016	0.018	0.019	0.018	0.021	0.022	0.021	0.022	0.021	0.023	0.024	0.024
	0.59	0.79	0.91	1.01	1.11	1.13	1.29	1.38	1.29	1.40	1.29	1.42	1.47	1.45
辽中南	0.037	0.034	0.033	0.036	0.034	0.035	0.043	0.038	0.043	0.045	0.039	0.045	0.048	0.047
	2.60	2.19	1.82	2.05	2.01	2.13	2.59	2.33	2.64	2.83	2.45	2.74	2.99	2.84
海峡西岸	0.054	0.041	0.044	0.046	0.049	0.053	0.066	0.069	0.062	0.068	0.074	0.081	0.082	0.090
	3.76	2.70	2.45	2.64	2.88	3.23	3.99	4.30	3.77	4.32	4.62	5.00	5.07	5.51
长江中游	0.045	0.048	0.049	0.050	0.044	0.044	0.049	0.049	0.049	0.042	0.044	0.041	0.052	0.053
	3.14	3.15	2.76	2.86	2.58	2.70	2.93	3.00	3.00	2.68	2.75	2.53	3.23	3.2

续表

城市群＼年份	2003	2004	2005	2006	2007	2008	2009	2010	2011	2012	2013	2014	2015	2016
江淮	0.004	0.005	0.006	0.007	0.006	0.008	0.009	0.008	0.006	0.006	0.006	0.005	0.008	0.012
	0.29	0.35	0.34	0.41	0.36	0.47	0.53	0.48	0.36	0.39	0.38	0.31	0.49	0.76
中原	0.296	0.293	0.298	0.273	0.252	0.228	0.226	0.201	0.207	0.190	0.191	0.181	0.170	0.151
	20.67	19.12	16.66	15.70	14.88	13.94	13.60	12.46	12.65	12.02	11.88	11.12	10.55	9.21
关中	0.003	0.003	0.004	0.004	0.005	0.004	0.005	0.006	0.006	0.005	0.004	0.007	0.007	0.006
	0.18	0.22	0.24	0.25	0.27	0.25	0.30	0.34	0.37	0.33	0.27	0.44	0.46	0.38
成渝	0.061	0.076	0.065	0.054	0.051	0.055	0.060	0.059	0.062	0.070	0.074	0.075	0.074	0.076
	4.27	4.97	3.61	3.11	3.01	3.37	3.64	3.68	3.80	4.43	4.63	4.61	4.61	4.61
广西北部湾	0.008	0.008	0.009	0.007	0.006	0.008	0.010	0.012	0.011	0.010	0.010	0.008	0.008	0.007
	0.58	0.52	0.51	0.38	0.38	0.51	0.57	0.74	0.64	0.63	0.64	0.49	0.50	0.43
城市群之间	0.788	0.893	1.122	1.078	1.076	1.031	1.007	0.987	1.013	0.959	0.975	0.979	0.953	0.967
	55.03	58.23	62.66	62.08	63.52	63.16	60.72	61.12	61.88	60.85	60.66	60.18	59.23	59.12

注：分组泰尔指数中，上为指数值，下为对全域泰尔指数的贡献率（单位为%）；由于泰尔指数的计算结果取值较小，为便于比较，以 10^{-2} 为单位将其放大100倍。

（三）维度评价

本书从城市群子系统排序的时序变化以及2016年分维度得分的空间分布两方面考察城市现代化、城乡一体化、人口城镇化和城镇化推进效率四项维度的时空分异情况。

1. 时序变化

从城镇化质量的构成要素来看，即便是总得分相近的城市群，如京津冀和山东半岛城市群以及中原、海峡西岸、辽中南和江淮城市群，其在城市现代化、城乡一体化、人口城镇化和城镇化推进效率四个子系统中的表现也各不相同，并形成特色分明的空间分异格局（见表5－25和图5－9）。

表5－25　2016年中国城市群城镇化质量及维度得分与排名

城市群	城镇化质量		城市现代化		城乡一体化		人口城镇化		城镇化推进效率	
	得分	排名	得分	排名	得分	排名	得分	排名	得分	排名
珠三角	78.69	1	34.08	1（1）	13.01	4（4）	7.50	1（1）	24.10	1（1）

续表

城市群	城镇化质量		城市现代化		城乡一体化		人口城镇化		城镇化推进效率	
	得分	排名	得分	排名	得分	排名	得分	排名	得分	排名
长三角	68.88	2	25.70	2（3）	15.01	2（1）	7.50	2（3）	20.67	2（2）
京津冀	56.60	3	22.91	5（2）	10.10	8（5）	7.30	3（7）	16.29	3（6）
山东半岛	54.65	4	25.37	3（4）	11.34	5（6）	7.02	4（6）	10.91	4（4）
中原	47.24	5	18.47	9（7）	15.50	1（9）	6.31	5（2）	6.96	11（11）
海峡西岸	46.32	6	20.03	6（5）	10.26	7（3）	5.97	8（4）	10.05	6（3）
辽中南	45.75	7	18.30	10（10）	14.13	3（2）	6.17	6（5）	7.15	9（5）
江淮	45.01	8	23.00	4（6）	8.75	10（11）	6.10	7（8）	7.15	10（10）
长江中游	42.89	9	19.95	7（8）	7.16	11（7）	5.33	10（11）	10.44	5（7）
关中	41.55	10	18.82	8（9）	10.56	6（10）	5.69	9（9）	6.48	12（9）
成渝	37.46	11	15.37	12（12）	9.78	9（8）	4.89	11（10）	7.42	7（12）
广西北部湾	33.94	12	17.26	11（11）	5.70	12（12）	3.65	12（12）	7.33	8（8）

注：括号内是2003年各城市群排名；分维度得分依据其所含二级指标的指标值和权重值测算而得。

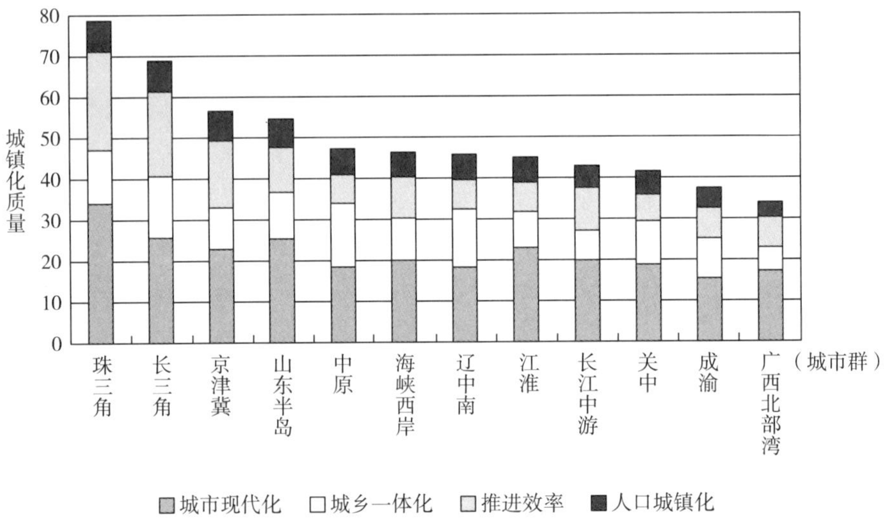

图5－9　2016年中国城市群城镇化质量要素构成情况

资料来源：根据表5－25绘制而成。

从2016年四项基本维度的排名来看，城镇化质量排在前四位的珠三角、长三角、京津冀和山东半岛城市群各项子系统发展较为均衡，除京津冀城市群城乡一体化子系统的排名略低外，其余均排在前列。值得注意的是，排名第五的中原城市群其城镇化推进效率维度仅排 11 位。总名次位于第六、第七位的海峡西岸和辽中南城市群，各维度的发展也基本处于中游水平。我们发现，与其他三个维度相比，城乡一体化子系统的排名情况与城镇化质量的总体排名出入是最大的。

纵向对比各城市群期初与期末的排名变化情况可以发现，城镇化质量总排名在前两位的城市群，各项基本维度的位序变化都比较小，均在一名以内。通过标记排序变化幅度超过 4 位（含 4 位）的城市群，我们发现海峡西岸城市群有 2 项维度的变化幅度都比较大，京津冀城市群、中原城市群、辽中南城市群、长江中游城市群、关中城市群和成渝城市群则各有一项。其中，又以城乡一体化子系统的位序变化最大，有四个城市群的排名变化超过了 4 位（含 4 位）。

2. 空间布局

本书利用自然间断点分级法（Jenks）将 2016 年城市群城镇化质量四项基本维度得分划分为五个层级，如表 5 - 26 所示。

表 5 - 26　2016 年中国省域城镇化质量分维度层级划分

维度	层级	城市群	区域/数量
城市现代化	一	珠三角	东/1
	二	长三角、山东半岛、江淮、京津冀	东/3 + 中/1
	三	海峡西岸、长江中游	东/1 + 中/1
	四	关中、中原、辽中南、广西北部湾	东/1 + 中/1 + 西/2
	五	成渝	西/1
城乡一体化	一	中原、长三角	东/1 + 中/1
	二	辽中南、珠三角	东/2
	三	山东半岛、关中、海峡西岸、京津冀、成渝	东/3 + 西/2
	四	江淮	中/1
	五	长江中游、广西北部湾	中/1 + 西/1
人口城镇化	一	珠三角、长三角、京津冀	东/3
	二	山东半岛	东/1
	三	中原、辽中南、江淮、海峡西岸、关中	东/2 + 中/2 + 西/1
	四	长江中游、成渝	中/1 + 西/1
	五	广西北部湾	西/1

续表

维度	层级	城市群	区域/数量
城镇化推进效率	一	珠三角、长三角	东/2
	二	京津冀	东/1
	三	山东半岛、长江中游	东/1 + 中/1
	四	海峡西岸、成渝、广西北部湾、辽中南、江淮、中原	东/2 + 中/2 + 西/2
	五	关中	西/1

资料来源：借助 Arcgis 软件测算而得。

城市现代化子系统基本呈现自东部沿海向中西部递减的空间分布规律，且邻近城市群得分相近。2016 年，珠三角城市群得分最高，相较其他城市群具有绝对领先优势；京津冀、山东半岛、长三角和江淮城市群构成第二梯队，较珠三角有 10 分左右的差距；中部的长江中游城市群和东部的海峡西岸城市群为第三层级；第四层级则在三大区域均有涉及。

城乡一体化子系统的空间层级特征较为复杂，除第二层级由东部的珠三角和辽中南城市群、第四层级由中部的江淮城市群构成外，其余层级均包含跨区域城市群。其中，第一层级由中部的中原城市群和东部的长三角城市群构成，第三层级则包括东部的山东半岛、海峡西岸和京津冀城市群以及西部的关中和成渝城市群，中部的长江中游城市群和西部的广西北部湾城市群构成第五层级。总体来说，各城市群未形成明显的地域分异格局，邻近城市群的表现也不尽相同。

与城乡一体化子系统明显不同的是，城镇化推进效率子系统自东向西递减的空间分异特征较为明显，城市群之间得分差距较大，得分最高的珠三角城市群（24.1）约是得分最低的关中城市群（6.48）的 3.7 倍。除长江中游城市群外，东部地区的其余 4 个城市群构成前三层级，而中西部城市群则构成第四、第五层级。

人口城镇化子系统与城镇化质量总得分的拟合程度最高，其空间分布呈明显的东中西地带性。其中，珠三角、长三角和京津冀城市群以及山东半岛城市群得分均超过 7 分，构成第一、第二梯队。

第二节　城镇化质量的空间关联特征

已有城镇化质量评价研究多注重时序分析，并结合可视化地图实现对空间分布特征的描述，但较少涉及空间格局的量化分析。本书在探索城镇化质量时空分异特征的基础上，采用 ESDA - GIS 技术进行空间关联分析，尝试从空间视角对城镇化质量的发展规律作出解读，识别省际和城市群间城镇化质量空间分布的差异，为因地制宜提高城镇化质量提供线索。

一、空间关联分析方法

探索性空间数据分析（Exploratory Spatial Data Analysis，ESDA）是一种通过定义空间权重矩阵和运用空间关联指数测度空间相关性，识别空间数据的集聚和异常情况，并对事物属性的空间分布格局进行可视化表达，进而揭示空间相互作用关系的空间统计分析方法①。近年来，国内外学者利用该方法在区域经济差异、人口分布格局、土地利用模式、城市用地扩张以及住房价格分布等方面进行了诸多有益探索（冯长春等，2015；闫东升等，2015；Cristina Lincaru 等，2016；王成龙等，2016；孙倩和汤放华，2015）。本书从空间权重矩阵和空间关联指数两方面介绍空间关联分析的研究方法。

（一）空间权重矩阵

与传统统计分析方法不同的是，空间关联分析同时利用要素值和要素位置的双重信息，这使得研究者能够回答聚类值和异常值“是什么”以及“在哪里”等问题，而后者则通过构建空间权重矩阵（Spatial Weight Matrix）得以实现。

Tobler 地理学第一定律指出，“任何事物皆与其他事物相关，且邻近事物之间的相关性更强”。由于受地理邻近关系、经济往来、文化渊源等因素的影响，许多变量之间均存在不可忽视的空间相关关系，即空间依赖性（Spatial Dependence）②。空间权重矩阵是空间建模（Spatial Modeling）的重要组成部分，也是量化观测值

---

① http：//gispopsci. org/exploratory - spatial - data - analysis.

② 有关空间依赖性的定义详见：LeSage J. P. ，Pace R. K. Introduction to Sptial Econometrics［M］. Boca Raton：Taylor & Francis Group，2009：1 - 8.

之间空间依赖关系的重要工具。其构建须满足一个基本原则，即空间依赖性随“距离”的增加而衰减。这里的“距离”既可以指真实的地理距离，也可以指经济意义上合作关系的远近，甚至可以是社会意义上人际关系的亲疏（张可云等，2017）。

空间权重矩阵通常表现为如式（5－4）所示的 n 阶非负矩阵 W：

$$W=\begin{bmatrix} w_{11} & w_{12} & \cdots & w_{1n} \\ w_{21} & w_{22} & \cdots & w_{2n} \\ \vdots & \vdots & \ddots & \vdots \\ w_{n1} & w_{n2} & \cdots & w_{nn} \end{bmatrix} \tag{5-4}$$

其中，n 为空间单元的个数；w_{ij} 为权重值，表示观测单元 i 和 j 的空间依赖关系，权重值越大，则空间相互作用力越强。最初的权重矩阵多是基于地理邻接关系而构建的，此时，W 矩阵主对角线上的元素为零，表示各空间单元与自身不存在邻接关系，即 $w_{ij}=0$；如果观测单元 i 和 j 是邻接的，那么 j 和 i 必然也是邻接的，即 $w_{ij}=w_{ji}$，故由此形成的空间权重矩阵是对称的。

在实际应用过程中，构建空间权重矩阵首先要明确空间依赖关系的作用形式：邻接关系（局域性，Locality）或是距离函数（长程作用，Long－range Interation），后者则是在前者基础上发展起来的（陈彦光，2009）。已有研究较常使用的邻接关系矩阵主要是 0－1 矩阵（胡毅和张京祥，2010；冯长春等，2015）；距离函数矩阵的种类则较多，包括固定距离矩阵（王洋等，2012）、距离倒数矩阵（Wilhelmsson M，2002；戴彬等，2015）、K 近邻矩阵（姜明辉等，2004；杜鹏等，2015）、经济距离矩阵（林光平等，2006）以及更为复杂的可达性矩阵（Fingleton B，2001）等。

考虑到研究对象间城镇化质量空间作用关系的复杂性，本书在借鉴已有研究成果的基础上，在传统距离倒数矩阵中纳入经济要素，构建了基于地理—经济关系的空间权重矩阵 W_{GE}：首先依据经纬度信息计算研究对象间的地理距离，并在无量纲化处理的基础上取倒数形成距离倒数矩阵 W_1；计算考察期内各地区人均 GDP 占全域 GDP 的比重，构成经济对角矩阵 W_2；两者相乘得到地理—经济矩阵 W_{GE}，并通过标准化处理使得各行和为 1①。

① 陈光彦（2009）指出，由邻接关系或距离函数直接生成的矩阵只有在标准化之后才成为严格意义上的权重矩阵，可直接用于空间关联和空间计量分析。此时的权重矩阵已不再满足对称关系。

（二）空间关联指数

在构建空间权重矩阵的基础上，ESDA 技术主要利用全局空间自相关和局域空间自相关两类指数测度样本数据的空间关联特征。前者主要用于判断观测值在总体分布上是否具有统计显著的聚集或离散现象，后者可以弥补全域分析对局部空间单元异质表现的忽视，可测算某个具体位置上的观测单元与邻近观测单元之间空间相关性的强度。

1. 全局空间自相关

本书采用全域 Moran's I 指数进行全局空间自相关检验。该方法遵循统计推断的基本原理，即以零假设为起点，假设要素值在研究区域内呈随机分布模式。在给定一组要素及相关属性的前提下，通过计算全域 Moran's I 指数可得出观测值服从聚类模式、离散模式还是随机模式的结论。具体而言，全域 Moran's I 指数的计算公式为：

$$I = \frac{n}{\sum_{i=1}^{n}\sum_{j=1}^{n} w_{ij}} \frac{\sum_{i=1}^{n}\sum_{j=1}^{n} w_{ij}(X_i - \overline{X})(X_j - \overline{X})}{\sum_{i=1}^{n}(X_i - \overline{X})^2} \tag{5-5}$$

其中，n 为地区数；X_i、X_j 表示第 i、j 地区的观测值；w_{ij} 为空间权重矩阵，表明地区 i 与 j 的空间邻近关系。该式表明，全局空间自相关指数的计算需要两方面信息，即观测值的数据信息和位置信息。

该指数的计算原理是：在求得每个观测值与均值离差的基础上，将所有相邻观测值（由空间权重矩阵定义）的离差值相乘后求和，构成指数的分子部分。如果所有相邻要素的值均大于或小于均值，则乘积为正；如果一个要素值小于均值而另一个大于均值，则乘积为负；在所有情况下，与均值的离差越大，则乘积就越大。如果观测值倾向于在空间上发生聚类（高值聚集在其他高值附近，低值聚集在其他低值附近），则 Moran's I 指数为正；如果高值排斥其他高值，而倾向于靠近低值，则该指数为负；如果正乘积与负乘积相抵消，则指数接近于零。

由行标准化的空间权重矩阵计算的 Moran's I 指数介于 [-1, 1]，大于 0 表明存在空间正相关，反之则为负相关，等于 0 表示不存在空间相关性。进一步地，构造服从正态分布的统计量 Z 进行显著性检验：

$$Z(I) = \frac{1 - E(I)}{\sqrt{VAR(I)}} \tag{5-6}$$

其中，$E(I)$ 和 $VAR(I)$ 分别表示 Moran's I 指数的期望值和方差。当 $Z \geq |2.58|$，$p \leq 0.01$ 时，空间自相关非常显著；当 $Z \geq |1.96|$，$p \leq 0.05$ 时，空间自相关比较显著；当 $Z < |1.96|$，$p > 0.05$ 时，不能拒绝零假设，数据呈空间随机分布（狄乾斌等，2016）。

2. 局部空间自相关

局域 Moran's I 指数表示某一空间位置的观测值与相邻观测单元之间的空间关联程度，它是全域 Moran's I 指数在局部空间中的分解。需要注意的是，所有观测值的局域 Moran's I 指数值之和与全域指数成比例（胡毅和张京祥，2010）。对于空间单元 i，局域 Moran's I 指数的计算公式为：

$$I_i = \frac{X_i - \overline{X}}{S^2} \sum_{j=1, j \neq i}^{n} w_{ij}(X_j - \overline{X}) \tag{5-7}$$

其中，S^2 为观测值的方差；$\sum^{n} w_{ij}(X_j - \overline{X})$ 为邻近区域观测值偏差的加权和，即空间滞后项；其余各要素含义与全域指数相同。由式（5－7）可知，局域 Moran's I 指数的正负取决于区域 i 和邻近区域 j（$j \neq i$）是否具有同样高于均值或低于均值的属性值。如果 I_i 指数为正，表明观测单元与邻近单元存在相似值集聚的现象；反之，则表明出现高值被低值环绕或低值被高值包围的异常类型。

通常，以观测值为横轴，以空间滞后项为纵轴，可将局域 Moran's I 指数通过 Moran 散点图的形式进行直观表达。根据空间对象在散点图四象限中的分布情况，可区分不同类型的空间集聚或差异类型。

（1）HH 扩散型：若 $X_i - \overline{X} > 0, \sum^{n} w_{ij}(X_j - \overline{X}) > 0$，则区域 i 位于第一象限。此时，区域自身与邻域的观测值都高于整个区域的平均值，两者呈正相关；空间上表现为连片高值集聚区，区域内的扩散效应较为明显。

（2）LH 塌陷型：若 $X_i - \overline{X} < 0, \sum^{n} w_{ij}(X_j - \overline{X}) > 0$，则区域 i 位于第二象限。此时，本地观测值低于全域均值，邻域观测值则高于均值，两者呈负相关；空间上表现为低值被高值包围的本地塌陷现象。

（3）LL 制约型：若 $X_i - \overline{X} < 0, \sum^{n} w_{ij}(X_j - \overline{X}) < 0$，则区域 i 位于第三象限。此时，本地和邻域的观测值均低于区域平均水平，两者呈正相关；空间上表现为成片的低值集聚区。

（4）HL 极化型：若 $X_i - \overline{X} > 0$，$\sum^{n} w_{ij}(X_j - \overline{X}) < 0$，则区域 i 位于第四象限。此时，本地观测值高于整个区域的平均值，而邻域观测值低于均值，两者呈负相关；空间上表现为高值区被低值区环绕的极化现象。

二、省域城镇化质量的空间关联特征

为探索 2003 ~2016 年中国省域城镇化质量的空间集聚格局及演变情况，本书利用 ArcGIS10. 2 软件测算了 30 个省域城镇化质量的 Moran's I 指数。如表 5 -27 所示，一方面，中国省域城镇化质量的 Moran's I 值均显著为正，即存在显著的正空间自相关性，城镇化质量较高的省份被同样的高值省份环绕，而低值省份也出现类似的集聚现象。另一方面，研究期间 Moran's I 指数呈波动下降趋势，由期初的 0. 254 降至期末的 0. 203，但并未影响正空间自相关的显著性。

表 5 -27　2003 ~2016 年中国省域城镇化质量 Moran's I 估计值

年份	Moran's I	p 值	年份	Moran's I	p 值
2003	0. 2540	0. 0004	2010	0. 2401	0. 0008
2004	0. 2363	0. 0009	2011	0. 2146	0. 0024
2005	0. 2255	0. 0016	2012	0. 1904	0. 0061
2006	0. 2079	0. 0029	2013	0. 1806	0. 0087
2007	0. 2100	0. 0027	2014	0. 1741	0. 0106
2008	0. 2032	0. 0035	2015	0. 1957	0. 0050
2009	0. 1893	0. 0058	2016	0. 2025	0. 0038

资料来源：依据各省城镇化质量得分测算而得。

全局空间自相关只能反映研究对象在总体分布上的集聚或离散特征，而局部区域的表现很可能会与整体不一致，甚至相反。为进一步探索省域城镇化质量的局域空间特征，本书借助 Geoda 软件的局部空间自相关分析，以城镇化质量总得分为横轴、以其空间滞后值为纵轴得到 Moran 散点图，并以象限表的形式进行呈现，如表 5 -28 所示。

表 5－28　2003 年和 2016 年省域城镇化质量的空间集聚/分异类型

第二象限：LH 塌陷型	第一象限：HH 扩散型
2003 年：山西/河南/安徽/江西/吉林/内蒙古/重庆 2016 年：黑龙江/山西/河南/安徽/湖北/江西/湖南/吉林/陕西/内蒙古/河北	2003 年：黑龙江/山东/江苏/湖北/浙江/福建/辽宁/天津/河北/上海 2016 年：山东/江苏/浙江/福建/辽宁/天津/上海/北京
第三象限：LL 制约型	第四象限：HL 极化型
2003 年：宁夏/湖南/云南/贵州/广西/甘肃/四川/陕西/青海 2016 年：云南/贵州/广西/海南/甘肃/四川/青海	2003 年：新疆/广东/海南/北京 2016 年：新疆/宁夏/广东/重庆

资料来源：借助 Geoda 软件测算而得。

位于第一象限的 HH 扩散型省份和第三象限的 LL 制约型省份占全部省份的比重超过 50%，表明研究期间省域城镇化质量呈显著的集聚分布模式，这与全局 Moran's I 指数显著为正的结论一致。

具体而言，2016 年 HH 扩散型省份数量最多，由东部沿海地区的北京、天津、上海、江苏、浙江、辽宁、福建和山东共 8 个省市组成，总体表现为显著的高值集聚分布形态。其中，京津和长三角成为高值集聚的典型区域。HH 型省市的城镇化质量得分均位于全国前列，表明省域间的城镇化质量存在良好的扩散效应。LH 塌陷型对象的特征是城镇化质量总体偏低，这使得与邻近省份相比，东部的河北、西部的陕西和内蒙古以及中部 8 省市成为城镇化质量的凹陷区。近年来，河北的城镇化质量排名持续走低，由此形成了京津高值集聚、河北低值环绕的区域城镇化质量失衡格局，并与长三角地区协同增长的发展模式形成鲜明对照。LL 制约型省份约占全部省份数量的 1/4，主要分布在广大中西部地区，其城镇化质量均处于全国下游水平。其中，海南省由期初的极化型对象转变为期末的制约型对象，对此应予以特别关注。LL 型省份通常表现为“近墨者黑”的低值集聚、相互制约模式。HL 极化型省市包括东部的广东以及西部的新疆、宁夏和重庆，至研究期末，以上四省市城镇化质量均列全国上游，但其周边省份的城镇化质量较低，因此形成了此高彼低的极化型模式。该类省市未来应进一步加强同邻近省域的互动与互通，强化扩散效应，实现城镇化质量的协同发展。

三、城市群城镇化质量的空间关联特征

为探索中国城市群城镇化质量的空间关联特征，深入挖掘微观空间单元的数据信息，本书以12个城市群所含142个地级市为基础空间单元，构建地理—经济矩阵 W_{GE}，计算城镇化质量的Moran's I指数估计值（见表5-29）。结果显示，研究期间中国12大城市群城镇化质量的Moran's I估计值均显著为正，总体呈波动上升趋势，由期初的0.3930提升至期末的0.4643，并于2010年达到最高值0.4943。这表明2003~2016年，城市群城镇化质量具有显著的正向空间自相关特征，而非随机分布，城镇化质量较高的地市被同样的高值区环绕，低值地市间也存在类似的集聚现象。此外，地级市这样更微观的空间单元使得城镇化质量的正向空间相关性有所强化，总体集聚程度较省域尺度有所提升。

表5-29 2003~2016年中国城市群城镇化质量Moran's I估计值

年份	Moran's I	p值	年份	Moran's I	p值
2003	0.3930	0.0000	2010	0.4943	0.0000
2004	0.4323	0.0000	2011	0.4881	0.0000
2005	0.4689	0.0000	2012	0.4820	0.0000
2006	0.4503	0.0000	2013	0.4837	0.0000
2007	0.4586	0.0000	2014	0.4637	0.0000
2008	0.4663	0.0000	2015	0.4590	0.0000
2009	0.4650	0.0000	2016	0.4643	0.0000

资料来源：依据城市群所辖全部地级市的城镇化质量得分测算而得。

为进一步探索城市群城镇化质量的局域空间特征，本书结合地级市所属城市群及区位分布情况，对Moran散点图中显著的象限类型进行分析（显著性水平为5%），如表5-30所示。

表5-30 2003年和2016年各象限显著类型的区域及城市群分布

年份	类型	数量	区域	城市群
2003	HH	10	东部（14.08%）	珠三角（77.78%）、长三角（18.75%）
	LH	1	东部（1.41%）	珠三角（11.11%）
	LL	14	西部（50%）	成渝（68.75%）、关中（33.33%）、广西北部湾（16.67%）

续表

年份	类型	数量	区域	城市群
2016	HH	16	东部（22.54%）	珠三角（77.78%）、长三角（56.25%）
	LH	1	中部（2.33%）	江淮（10%）
	LL	10	中部（4.65%）	长江中游（7.14%）
			西部（28.57%）	广西北部湾（50%）、成渝（31.25%）

注：括号中的百分数是某一类型的地级市数占该区域/城市群内全部地级市数的比重。由于地级市个数在不同区域和城市群中差异较大，以相对数考察各类型的差异化分布更便于比对。

结果显示，通过显著性检验的全部地市中，HH 扩散型城市和 LL 制约型城市的数量占绝对优势，并呈连片式分布，这表明城镇化质量在局部地区呈显著的集聚分布态势，这与全局 Moran's I 指数显著为正的结论基本一致。

具体而言，HH 扩散型城市均位于东部地区，而中西部不存在 HH 型城市的原因可能在于区内城镇化质量以低水平均衡为主，难以形成高值集聚的现象。至研究期末，扩散型城市分布的集中程度有所提高，由期初的散点状分布演化为连片式高值集聚区；珠三角和长三角作为城镇化质量位列前两位的城市群，均有超过半数的地市成为扩散型城市，这表明城镇化质量高的城市群内高值集聚的现象也最为显著。与之形成鲜明对照的是，LL 制约型城市全部位于中西部内陆城市群。2003 年，西部的成渝城市群、广西北部湾城市群和关中城市群有半数城市陷入低值集中区，形成“近墨者黑”的相互制约现象。与之对应的是，三者的城镇化质量均排在倒数三名，这表明低值集中的城市群其城镇化质量也较低；2016 年，LL 制约型城市总数有所下降，但有向中部地区蔓延的趋势。以上中西部城市群多缺乏区域城镇化质量发展的核心城市，难以形成连片发展的势头。未来应重点关注城市群内城镇化质量的高值地市，有针对性地培育其成为区内城镇化质量发展的“增长极”。LH 塌陷型城市数量较少，并由珠三角城市群向江淮城市群转移，这表明以上城市群内存在较为明显的两极分化现象。塌陷型城市由于自身发展不足，多成为城镇化质量高值区内的凹陷点，进而影响城市群整体城镇化质量的提升。未来应充分借助周边高值区域的辐射和带动作用，加快塌陷地市的城镇化发展。

第六章　城镇化质量空间差异成因的解释

——基于空间回归方程的 Shapley 值分解

20 世纪 50 ~ 70 年代，中央财政和国家政策统领了我国经济活动和社会生活的方方面面，国家对生产、分配和消费等环节的管控以及严格的计划生育政策和户籍管理制度，深刻地影响了起步阶段我国城镇化的发展形态和发展水平。1978 年以后，家庭联产承包责任制在广大农村地区的成功推行和以乡镇企业为代表的乡村工业化的大力发展为城镇化的推进提供了必要的资金支持、充足的剩余劳动力和广阔的消费品市场。进一步地，随着国有企业改革的启动和户籍制度的松动，改革的热潮逐步由农村推向城市，城市当地企业成为创造产值、吸引农村剩余劳动力就业的主力军。这一阶段，市场要素和内源要素构成了“自下而上”的城镇化发展驱动模式；从设立经济特区和沿海开放城市到开发浦东、加入世界贸易组织，我国从有限范围和领域内的开放逐步转变为全方位多领域的开放。21 世纪以来，伴随着全球产业的重组和转移，以及国际分工的紧密和深化，外资和外贸对城镇化发展的影响日益凸显。近年来，在金融市场的不断规范和完善下，金融创新通过提供灵活和多样化的融资项目，有效填补了城镇化发展的资金需求缺口，极大地推动了城镇化规模和水平的提升。随着传统城镇化发展模式粗放、城镇规模体系失衡和体制机制阻碍等弊端的逐渐暴露，走新型城镇化道路、提高城镇化质量成为城镇化发展转型的必由之路。为实现由资源、资本和劳动力等要素驱动向创新驱动的转变，科技的进步与创新无疑是当前城镇化发展的核心支撑力和城镇化质量提升的重要影响因素。自此，由自上而下的行政要素驱动到市场要素和内源要素相结合的自下而上式驱动，再到以外向要素、金融要素和科技要素为代表的多元驱动，影响我国城镇化质量的多种因素在不同时期表现为不同的时代特征，且在不同地区各项影响因素的重要性和作用形式不同，同时这些影响因素的地区差异性又进一步形成且强化了城镇化质量的空间差异表现。

在此背景下，本书以市场要素、行政要素、外向要素、内源要素、金融要素和科技要素为出发点，采用分地区空间面板模型实证分析各项因素对城镇化质量的影响方向和影响强度，并基于空间回归方程进行 Shapley 值分解，探索各项影响因素对城镇化质量发展差异的贡献程度。

第一节　城镇化质量影响因素的空间面板模型构建

本书在省级和地级市两级尺度下分别选取城镇化质量影响因素的相关指标，尝试构建空间面板模型进行定量分析。

一、变量选取与数据处理

已有研究表明，城镇化发展与国家政策、市场机制、外向型经济、微观实体经济、金融和科技发展等因素密切相关。在此基础上，本书拓展了既有分析视角（欧向军等，2008；陈明星等，2009；范建双等，2015；熊湘辉和徐璋勇，2018），从市场要素、行政要素、内源要素、外向要素、金融要素和科技要素六个方面探索城镇化质量的影响因素。

在省级尺度，本书以社会消费品零售总额、全社会固定资产投资总额、规模以上内资企业工业销售产值、外商投资企业投资总额、年末金融机构各项贷款余额、国内三种专利申请授权数分别指代市场要素、行政要素、内源要素、外向要素、金融要素和科技要素。

在地级市尺度，以社会消费品零售总额指代市场要素、以全社会固定资产投资总额指代行政要素、以规模以上内资企业工业总产值指代内源要素、以当年实际使用外资金额指代外向要素、以年末金融机构各项贷款余额指代金融要素、以普通高等学校在校学生数指代科技要素。

本章所用数据主要来自 2003 ~ 2017 年《中国城市统计年鉴》《中国统计年鉴》《中国工业统计年鉴》《中国人口与就业统计年鉴》和中国人民银行发布的各省《金融运行报告》等公开出版资料。

在数据处理过程中，首先以人民币对美元历年的年均汇率（来自《中国统计年鉴》）将外商投资总额和实际使用外资金额转换为以人民币为单位；其次以分省国内生产总值指数、工业生产者出厂价格指数、商品零售价格指数、固定资产投资价格指数（来自《中国价格统计年鉴》）对数据进行消胀处理；为消除人口规模的影响，本书用变量的人均值取代绝对数，以年末常住人口除省级指标、以年末户籍总人口除地级市指标；对于个别缺失数据，以各省市统计年鉴、统计公报补齐，若仍有缺失，采用插值法或趋势法获得平衡面板。

二、实证模型与研究思路

面板数据既包含空间单元，又包含时间序列，能反映出比截面数据和时序数据更多的样本信息。鉴于此，本书以城镇化质量得分（*UQ*）为被解释变量，以市场要素（*MAR*）、行政要素（*GOV*）、外向要素（*OUT*）、内源要素（*INN*）、金融要素（*FIN*）和科技要素（*TECH*）为解释变量，构建城镇化质量影响因素分析的面板模型：

$$UQ_{it} = c + \beta_1 MAR_{it} + \beta_2 GOV_{it} + \beta_3 OUT_{it} + \beta_4 INN_{it} + \beta_5 FIN_i\, t + \beta_6 TECH_{it} + u_i + \lambda_t + \varepsilon_{it} \tag{6-1}$$

其中，UQ_{it}和 MAR_{it}、GOV_{it}、OUT_{it}、INN_{it}、FIN_{it}、$TECH_{it}$分别为 i 地区 t 时期被解释变量和解释变量的观测值，c 为常数项，$\beta_1 \sim \beta_6$ 为待估计系数，μ_i 为空间特质效应，λ_t 为时间特质效应，ε_{it}为均值为零、方差为 σ^2 的随机误差项。

前文对城镇化质量空间差异的研究表明，省级和地级市尺度的城镇化质量均呈现明显的空间分异特征，且具有显著的正空间相关性。鉴于此，本书在进行城镇化质量影响因素分析时，一方面要考虑本地区市场要素、行政要素、外向要素、内源要素、金融要素和科技要素对城镇化质量的直接影响，另一方面也不能忽视邻近区域城镇化质量及相关因素的空间溢出效应。

近年来，空间计量经济学充分考虑了由地理空间邻近造成的样本数据的空间依赖性和空间异质性，从而保证了计量估计方法和检验结果的无偏性和有效性。从其发展历程来看，Cliff 和 Ord 于 1973 年首创了针对截面数据的空间滞后模型，随后，Paelinck（1979）正式提出了空间计量经济学的概念，自此，空间计量经济学在学术界开始受到广泛关注。近年来，经 Anselin（1988）、LeSage 和 Pace（2009）、Elhorst（2010，2014）等的不断拓展，空间计量经济学在空间相关性检验、固定效应与随机效应选择、空间面板模型参数估计和固定效应纠偏、直接效应和溢出效应测度等方面逐步形成了较为完整的分析框架，在对传统计量经济学进行革新的同时，也为本书提供了有用的分析工具。

考虑到城镇化质量及其影响因素在省域间和地市间存在的空间依赖关系，本书将空间效应纳入式（6－1）的非空间面板模型，得到了城镇化质量影响因素分析的静态空间面板模型。进一步地，结合实证研究需求，将其拓展为空间滞后模型和空间误差模型这两种最基本的空间面板数据模型。

空间滞后模型（SAR）的基本形式为：

$$UQ_{it} = \delta\sum_{j=1}^{N} W_{ij}UQ_{jt} + c + \beta_1 MAR_{it} + \beta_2 GOV_{it} + \beta_3 OUT_{it} + \beta_4 INN_{it} + \beta_5 FIN_{it} + \beta_6 TECH_{it} + \mu_i + \lambda_t + \varepsilon_{it} \quad (6-2)$$

其中，W_{ij}为 N 阶空间权重矩阵 W 中第 i 行第 j 列的元素，是对空间单元之间邻近关系的量化，在此，本书延续使用上一章生成的地理—经济空间权重矩阵；$\sum^{N} W_{ij}UQ_{jt}$ 为城镇化质量（被解释变量）的空间滞后项，刻画了空间单元 i 的被解释变量与邻近空间单元 j 的被解释变量之间的空间或社会交互作用；δ 为空间自回归系数，反映被解释变量的空间滞后效应对其自身的影响程度，其取值范围是（$1/r_{\min}$，1），$r_{\min}$为归一化后的空间权重矩阵 W 的最小负特征实根；其余参数同式（6－1）。

空间误差模型（SEM）的基本形式为：

$$UQ_{it} = c + \beta_1 MAR_{it} + \beta_2 GOV_{it} + \beta_3 OUT_{it} + \beta_4 INN_{it} + \beta_5 FIN_{it} + \beta_6 TECH_{it} + \mu_i + \lambda_t + \varphi_{it} \quad (6-3)$$

$$\varphi_{it} = \rho\sum_{j=1}^{N} W_{ij}\varphi_{jt} + \varepsilon_{it}$$

其中，φ_{it}为空间单元 i 的误差；$\sum^{N} W_{ij}\varphi_{jt}$ 为邻近空间单元 j 通过随机冲击对本地误差产生的影响；ρ 为误差项的空间自相关系数，反映随机误差冲击的作用强度，其取值范围与 δ 相同；ε_{it}为一个白噪声过程；其余参数同式（6－1）。与空间滞后模型不同的是，空间误差模型的设定并不需要对空间或社会交互作用进行理论重现，而是非球形误差协方差矩阵的一个特例（Anselin 等，2008）。

为检验空间面板模型是否比普通面板模型更适合样本数据的建模过程，首先应对非空间面板估计的残差进行 LM（Lagrange Multiplier）检验，以确定空间相关性是否存在。Burridge（1980）和 Anselin（1988）先后提出了基于横截面板数据的空间误差模型和空间滞后模型的 LM 检验；Anselin（2008）进一步将其拓展至空间面板模型。具体而言，针对空间滞后效应的 LM_L 检验原假设为 $\delta = 0$，即如果拒绝零假设，则认为被解释变量的空间滞后效应显著存在；针对空间误差效应的 LM_E 检验原假设为 $\rho = 0$，即如果拒绝零假设，则认为误差随机冲击的空间自相关性显著存在。两者均服从 χ^2（1）分布，LM 检验统计量分别为：

$$LM_L = \frac{[e'(I_T \otimes W_N)y/(e'e/NT)]^2}{[(W\hat{y})'M(W\hat{y})/\hat{\sigma}^2] + T\mathrm{tr}(W_N^2 + W'_N W_N)}$$

$$LM_E = \frac{[e'(I_T \otimes W_N)e/(e'e/NT)]^2}{T\mathrm{tr}(W_N^2 + W'_N W_N)} \tag{6-4}$$

其中，N 为个体数，T 为时期数，y 为 $NT \times 1$ 维被解释变量向量，e 为 $NT \times 1$ 维残差向量，I_T 为 T 阶单位矩阵；$\hat{y}$和$\hat{\sigma}^2$ 分别为被解释变量和残差项方差的估计值；tr 表示矩阵的迹。

在此基础上，Elhorst（2010）进一步提出了面板数据模型的 Robust – LM 检验统计量：

$$\text{Robust } LM_L = \frac{[e'(I_T \otimes W)Y/\hat{\sigma}^2 - e'(I_T \otimes W)e/\hat{\sigma}^2]^2}{J - TT_W}$$

$$\text{Robust } LM_E = \frac{[e'(I_T \otimes W)e/\hat{\sigma}^2 - TT_W/J \times e'(I_T \otimes W)Y/\hat{\sigma}^2]^2}{TT_W[1 - TT_W/J]} \tag{6-5}$$

其中，$J = (1/\hat{\sigma}^2)\ \{[(I_T \otimes W)\ X\hat{\beta}]'\ [I_{NT} - X(X'X)^{-1}X']\ (I_T \otimes W)\ X\hat{\beta} + TT_W\hat{\sigma}^2\}$，$X$ 为 $NT \times K$ 维解释变量矩阵，$\hat{\beta}$ 为解释变量未知参数的估计值。需要注意的是，LM 和 Robust – LM 检验的统计量满足 LM_L + Robust – LM_E = LM_E + Robust – LM_L（Anselin 等，1996）。

若 LM 和 Robust – LM 检验接受空间自相关性存在的原假设，则 SAR 模型和 SEM 模型两者均成立或其中之一成立。此时，应进一步构建更为一般的空间杜宾模型（SDM），其基本形式如下：

$$\begin{aligned} UQ_{it} = {} & \delta \sum_{j=1}^{N} W_{ij} UQ_{jt} + c + \beta_1 MAR_{it} + \beta_2 GOV_{it} + \beta_3 OUT_{it} + \beta_4 INN_{it} + \beta_5 FIN_{it} + \\ & \beta_6 TECH_{it} + \theta_1 \sum_{j=1}^{N} W_{ij} MAR_{jt} + \theta_2 \sum_{j=1}^{N} W_{ij} GOV_{jt} + \theta_3 \sum_{j=1}^{N} W_{ij} OUT_{jt} + \\ & \theta_4 \sum_{j=1}^{N} W_{ij} INN_{jt} + \theta_5 \sum_{j=1}^{N} W_{ij} FIN_{jt} + \theta_6 \sum_{j=1}^{N} W_{ij} TECH_{jt} + \mu_i + \lambda_t + \varepsilon_{it} \end{aligned} \tag{6-6}$$

其中，$\theta_1 \sim \theta_6$ 为解释变量空间滞后项的待估计参数，其余参数同前。式（6-6）表明，SDM 模型同时考量了滞后被解释变量和滞后解释变量对本地被解释变量（城镇化质量）的影响，能较好地捕捉不同来源的空间溢出效应，涵盖的信息比 SAR 模型和 SEM 模型更多（LeSage 和 Pace，2009）。

进一步地，围绕零假设 H_0：$\theta=0$ 和 H_0：$\theta+\delta\beta=0$，可通过 Wald 检验和 LR 检验验证 SDM 模型是否能退化为 SAR 模型和 SEM 模型。具体而言，当第一个零假设成立时，SDM 退化为 SAR 模型；当第二个零假设成立时，SDM 退化为 SEM 模型；若两个零假设均被拒绝，则认为 SDM 模型是最适合样本数据的空间模型。特别地，如果 LM/Robust-LM 检验结果与 Wald 和 LR 检验结果指向的模型不一致，则应保留更为一般的空间杜宾模型（金春雨和程浩，2009）。

LeSage 和 Pace（2009）、Elhorst（2014）曾先后指出，通过 θ、δ、β 等系数的点估计值得出空间溢出效应存在与否的结论是不准确的，即可能存在解释变量的滞后系数为负且不显著，而空间溢出效应却显著为正的“矛盾”现象。与非空间模型不同的是，空间面板数据模型可通过分解得到空间溢出效应（Spillover Effect）的准确测度（见表 6-1）。具体而言，当本地区给定解释变量发生变化时，首先会对本地的被解释变量造成影响，即产生直接效应；同时，还会通过空间交互作用影响邻近区域的被解释变量，即产生间接效应或溢出效应。

其中，SEM 模型和 OLS 模型均不存在溢出效应，其直接效应即为解释变量的参数估计值；而 SAR 模型和 SDM 模型则通过被解释变量和解释变量的空间滞后项，产生了溢出效应，其直接效应也不再等于解释变量的参数估计值。Elhorst（2014）进一步指出直接效应与解释变量系数估计值的差为反馈效应（Feedback Effect），这表明本地区解释变量通过溢出效应影响邻近区域的被解释变量，这种影响又进一步扩散至“邻居的邻居”（包括本地区），如此往复。由此产生的反馈效应可能为正向反馈，也可能为负向反馈。

表 6-1 不同面板数据模型的直接效应和溢出效应分解

模型	直接效应	溢出效应
OLS/SEM	β_k	0
SAR	$(I-\delta W)^{-1}\beta_k$ 矩阵对角线元素均值	$(I-\delta W)^{-1}\beta_k$ 矩阵非对角线元素行/列和的均值
SDM	$(I-\delta W)^{-1}(\beta_k+W\theta_k)$ 矩阵对角线元素均值	$(I-\delta W)^{-1}(\beta_k+W\theta_k)$ 矩阵非对角线元素行/列和的均值

资料来源：Vega 和 Elhorst（2012）。

第二节 城镇化质量影响因素的空间溢出效应测度

在构建空间面板数据模型的基础上，本书以所选指标指代市场要素、行政要素、外向要素、内源要素、金融要素和科技要素，定量分析省域和城市群城镇化质量影响因素的空间溢出效应，尝试探索不同空间尺度下城镇化质量影响因素的差异化来源。

一、省域城镇化质量影响因素的空间溢出效应测度

我国现行的行政区划以省级、县级和乡级为基本行政区。其中，包含23个省、5个自治区、4个直辖市和2个特别行政区的省级行政区为一级行政区，是承接国家政策、推进城镇化发展的主要阵地。本书在文献回顾部分已指出，从已有文献的研究对象来看，针对省级尺度的城镇化质量研究数量较多；与县域和乡镇尺度相比，省级行政单元的城镇体系较为完善、相关指标数据的可得性较强、城镇化发展兼具异质性和一般性，是当前城镇化质量研究的重要尺度。

鉴于此，本书在测算30个省级行政区（不含西藏和港澳台）城镇化质量的基础上，以社会消费品零售总额、固定资产投资总额、规模以上内资企业工业销售产值、外商投资企业总额、金融机构贷款余额和国内三种专利申请授权数的人均值依次指代市场要素、行政要素、内源要素、外向要素、金融要素和科技要素，采用Matlab软件定量分析省域城镇化质量多元影响因素的构成及空间溢出效应。

依据空间面板数据模型的遴选过程，本书首先估计混合回归、空间固定效应、时间固定效应和时空双固定效应四种非空间面板模型，并通过LM和Robust－LM检验确定空间相关性是否存在，即明确是否应进一步构建空间面板模型，如表6－2所示。

从表6－2的检验结果来看，混合回归模型（无特定效应）的LM检验和Robust－LM检验均在1%的显著性水平下拒绝被解释变量不存在空间滞后效应的原假设。针对空间误差效应的LM检验和Robust－LM检验则接受不存在空间随机误差冲击的原假设。空间固定效应模型未通过空间误差效应的Robust－LM检验；

与之形成对照的是，时间固定效应模型未通过空间滞后效应的两项检验。时空双固定效应模型分别在1%和5%的显著性水平下通过了 LM_L 和 Robust - LM_L 检验，认为被解释变量的空间滞后效应显著存在。但空间误差效应未通过进一步的 Robust - LM 检验，接受空间随机误差冲击不存在的原假设。

表6-2　非空间面板模型估计及空间相关性检验（全域）

变量	混合回归模型	空间固定效应模型	时间固定效应模型	时空双固定效应模型
C	35.8956（0.000）	—	—	—
MAR	-0.7138（0.085）	0.9773（0.022）	-0.9725（0.020）	-1.2583（0.004）
GOV	-0.3733（0.164）	0.3349（0.142）	-0.8638（0.023）	-1.0816（0.000）
OUT	0.9169（0.000）	0.5744（0.009）	0.9392（0.000）	0.4771（0.012）
INN	1.5237（0.000）	0.6595（0.000）	1.6225（0.000）	0.7815（0.000）
FIN	2.8967（0.000）	1.8239（0.000）	3.0361（0.000）	1.2653（0.000）
TECH	0.0495（0.197）	0.0259（0.394）	0.0319（0.418）	0.0685（0.011）
σ^2	9.3930	2.8395	8.9218	2.0445
R^2	0.8542	0.6609	0.8470	0.1541
Log*L*	-1062.818	-812.093	-1052.516	-743.114
LM_L	13.1603（0.000）	82.2411（0.000）	0.6845（0.408）	14.2913（0.000）
R - LM_L	16.1546（0.000）	44.4055（0.000）	1.8773（0.171）	4.5509（0.033）
LM_E	0.3531（0.552）	37.9924（0.000）	3.5853（0.058）	10.1194（0.001）
R - LM_E	3.3474（0.067）	0.1569（0.692）	4.7781（0.029）	0.3790（0.538）

注：①空间固定效应联合显著性 LR 检验：618.803，自由度：30，显著性：p=0.000；②时间固定效应联合显著性 LR 检验：137.957，自由度：14，显著性：p=0.000；③“（）”内为p值，下同。

此时，各类非空间面板模型的空间相关性检验结果不同，空间固定效应和时间固定效应的确定成为判断能否构建空间面板模型的关键（Elhorst，2014）。进一步地，表6-2显示了验证空间固定效应和时间固定效应联合显著性的似然比（Likelihood Ratio，LR）检验。结果表明，两种固定效应均在1%的显著性水平下通过检验，应建立双固定效应全域非空间面板模型（Baltagi，2005）。

双固定效应模型通过了空间相关性检验，虽然 Robust - LM 检验表明空间滞后模型优于空间误差模型，但仍需进一步构建更为一般的空间杜宾模型，并结合 Wald 检验和 LR 检验选择最适合样本数据的模型形式。

结果表明，空间杜宾模型退化为空间滞后模型的 Wald 检验和 LR 检验统计量分别为 29.011 和 30.200，两者均在 1% 的显著性水平下拒绝退化为空间滞后模型的原假设；空间杜宾模型退化为空间误差模型的 Wald 统计量和 LR 统计量分别为 34.867 和 32.157，两者均在 1% 的显著性水平下拒绝退化为空间误差模型的原假设。由此可以发现，Wald/LR 检验结果均指向空间杜宾模型。鉴于此，本书选择空间杜宾模型进行全域城镇化质量影响因素的实证分析。

表 6-3 包含固定和随机效应的空间杜宾模型估计（全域）

变量	空间固定效应模型	时间固定效应模型	时空双固定效应模型（纠偏估计）	空间随机和时间固定效应模型
MAR	-2.1389（0.000）	-1.3139（0.002）	-1.9864（0.000）	-1.9042（0.000）
GOV	-0.8559（0.002）	-0.7840（0.043）	-1.1188（0.000）	-1.1292（0.000）
OUT	0.2433（0.234）	1.6048（0.000）	0.0299（0.880）	0.3811（0.042）
INN	1.0715（0.000）	1.6302（0.000）	1.1330（0.000）	1.3485（0.000）
FIN	1.5373（0.000）	2.4378（0.000）	1.3735（0.000）	2.6680（0.000）
TECH	0.1069（0.000）	0.0485（0.218）	0.0797（0.005）	0.0690（0.014）
W-MAR	-3.2699（0.021）	0.3284（0.909）	-2.9970（0.155）	-2.5483（0.212）
W-GOV	2.8034（0.003）	1.0693（0.639）	1.0646（0.453）	0.9672（0.490）
W-OUT	-0.1038（0.884）	2.7715（0.000）	-0.8061（0.518）	1.2611（0.218）
W-INN	0.6597（0.390）	2.4336（0.013）	0.5726（0.497）	1.8324（0.018）
W-FIN	-0.9856（0.174）	1.6528（0.063）	-0.0800（0.959）	2.5945（0.011）
W-TECH	-0.1681（0.064）	-0.8243（0.000）	-0.2986（0.028）	-0.4967（0.000）
W-UQ	0.4590（0.000）	-0.3730（0.000）	-0.4557（0.004）	-0.1330（0.230）
σ^2	2.2194	7.4295	1.9387	2.0155
R^2	0.9675	0.8866	0.9725	0.9649
Log*L*	-751.5831	-1065.3911	-716.9090	-11525.122

资料来源：借助 Matlab 软件测算而得，下同。

表 6-3 列出了包含固定和随机效应的四种空间杜宾模型形式。其中，第一列和第二列分别为空间固定效应和时间固定效应的空间杜宾模型估计结果；第三列为时空双固定效应模型，是以转换估计法（Lee 和 Yu，2010）替代极大似然

估计法后得到的纠偏结果（非纠偏结果在此省略，后同）；第四列为空间随机和时间固定效应空间杜宾模型的估计结果。进一步地，Hausman 检验统计量为 881.122，在 1% 的显著性水平下拒绝随机效应的原假设，支持固定效应模型；同时，对比空间固定、时间固定和时空双固定模型的 R^2，发现双固定效应模型的拟合优度更高，因此最终选择双固定效应空间杜宾模型。

全域双固定效应空间杜宾模型的纠偏估计结果表明，各省的城镇化质量除受到本地解释变量如市场要素、政府要素、内源要素、金融要素和科技要素的影响之外，还通过空间交互作用进一步受到邻近省份解释变量和被解释变量的影响。具体而言，城镇化质量的空间滞后项对本地城镇化质量的影响系数为 -0.4557，且通过 1% 的显著性水平检验，这表明从全域层面来看，各省城镇化质量的空间依赖关系主要表现为较强的竞争性，尚未形成合作共促的协同发展局面。进一步地，观察解释变量各项系数的方向和显著性可以发现：一方面，市场要素和行政要素对城镇化质量的影响系数分别为 -1.9864 和 -1.1188，且通过 1% 的显著性检验。这表明研究期间，市场机制的不完善以及制度安排的低效，对城镇化质量起到了一定的负面影响。另一方面，内源要素、金融要素和科技要素均对城镇化质量的提升起到了显著的促进作用，其影响系数分别为 1.1330、1.3735 和 0.0797。结合机理分析可以初步推断，内资企业的发展、金融市场的规范以及科技进步与创新有利于城镇化质量的提升。

为探讨城镇化质量影响因素的空间溢出效应，表 6-4 给出了全域空间杜宾模型直接效应、溢出效应、总效应以及反馈效应的估计结果。

表 6-4　空间杜宾模型的直接效应和溢出效应（全域）

变量	直接效应	溢出效应	总效应	反馈效应
MAR	-1.9629*** （-4.0303）	-1.5494（-0.9637）	-3.5123**（-2.1302）	0.0235
GOV	-1.1644*** （-4.2184）	1.1111（1.0903）	-0.0533（-0.0516）	-0.0456
OUT	0.0377（0.1908）	-0.5494（-0.6082）	-0.5117（-0.5721）	0.0078
INN	1.1358***（8.0106）	0.0661（0.1080）	1.2019*（1.9179）	0.0028
FIN	1.3848***（3.7092）	-0.4929（-0.4435）	0.8918（0.7876）	0.0113
TECH	0.0878***（2.9245）	-0.2448**（-2.5061）	-0.1569（-1.6037）	0.0081

注：“（）”内为 t 统计量；*、** 和 *** 分别表示在 10%、5% 和 1% 的水平下通过显著性检验，下同。

直接效应反映本地解释变量的变化对被解释变量的边际影响，与非空间面板模型（见表6－2）解释变量的参数估计值等价（金春雨和程浩，2012）。将两者进行比对可以发现，非空间面板模型外向要素估计系数为0.4771，且通过5%的显著性水平检验，而外向要素的直接效应为0.0377且不显著，两者在作用程度与显著性方面均存在较大差异。此外，其他五项要素在非空间面板模型中均被不同程度地低估了。由此可见，忽视空间效应的非空间面板模型得到的城镇化质量影响要素的方向和强度是不准确的，空间杜宾模型直接效应的估计纠正了这种偏误。

进一步地，直接效应与空间杜宾模型的纠偏估计值（见表6－3）在系数方向与显著性方面有较大的一致性。Elhorst（2014）指出，直接效应与解释变量系数估计值的差为反馈效应（见表6－4），表示本地解释变量通过空间交互作用影响到邻近地区后，又反弹到本地，进而对本地被解释变量产生了进一步的影响。具体而言，市场要素、外向要素、内源要素、金融要素和科技要素的反馈效应分别为0.0235、0.0078、0.0028、0.0113和0.0081，分别占直接效应的1.20%、20.69%、0.25%、0.82%和9.23%，均对城镇化质量产生正向反馈效应。行政要素的反馈效应为负，占直接效应的3.92%。

空间杜宾模型的溢出效应（见表6－4）表明本省解释变量的变化通过空间交互作用对邻近省份被解释变量产生的间接影响。具体而言，科技力的溢出效应为负，且通过5%的显著性水平检验，原因可能在于为锁定科技进步对本地城镇化推进效率和经济发展水平的促进作用，各地采取了一些抑制科技创新传播的措施，从而对邻域城镇化质量的提升产生了消极影响。其余要素的溢出效应则均未通过显著性检验。

我国地域广阔，受自然资源禀赋、区位和交通条件、城市和人口分布等因素的影响，省际经济社会发展水平和城镇化进程具有显著的地域差异性特征；前文的分析表明，我国城镇化质量的区际差异明显，表现为“东部地区＞西部地区＞中部地区”的梯度分布规律。鉴于此，本书在以30个省域为整体进行全域城镇化质量影响因素分析的基础上，进一步探索了东、中、西三大区域城镇化质量影响因素的差异化来源，对有针对性地提出分类施效的城镇化质量提升对策具有重要的实践意义。

表6-5 包含固定和随机效应的空间杜宾模型估计（分区域）

变量	东部地区（SDM） 空间随机时间固定	中部地区（SDM） 时间和空间双固定	西部地区（SDM） 时间和空间双固定
MAR	0.9352（0.280）	3.3448（0.072）	-1.4638（0.119）
GOV	-3.1793（0.000）	-0.3003（0.749）	-0.0648（0.919）
OUT	0.0473（0.784）	2.7917（0.200）	4.1216（0.087）
INN	1.6440（0.000）	-0.7202（0.245）	2.4920（0.000）
FIN	1.5463（0.000）	2.8221（0.079）	-1.993（0.151）
TECH	-0.0749（0.028）	0.7588（0.000）	-0.0201（0.843）
W-MAR	-1.7577（0.378）	29.5359（0.000）	0.4907（0.932）
W-GOV	-8.3672（0.000）	-2.9732（0.149）	13.0899（0.006）
W-OUT	-0.8210（0.271）	11.5771（0.019）	-38.1263（0.002）
W-INN	3.9688（0.000）	-2.2986（0.035）	-3.5772（0.298）
W-FIN	2.8332（0.005）	-1.3246（0.799）	-35.5442（0.000）
W-TECH	-0.6358（0.000）	2.2817（0.000）	0.5305（0.279）
W-UQ	-0.6270（0.000）	-0.3623（0.017）	-0.6760（0.001）
R^2	0.9779	0.9483	0.9694
Wald 检验（SAR）	48.226（0.000）	30.941（0.000）	86.630（0.000）
LR 检验（SAR）	—	31.961（0.000）	81.661（0.000）
Wald 检验（SEM）	45.658（0.000）	33.826（0.000）	87.223（0.000）
LR 检验（SEM）	—	38.207（0.000）	80.511（0.000）
Hausman test	12.919（0.454）	374.215（0.000）	45.267（0.000）

分区域空间面板模型的估计结果（限于篇幅，省略详细的模型筛选过程）如表6-5所示，Wald检验和LR检验表明，分区域的空间杜宾模型均拒绝退化为空间滞后模型和空间误差模型的原假设，故保留空间杜宾模型；其次，东部地区未通过Hausman检验，应采用空间随机时间固定的空间杜宾模型；中部和西部地区通过了1%的显著性检验，故选择双固定效应空间杜宾模型。

在分区域空间杜宾模型中，东部、中部和西部地区城镇化质量的空间滞后项系数均显著为负，但其作用强度不同。总体来说，省际城镇化质量的空间依赖关系在各区域中均表现为一定的竞争性，这与全域城镇化质量的空间滞后项系数类似，表明区域内城镇化质量的协同发展局面尚未形成。其中，东部和西部地区的负向竞争关系较强，中部地区偏弱。

具体而言，东部地区的行政要素、内源要素和金融要素均通过了1%的显著性检验，科技要素通过了5%的显著性检验。其中，内源要素和金融要素对东部地区的城镇化质量起到正向促进作用，而其余两者则起到负面影响。这表明，内资企业的发展和金融市场的规范有效促进了东部地区城镇化质量的发展，而行政干预不当和科技创新的滞后可能阻碍了城镇化质量的提升。中部地区的市场要素、金融要素和科技要素均对城镇化质量起到了显著的促进作用，外向要素的发展较弱，对城镇化质量的正向影响不足，而制度安排不当和本地企业弱质则起到了一定的消极作用。西部地区的外向要素和内源要素均显著为正，而市场要素和金融要素则在15%的边缘显著性水平下呈现弱显著，并对城镇化质量产生负影响。

进一步地，表6－6给出了分区域空间杜宾模型直接效应和间接效应的估计结果。与全域空间杜宾面板模型类似，直接效应与各解释变量估计值在系数方向与显著性水平方面基本一致。其中，东部地区行政要素的正反馈效应为0.5012，占直接效应的18.71%，内源要素和金融要素的负反馈效应则分别占直接效应的16.77%和9.34%。中部地区金融要素的正反馈效应占直接效应的4.02%，科技要素的负反馈效应占直接效应的21.64%。西部地区市场要素的负反馈效应占直接效应的5.48%，而外向要素和内源要素则分别以38.97%和11.77%的占比起到正向反馈作用。

表6－6　空间杜宾模型的直接效应和溢出效应（分区域）

区域	变量	直接效应	溢出效应	总效应	反馈效应
东部	*MAR*	1.1104 (1.2642)	－1.6863 (－1.2473)	－0.5759 (－0.3918)	0.1752
	GOV	－2.6781*** (－7.5133)	－4.4961*** (－3.6789)	－7.1742*** (－5.0995)	0.5012
	OUT	0.1088 (0.6371)	－0.5703 (－1.1791)	－0.4615 (－0.9279)	0.0615
	INN	1.4079*** (8.4657)	2.0915*** (3.6421)	3.4994*** (5.2831)	－0.2361
	FIN	1.4142*** (5.0295)	1.3217* (1.8922)	2.7359*** (3.7954)	－0.1321
	TECH	－0.0262 (－0.7961)	－0.4176*** (－4.4218)	－0.4438*** (－4.2048)	0.0487

续表

区域	变量	直接效应	溢出效应	总效应	反馈效应
中部	*MAR*	1.2738 (0.7321)	23.0748 *** (4.5180)	24.3487 *** (3.8154)	-2.071
	GOV	-0.1071 (-0.1211)	-2.4249 (-1.5608)	-2.5320 (-1.2408)	0.1932
	OUT	1.9414 (0.9238)	8.3745 ** (2.1273)	10.3159 ** (2.0866)	-0.8503
	INN	-0.5972 (-1.0243)	-1.6888 ** (-2.0775)	-2.2860 * (-1.7594)	0.123
	FIN	2.9403 * (1.7123)	-1.7102 (-0.3993)	1.2301 (0.3193)	0.1182
	TECH	0.6238 *** (3.4378)	1.6652 *** (3.1631)	2.2890 *** (3.4249)	-0.135
西部	*MAR*	-1.5487 ** (-2.1147)	0.9871 (0.2757)	-0.5616 (-0.1422)	-0.0849
	GOV	-0.8915 (-1.5676)	8.7337 *** (2.7562)	7.8422 ** (2.3710)	-0.8267
	OUT	6.7532 *** (2.9543)	-27.4492 *** (-3.1618)	-20.6958 ** (-2.2743)	2.6316
	INN	2.8244 *** (8.2977)	-3.5686 * (-1.6963)	-0.7442 (-0.3520)	0.3324
	FIN	0.1374 (0.1070)	-22.6563 *** (-4.8694)	-22.5189 *** (-4.4149)	2.1308
	TECH	-0.0558 (-0.6289)	0.3633 (1.1236)	0.3075 (0.8520)	-0.0357

空间杜宾模型的溢出效应（见表6-1）是本地解释变量和解释变量滞后项的变化通过空间交互作用对邻近省份被解释变量产生的间接影响。具体而言，东部地区行政要素的溢出效应为负，且在1%的水平下显著，这表明本地政府在改善投资环境、提升城镇化质量的过程中，通过一定的制度安排和政策倾斜，在招商引资、基础设施建设和提供公共物品等方面与邻近省份形成了较强的政府竞争。地方政府的竞争在一定程度上有利于本地经济的发展（付强和乔岳，2011），

但对全域城镇化质量的提升则起到了一定的负面影响；科技力的溢出效应显著为负，原因可能在于为锁定科技进步对本地城镇化推进效率和经济发展水平的促进作用，各地采取了一些抑制科技创新传播的措施，从而对邻域城镇化质量的提升产生了消极影响。进一步印证了全域面板中地方政府竞争和科技创新锁定对邻域城镇化质量的负面影响。同时，内源要素和金融要素的溢出效应均显著为正，可能的原因在于，一方面，东部地区拥有良好的地理区位条件，东部地区规模以上内资工业企业的发展较为均衡，在促进本地劳动力就业的同时（系数为正，但不显著），对邻近省份的城镇化质量发展也起到了一定的促进作用，各省间形成了一定的协同发展局面；另一方面，金融市场的规范与有效的区际合作也对邻域城镇化质量的提升起到了积极作用。中部地区的市场要素、外向要素和科技要素均产生显著的正向溢出，表明在市场合作、外资引进和科技传播等方面，中部各省的合作性较强，对邻域城镇化质量起到了积极的促进作用。而内源要素的溢出效应显著为负，原因可能是本书以规模以上内资企业工业销售产值指代内源要素，而中部地区规模以上企业的数量较少且发育不足，难以通过创造产值和吸引本地剩余劳动要素就业促进城镇化质量的提升，因而在区际合作方面表现为一定的竞争关系。西部地区除行政要素显著正溢出外，外向要素、内源要素和金融要素均产生不同程度的负向溢出。可能是因为西部地区可得外资和金融资产的数量有限，且规模以上内资企业发育严重不足，因此在各省之间易形成竞争态势，近而产生了“此消彼长”的负溢出效应。

二、城市群城镇化质量影响因素的空间溢出效应测度

当前，中国的区域管理模式开始由行政区划分割管理向类型区统筹治理转化，而城市群作为国家参与全球竞争和国际分工的重要战略空间单元，已连续十余年出现在国家相关政策文件中（黄金川和陈守强，2015）；2012 年首次召开的中央城镇化工作会议和 2014 年颁布的《国家新型城镇化规划（2014—2020 年）》进一步明确了城市群作为我国新型城镇化重要空间载体的主体地位。已有研究表明，目前我国有关城市群的研究在数量和质量上均明显不足，亟待加强（方创琳，2014）。

在此背景下，本书尝试突破原有行政区划的界限，以构成我国新型城镇化发展主要脉络和核心骨干的 12 大城市群所含的 142 个地级市为基本空间单元，采用社会消费品零售总额、固定资产投资总额、规模以上内资企业工业总产值、实

际使用外资金额、金融机构贷款余额和普通高等学校在校学生数的人均值依次指代市场要素、行政要素、内源要素、外向要素、金融要素和科技要素，深入探索中微观尺度城镇化质量影响因素的差异化表现，为优化城镇化质量空间格局提供科学依据。

依据空间面板模型的遴选过程，本书首先给出了非空间面板模型的估计结果（见表6－7）。LM检验和Robust－LM检验结果显示，空间相关性在四类非空间面板模型中均显著存在。具体而言，除时空双固定效应模型认为空间误差模型优于空间滞后模型外，混合回归模型、时间固定效应模型和空间固定效应模型均同时支持空间滞后模型和空间误差模型。进一步地，空间固定效应和时间固定效应联合显著性的似然比检验结果表明，两种固定效应均在1%的显著性水平下通过检验，应建立时空双固定效应模型。

表6－7　非空间面板模型估计及空间相关性检验（城市群）

变量	混合回归模型	空间固定效应模型	时间固定效应模型	时空双固定效应模型
C	32.4458（0.000）	—	—	—
MAR	2.3274（0.000）	1.7126（0.000）	2.2688（0.000）	1.0424（0.000）
GOV	－0.1113（0.215）	0.5966（0.000）	－0.1388（0.199）	－0.0123（0.815）
OUT	0.1183（0.000）	0.0029（0.672）	0.1219（0.000）	－0.0106（0.063）
INN	0.3882（0.000）	0.0248（0.208）	0.3856（0.000）	0.0160（0.337）
FIN	0.0605（0.375）	0.1570（0.062）	0.0864（0.219）	0.4760（0.000）
TECH	0.0041（0.000）	0.0030（0.000）	0.0040（0.000）	0.0003（0.564）
σ^2	11.3154	1.9643	11.1928	1.3471
R^2	0.7696	0.7016	0.7471	0.2323
Log*L*	－5228.949	－3488.939	－5218.628	－3114.010
LM_L	277.3256（0.000）	1050.7474（0.000）	364.5400（0.000）	89.3779（0.000）
$R-LM_L$	87.4476（0.000）	451.3385（0.000）	128.4350（0.000）	1.3604（0.243）
LM_E	388.6456（0.000）	1365.5658（0.000）	327.1460（0.000）	128.3091（0.000）
$R-LM_E$	198.7675（0.000）	766.1569（0.000）	91.0410（0.000）	40.2916（0.000）

注：①空间固定效应联合显著性LR检验：4209.236，自由度：142，显著性：p＝0.000；②时间固定效应联合显著性LR检验：749.858，自由度：14，显著性：p＝0.000。

在空间相关性显著存在的前提下，本书进一步构建更为一般的空间杜宾模型，并结合Wald检验和LR检验确定最适合样本数据的模型形式。结果表明，空间杜宾模型退化为空间滞后模型的 Wald 检验和 LR 检验统计量分别为 79.722 和 82.943，两者均在 1% 的显著性水平下拒绝退化为空间滞后模型的原假设；空间杜宾模型退化为空间误差模型的 Wald 统计量和 LR 统计量分别为 56.833 和 -63.599，两者均在 1% 的显著性水平下拒绝退化为空间误差模型的原假设。由此可以发现，LM/Robust-LM 检验与 Wald/LR 检验指向的模型不一致。研究表明，在这种情况下应保留更为一般的空间杜宾模型（金春雨和程浩，2009）。鉴于此，本书选择空间杜宾模型进行城市群城镇化质量影响因素的实证分析。

表 6-8 给出了包含固定和随机效应的四种空间杜宾模型的估计结果。进一步地，Hausman 检验统计量为 77.642，在 1% 的显著性水平下拒绝空间随机效应的原假设，支持固定效应模型；在三种固定效应的空间杜宾模型中，双固定效应模型的拟合优度最高。综合以上分析，本书选择时空双固定效应空间杜宾模型分析中国城市群城镇化质量的影响因素。

表 6-8 包含固定和随机效应的空间杜宾模型估计（城市群）

变量	空间固定效应模型	时间固定效应模型	时空双固定效应模型（纠偏估计）	空间随机和时间固定效应模型
MAR	1.0645（0.000）	1.9157（0.000）	1.0468（0.000）	1.0749（0.000）
GOV	-0.1330（0.020）	-0.3421（0.001）	-0.1344（0.020）	-0.1634（0.004）
OUT	-0.0045（0.462）	0.0865（0.000）	-0.0046（0.453）	-0.0002（0.970）
INN	0.0165（0.337）	0.3353（0.000）	0.0285（0.100）	0.0378（0.028）
FIN	0.4894（0.000）	0.2587（0.000）	0.4797（0.000）	0.5939（0.000）
TECH	0.0005（0.386）	0.0044（0.000）	0.0003（0.620）	0.0010（0.077）
W-MAR	-2.8509（0.000）	-3.5844（0.000）	-4.5174（0.000）	-4.1535（0.000）
W-GOV	0.5309（0.005）	1.1394（0.035）	0.6848（0.012）	0.7395（0.007）
W-OUT	-0.0883（0.002）	0.0437（0.455）	-0.1924（0.000）	-0.1454（0.000）
W-INN	0.3552（0.000）	0.4410（0.019）	0.3920（0.001）	0.3442（0.003）
W-FIN	-0.1423（0.626）	0.2452（0.651）	0.8868（0.046）	1.2017（0.005）
W-TECH	-0.0022（0.177）	-0.0021（0.443）	-0.0077（0.049）	-0.0039（0.284）
W-UQ	0.8070（0.000）	0.7390（0.000）	0.7627（0.000）	0.7360（0.000）
σ^2	1.329	9.29	1.3214	1.3251
R^2	0.9748	0.8115	0.9751	0.9700
Log*L*	-3056.239	-5049.8022	-3036.0428	-39228476

从整体来看，双固定效应空间杜宾模型的拟合优度为0.9751，与非空间模型的0.2323相比有较大提升，表明空间效应的纳入提高了模型的解释能力；除外向要素和科技要素未通过显著性检验外，其余解释变量均对城镇化质量有不同程度的显著影响；城镇化质量空间滞后项的影响系数为0.7627，表明城市群内各地市间城镇化质量的空间依赖关系总体上表现为较强的合作性，初步形成了相互促进、协同发展的局面。具体而言，市场要素对城镇化质量的影响系数显著为正，表明随着市场机制的完善，劳动力、资本和技术等生产要素由农业部门向非农业部门转移，客观上推动了产业结构的演进和人居方式的集聚化与规模化，加速了城镇化进程；内源要素和金融要素的影响系数显著为正，表明本地企业的快速发展为城镇化奠定了坚实的产业基础和生产要素的集聚平台，金融市场的不断规范有效促进了金融资源的优化配置、填补了城镇化发展的资金需求缺口，从而对城镇化质量产生显著的正向驱动作用；科技要素的影响为正，但未通过显著性检验，表明科技对城镇化质量的促进作用有待提升；行政要素的影响系数显著为负，对城镇化质量产生负面影响，部分原因在于政府推动的土地城镇化、人口城镇化进程与真实的城镇化水平和速度不匹配，由此形成的粗放式城镇化发展模式违背了城镇化质量的内涵式发展要求。

解释变量的空间滞后项系数不能准确表征其对邻近地区的外溢影响，应通过总效应的分解把握溢出效应的方向和强度（Elhorst，2014）。表6－9给出了空间杜宾模型的直接效应、溢出效应、总效应和反馈效应的估计结果。

表6－9　空间杜宾模型的直接效应和溢出效应（城市群）

变量	直接效应	溢出效应	总效应	反馈效应
MAR	0.9046***	－16.0793***	－15.1746***	－0.1422
GOV	－0.1101**	2.5472**	2.4371*	0.0243
OUT	－0.0122**	－0.8446***	－0.8568***	－0.0076
INN	0.0445**	1.7814***	1.8259***	0.016
FIN	0.5298***	5.4643**	5.9941***	0.0501
TECH	－0.0000	－0.0320*	－0.0320*	－0.0003

直接效应与非空间面板中解释变量的参数估计值等价，反映本地解释变量对

被解释变量的边际影响。对比两者发现，非空间面板的市场要素估计系数为1.0424，空间杜宾模型直接效应估计值为0.9046，因而非空间模型高估了15.23%；其余要素也被不同程度地高估或低估了。由此可见，忽视空间效应的普通面板模型得到的系数方向和强度是不准确的，而直接效应则纠正了这种偏误。

反馈效应是直接效应与空间杜宾模型解释变量系数估计值的差额，表示本地解释变量通过空间交互作用影响到邻近地区后，又反弹到本地，进而对本地被解释变量产生了进一步影响。其中，行政要素、内源要素和金融要素对城镇化质量产生正反馈效应，分别占直接效应的22.07%、35.96%和9.46%；其余要素则产生不同程度的负反馈效应。

溢出效应表明本地解释变量对邻域被解释变量的影响。表6-9显示，全部解释变量均存在显著的空间溢出效应：市场要素的负溢出效应表明在比较利益的驱动下，生产要素不仅会由预期收益率较低的本地农业部门向非农业部门集聚，还会从效益较低的本地企业向发展较好的邻域企业转移，由此形成地区间“此消彼长”的竞争关系，从而对邻域城镇化质量的提升起到抑制作用；外向要素的溢出效应显著为负，部分原因在于外资数量不足和质量不均引致区域间激烈的招商引资竞争，甚至竞相降低门槛引入破坏生态环境的项目，降低了城镇化推进效率，从而对邻域城镇化质量产生负面影响；科技要素的负溢出效应表明某地科技发展会通过虹吸效应削弱邻近地区的发展机会，甚至采取一些抑制科技创新传播的措施，抑制邻近地区城镇化质量的提升；行政要素的正溢出效应表明地方政府间在招商引资、基础设施建设和提供公共物品等方面形成了较强的竞争，一定程度上推动了本地经济的发展，从而有利于城镇化质量的提升；内源要素和金融要素的空间溢出效应均显著为正，表明本地企业的发展和金融市场的规范在吸纳劳动力就业和拓宽新型城镇化发展融资渠道等方面初步形成了地区间良性互动的协同发展局面。

三、实证结果的进一步讨论

为进一步探讨多级空间尺度下各项影响因素的共性及差异化表现，本书将省级全域、省级分区域（东、中、西）和城市群整体的直接效应与溢出效应的估计结果汇总在表6-10中。

表 6-10 多尺度直接效应和溢出效应的方向与显著性汇总

变量	直接效应					溢出效应				
	省级	东部	中部	西部	城市群	省级	东部	中部	西部	城市群
MAR	-***	+	+	-**	+***	-	-	+***	+	-***
GOV	-***	-***	-	-	-**	+	-***	-	+***	+**
OUT	+	+	+	+***	-**	-	-	+**	-***	-***
INN	+***	+***	-	+***	+**	+	+***	-**	-*	+***
FIN	+***	+***	+*	+	+***	-	+*	-	-***	+**
TECH	+***	-	+***	-	-	-**	-***	+***	+	-*

注：+、-表示系数方向。

结合前文的实证结果，可以得到以下几点重要结论：

第一，市场要素的直接效应系数在城市群尺度显著为正，表明市场要素对城市群城镇化质量提升起到显著的促进作用，是城镇化质量重要的影响因素。随着市场机制的逐步完善，劳动力、资本和技术等生产要素由农业部门向非农业部门转移，客观上推动了产业结构的演进和人居方式的集聚化与规模化，加速了城镇化的进程，提高了城镇化的推进效率和发展质量；市场要素的直接效应系数在省级和西部地区显著为负，表明省域尺度市场机制的不完善对城镇化质量起到了一定的负面影响；市场要素在城市群尺度的溢出效应为负，表明在比较利益的驱动下，生产要素不仅会由预期收益率较低的本地农业部门向非农业部门集聚，还会从效益较低的本地企业向发展较好的邻域企业转移，由此形成地区间“此消彼长”的竞争关系，近而对邻域城镇化质量的提升起到抑制作用。

第二，行政要素的直接效应系数在省级、东部地区和城市群尺度下均显著为负，表明地方政府的不当干预使得土地城镇化和人口城镇化进程与真实的城镇化水平和速度不匹配，由此形成的粗放式城镇化发展模式违背了城镇化质量的内涵式发展要求；行政要素的溢出效应在东部地区显著为负，表明本地政府通过一定的制度安排和政策倾斜，在招商引资、基础设施建设和提供公共物品等方面与邻近地区形成了较强的政府间无序竞争，进而对邻近空间单元的城镇化质量产生了消极影响；行政要素的溢出效应在西部地区和城市群尺度下显著为正，表明适当的制度安排能更好地激发经济活力，促进城镇化的健康和有序发展，从而对城镇化质量的提升起到正向驱动作用。

第三，外向要素在西部地区的直接效应为正，表明外资项目数量与质量的匹配以及本土企业利用外资能力的提升均对城镇化质量起到正向影响；在城市群尺度的直接效应和间接效应系数均显著为负，表明获取外资数量的不足加剧了城市群间招商引资的竞争压力，而引进外资质量的低下又阻碍了本地城镇化质量的提升；外向要素在中部地区的溢出效应为正，说明该地区可引进的外资数量较为充足，区域间因竞相引进外资而形成不良竞争、近而抑制邻域城镇化质量发展的情况并未出现。伴随着全球产业重组和转移以及国际分工的紧密与深化，外资和外贸对城镇化发展的影响日益凸显，外向要素成为中国城镇化新的动力模式。但总体来说，中国城镇化质量提升仍主要表现为内生过程，即依靠内源性生产要素如城镇化融资和农村剩余劳动要素、国内消费市场等（陈明星等，2009）。

第四，内源要素在城市群尺度的直接效应和间接效应系数均显著为正，表明在构成我国城镇化发展主要脉络和核心骨干的 12 大城市群中，本地企业的快速发展为城镇化奠定了坚实的产业基础以及资金、技术和农村剩余劳动力等生产要素的集聚平台，推动了城镇化水平和质量的提高；内源要素在中西部地区的间接效应系数为负，原因可能有两方面：一是中西部地区规模以上企业的数量较少且发育不足，难以通过创造产值和吸引本地剩余劳动要素就业促进城镇化质量的提升；二是规模以上内资工业企业多布局于大中型城市且劳动要素就业门槛较高，而对受教育程度一般的农村剩余劳动要素的岗位供给有限，因而对城镇化质量的带动作用不足；内源要素在东部地区的溢出效应系数为正，表明东部地区本地企业发展较为均衡，对邻近省份的城镇化质量发展也起到了一定的促进作用，各省间形成了一定的协同发展局面。

第五，除个别地区的溢出效应为负外，金融要素的直接效应和溢出效应在各尺度均显著为正，表明在金融市场的不断规范和完善下，金融创新通过提供灵活和多样化的融资项目，有效地促进了金融资源的优化配置、填补了城镇化发展的资金需求缺口，推动了城镇化规模和质量的提升；金融要素在西部地区的溢出效应为负，表明金融创新的滞后、金融市场的不规范阻碍了本地城镇化质量的提升，同时，金融市场在区域间的发育存在不均衡性，在各省之间易形成“此消彼长”的竞争态势。

第六，科技要素的直接效应在省级和中部地区显著为正，但在东部地区、西部地区和城市群尺度不显著，可能有几点原因：一是为实现由资源、资本和劳动力等要素驱动向创新驱动的转变，科技的进步与创新已成为当前城镇化发展的核心支撑要素和城镇化质量提升的重要驱动因素；二是鉴于地级数据的可得性，以万人普通高等学校在校生数指代科技要素，因而与省级尺度以人均专利申请授权数指代科技要素得到的结论有差异；三是科技要素的溢出效应在省级、东部和城市群尺度下均为负，表明为锁定科技进步对本地城镇化推进效率和经济发展水平的促进作用，各地采取了一些抑制科技创新传播的措施，进而对邻域城镇化质量的提升产生了消极影响。

第三节　基于 Shapley 值分解的城镇化质量空间差异成因分析

第五章城镇化质量空间差异的测度结果显示，无论从时空分异的直观认识还是空间关联的量化分析来看，我国省域、城市群和地级市尺度的城镇化质量均呈现明显的空间差异特征。从文献研究来看，已有关于我国城镇化质量空间差异的描述性解释较多，缺乏差异成因的定量分析。从现实背景来看，城镇化质量的空间发展失衡，对我国经济社会的发展至少有两方面不利影响：第一，城镇化质量作为映射城镇化发展效率与成果的重要内涵，其发展差距的扩大反映出城镇化本身的区际失衡问题，必然会加剧区域经济的失衡现象；第二，城镇化质量的空间发展差距既是城镇化区际发展不均的积累结果，又会对未来均衡化发展产生消极影响，形成空间马太效应，进一步引致城镇化空间失衡格局的强化。已有研究和现实背景均证实了我国城镇化质量空间发展差距的存在，并对深入挖掘失衡现象的成因提出了迫切需求。

在此背景下，本书在第五章测度我国城镇化质量空间差异表现的基础上，以上一节城镇化质量影响因素的空间回归方程为基础，采用夏普利值分解法对我国城镇化质量的地区差距进行分解，定量分析各项影响因素对城镇化质量差异形成的相对贡献程度，为提出优化城镇化质量空间格局的相关对策提供借鉴。本书尝试回答的问题包括：我国城镇化质量的空间差异在不同尺度下表现有何不同？哪些因素导致了这种空间差异现象？这些因素对城镇化质量空间失衡的“贡献程度”有何动态变化？

一、基于回归方程的 Shapley 值分解思路

夏普利值（Shapley Value）分解框架是肖罗克斯（A. F. Shorrocks）于 1999 年在合作博弈理论基础上提出的，该方法最初用于揭示收入方程中各解释变量对收入差距的贡献程度。21 世纪以来，国内研究者将其推广至区域金融发展（李敬等，2007）、人均能源消费（李博等，2013）、碳排放强度（王佳等，2014）和高等教育经费（张鹏等，2014；于伟等，2015）等地区差距的一般分解问题中。

基于回归的 Shapley 值分解的基本思路是：首先，选择能够衡量区域不均衡性的相关指标。在第五章城镇化质量空间差异的测度部分，本书给出了变异系数（CV）和泰尔一阶指数（GE_1）的详细过程及计算结果，但由于前者无法进行分解，故在此以 GE_1 为 Shapley 值分解的主要指标。

其次，明确用于分解的因变量决定方程。本章的前两节内容已经确定了城镇化质量的影响因素方程，在此参照李敬等（2007）的研究，进一步结合 Shapley 值分解的要求将空间面板模型转化为不包含共同截距项和时间虚拟变量、加入地区固有因素虚拟变量（指定其影响系数为 1）的半对数模型；此外，在分解之前还应考察模型中的自变量对因变量地区差异的综合解释程度。本书借鉴万广华等（2000）的方法，测算了自变量和残差对不平等指数的解释比。计算结果表明，省域尺度和城市群尺度所选的各项指标在考察年度内解释比重均超过 80%，因此可认为其对城镇化质量的空间差距具有较强的解释能力。

最后，将自变量 X_1 的均值与其他自变量的实际值共同带入因变量决定方程，计算出当 X_1 取均值时的不平等指数（不含 X_1 的影响）。由此得到的不平等指数与由原始数据计算的不平等指数的差额即为 X_1 对城镇化质量空间差异的贡献度。若 $GE_{1(X_1)} < GE_1$，则说明 X_1 是扩大城镇化质量空间差距的因素；反之，则认为 X_1 对于缩小城镇化质量的空间发展差距有贡献。

一般而言，在分析特定自变量对因变量空间发展差距的贡献程度时，一方面，要注意该变量自身分布的均衡性（可通过分别计算各变量的不平等指数得到），分布波动大、均衡性差的自变量对因变量发展差距的贡献较大；另一方面，自变量与因变量之间的相关度越高，则其对因变量空间发展差距的解释力越强、贡献越大。由于夏普利值分解涉及的计算量巨大，本书采用 Java 程序实现计算。

二、城镇化质量空间差异的 Shapley 值分解

本书延续使用空间面板模型中的各项指标，在省级和地级市尺度分别以社会消费品零售总额、全社会固定资产投资总额、规模以上内资企业工业销售产值/总产值、外商投资企业投资总额/当年实际使用外资金额、年末金融机构各项贷款余额、国内三种专利申请授权数/普通高等学校在校学生数指代市场要素、行政要素、内源要素、外向要素、金融要素和科技要素，其余不可量化的影响均由地区固有因素指代。进一步地，给出了根据 GE_1 指数测算的 2003 ~ 2016 年中国省域和城市群城镇化质量空间差异的分解结果（见表 6 – 11 和表 6 – 13）。

表 6 – 11　2003 ~ 2016 年中国省域城镇化质量差异分解结果

年份	市场要素（%）	行政要素（%）	外向要素（%）	内源要素（%）	金融要素（%）	科技要素（%）	地区固有因素（%）
2003	–80.88	33.11	–3.52	–5.17	56.90	–1.03	100.59
2007	–33.41	30.35	–26.38	–84.56	76.57	10.04	127.39
2010	7.88	53.54	–1.81	8.22	6.94	7.08	18.16
2013	17.43	31.14	–0.32	18.76	10.77	–0.38	22.61
2016	21.03	30.41	0.39	27.02	9.07	–3.56	15.63
平均	–13.59（7）	35.71（2）	–6.33（5）	–7.15（6）	32.05（3）	2.43（4）	56.88（1）

注：①百分数表明六项影响因素和地区固有因素对城镇化质量差异形成的贡献程度；②最后一行为该变量历年贡献率的平均值；③括号中的数字表示平均贡献率的排序，排序第 1 的因素对城镇化质量差异形成的影响最大，排名第 7 的影响最小。下同。

前文的分析已经指出，特定影响要素对城镇化质量空间发展差距的贡献程度，一方面取决于该要素与城镇化质量之间的相关度，另一方面则取决于其自身不均衡性的变化趋势。鉴于此，本书进一步给出各项影响因素的泰尔一阶指数值，便于比对分析（见表 6 – 12）。

表 6 – 12　省域城镇化质量影响因素的泰尔一阶指数值

年份	市场要素	行政要素	外向要素	内源要素	金融要素	科技要素
2003	0.1712	0.1627	0.6177	0.1804	0.3518	0.5328

续表

年份	市场要素	行政要素	外向要素	内源要素	金融要素	科技要素
2004	0.1691	0.1440	0.5978	0.1740	0.3324	0.4271
2005	0.1637	0.1173	0.5907	0.1698	0.3373	0.4393
2006	0.1542	0.0989	0.5686	0.1602	0.3256	0.4211
2007	0.1469	0.0814	0.5587	0.1465	0.2985	0.4259
2008	0.1379	0.0668	0.5689	0.1403	0.2892	0.4146
2009	0.1303	0.0545	0.5532	0.1330	0.2865	0.4420
2010	0.1257	0.0525	0.5443	0.1204	0.2806	0.4334
2011	0.1204	0.0504	0.5480	0.1063	0.2646	0.4548
2012	0.1162	0.0490	0.5543	0.1133	0.3375	0.4622
2013	0.1129	0.0453	0.5625	0.1122	0.2369	0.4215
2014	0.1099	0.0440	0.5701	0.1103	0.2254	0.3921
2015	0.1072	0.0353	0.6254	0.1156	0.2168	0.3581
2016	0.1059	0.0438	0.6362	0.1196	0.2144	0.3373

总的来说，从考察期内各影响因素的平均贡献率来看，行政要素、金融要素、科技要素和地区固有因素为省际城镇化质量差异扩大的影响因素，而市场要素、外向要素和内源要素的平均贡献率为负，构成缩小省际差异的主要作用力。

具体而言，在影响省域城镇化质量空间差异的各项因素中，省际地区固有因素的平均贡献率最大，约为56.88%。研究初期，地区固有因素的贡献率超过100%，最高达到127.39%。到2010年左右，其贡献率迅速下降，并于研究期末降至15.63%。从贡献率的走势来看，地区固有因素对省际城镇化质量空间差异的影响在逐年走低。省际地区固有因素蕴含着各省级行政单元在城镇化发展内生环境方面的差异，包括模型中未能量化的各省在资源禀赋、经济地理条件和长期政策倾斜等方面的差异性。换言之，造成省际城镇化质量发展差异不断扩大的一个主要原因是各地在经济基础、地理禀赋和政策环境方面的内生差异。这些因素为区位条件和经济基础良好的地区提供了城镇化快速发展的初始条件，并进一步促进其在市场机制完善、体制机制安排、外资技术支持、内生企业发展、金融市场创新以及科技进步与传播等方面形成更大的优势；对那些内生条件较差的地区而言，城镇化发展的起步越慢，其与城镇化质量较高地区的后天差距就越大，由此形成的“马太效应”造成了强者越强、弱者越弱的局面。

省域城镇化质量发展差异的第二大影响因素是行政要素，其平均贡献率为35.71%。考察期间，虽然该变量自身泰尔一阶指数值呈下降趋势，由0.16降至0.04（在六项要素中最低），但其贡献率却始终稳定在30%以上，并于研究期末以30.41%的水平排序第一。现阶段，以全社会固定资产投入衡量的政府干预度的省际差异有所下降，但其对于城镇化质量发展差距的贡献却有提升，可能的原因在于省际行政干预的结构和投向的变化要大于数量变化。

研究初期，内源要素和市场要素的贡献率均为负，随着泰尔一阶指数值的下降，两者的贡献率反而逐年走高，并于研究期末分别位列第二、第三，由此说明内源要素和市场要素对省域城镇化质量发展差距的影响主要源自其与城镇化质量之间较高的相关度。平均贡献率排在第三位的是金融要素。随着泰尔一阶指数值由0.35降至0.21，金融要素的贡献率也由2003年的56.90%降至2016年的9.07%，期末排序第五位。外向要素和科技要素对城镇化质量省际发展差异的总体影响较小。

城市群的质量差异分解结果如表6-13所示，从考察期内各影响因素的平均贡献率来看，市场要素、外向要素、内源要素、金融要素、科技要素和地区固有因素均为城市群城镇化质量差异扩大的影响因素；而行政要素的贡献率均值为负，构成缩小差异的作用力。

表6-13 2003~2016年中国城市群城镇化质量差异分解结果

年份	市场要素（%）	行政要素（%）	外向要素（%）	内源要素（%）	金融要素（%）	科技要素（%）	地区固有因素（%）
2003	-3.58	-0.84	2.22	14.27	50.41	2.78	34.75
2007	6.28	-0.33	7.87	31.14	25.09	7.24	22.71
2010	10.80	-0.34	1.89	37.43	23.74	8.97	17.51
2013	3.35	-0.03	1.33	69.32	-6.24	12.21	20.05
2016	5.26	0.64	0.38	73.29	-14.46	13.72	21.17
平均	4.42（5）	-0.18（7）	2.74（6）	45.09（1）	15.71（3）	8.98（4）	23.24（2）

具体而言，在影响城市群城镇化质量空间差异的各项因素中，内源要素以

45.09%的平均贡献率位列第一。观察其历年贡献率排序不难发现，该变量由期初的14.27%平稳上升至期末的73.29%。从表6-14的泰尔一阶指数值可以看出，内源要素的不均衡程度仅有小幅下降。因此可以认为以规模以上内资企业工业总产值刻画的内源要素对城市群城镇化质量差距的影响持续上升。地区固有因素以23.24%的平均贡献率排在第二位，由期初的34.75%降至期末的21.17%。这部分因素包含模型中无法量化的城市群之间在资源禀赋、经济基础、区位条件和政策倾斜等方面的内在差异。平均贡献率排在第三位的金融要素经历了由期初50.41%（排名第一）至期末-14.46%（排名第七）的大幅下降。科技要素和市场要素分别位列期末排序的第三、第四，平均贡献率位列第四、第五。外向要素的平均贡献率和期末贡献率都较小，对于城市群尺度城镇化质量差异的扩大产生的影响几乎可以忽略不计。需要注意的是，以固定资产投资刻画的行政要素在研究期间始终发挥着缩小城市群间城镇化质量发展差距的作用，这与政府通过有计划投资引导城镇化质量在城市群间均衡发展的初衷是吻合的。

表6-14　城市群城镇化质量影响因素的泰尔一阶指数值

年份	市场要素	行政要素	外向要素	内源要素	金融要素	科技要素
2003	0.3382	0.3538	0.7729	0.3187	0.6056	0.3618
2004	0.3103	0.2989	0.6889	0.2889	0.5864	0.3746
2005	0.3600	0.2474	0.5582	0.2989	0.5914	0.3550
2006	0.3395	0.2218	0.5230	0.3590	0.5278	0.3439
2007	0.3173	0.1899	0.5014	0.3265	0.5102	0.3411
2008	0.2938	0.1578	0.4997	0.2704	0.4961	0.3337
2009	0.2757	0.1312	0.4626	0.2624	0.4598	0.3303
2010	0.2695	0.1214	0.4455	0.2562	0.4468	0.3341
2011	0.2677	0.1213	0.4289	0.2462	0.4523	0.3323
2012	0.2530	0.1146	0.4253	0.2419	0.4286	0.3344
2013	0.2402	0.1050	0.4162	0.2421	0.4210	0.3369
2014	0.2275	0.0971	0.4230	0.2436	0.4119	0.3303
2015	0.2095	0.0881	0.4590	0.2485	0.4463	0.3280
2016	0.2018	0.0885	0.4539	0.2584	0.4243	0.3205

三、城镇化质量空间差异成因的进一步解释

为进一步探讨多级空间尺度下各项影响因素的差异化贡献程度，本书将省域和城市群城镇化质量空间差异的分解结果汇总（见表6－15），进一步阐释两级尺度下城镇化质量空间差异的成因。

表6－15　多尺度城镇化质量空间差异分解结果汇总

空间尺度	市场要素	行政要素	外向要素	内源要素	金融要素	科技要素	地区固有因素
省级	7	2	5	6	3	4	1
	－13.59%	35.71%	－6.33%	－7.15%	32.05%	2.43%	56.88%
	∧	—	—	∧	∨	—	∨
城市群	5	7	6	1	3	4	2
	4.42%	－0.18%	2.74%	45.09%	15.71%	8.98%	23.24%
	∧	—	∨	∧	∨	∧	∨

注：“∧”表示该要素在考察期内对城镇化质量空间差异的贡献程度呈现递增趋势；“∨”表示贡献程度递减；“—”表示贡献程度变化幅度较小或趋势不明显。

结合前文的分解结果，可以得到以下几个重要结论：

第一，地区固有因素作为城镇化质量空间差异的重要影响因素，在省级和城市群尺度的贡献率均列前两名，但研究期间其贡献程度呈递减趋势。地区固有因素包含空间单元之间在资源禀赋、经济基础、区位条件和长期政策倾斜等方面的内生差异。可能的原因在于，这些因素为区位条件和经济基础良好的地区提供了城镇化快速发展的初始条件，并进一步促进其在市场机制完善、体制机制安排、外资技术支持、内生企业发展、金融市场创新以及科技进步与传播等方面形成更大的优势；对那些内生条件较差的地区而言，城镇化发展的起步越慢，其与城镇化质量较高地区的后天差距就越大，由此形成的“马太效应”造成了强者越强、弱者越弱的局面。

第二，金融要素在两级尺度的平均贡献率均列第三位，是影响省域和城市群城镇化质量发展差距的重要原因，但其贡献程度呈下降趋势。可能的原因在于区域间金融市场的规范性和金融创新的力度不同：在金融市场完善的地区，金融创新通过提供灵活和多样化的融资项目，有效促进了金融资源的优化配置、填补了

城镇化发展的资金需求缺口，推动了城镇化规模和质量的提升；在金融创新滞后、金融市场不规范的地区，则阻碍了本地城镇化质量的提升；同时，还应注意金融市场在区域间发育的不均衡性，也会加剧城镇化质量的空间差异性。

第三，市场要素在省级尺度的平均贡献率排在第七位，在城市群尺度排在第五位，整个研究期间其贡献程度呈明显递增趋势，这表明市场要素将成为我国城镇化质量空间差异不断扩大的重要成因。可能的原因在于区域间城镇化市场发育的阶段性和完备性不同：在市场机制发育滞后的地区，即便生产要素有流向高收益产业的“冲动”，也还不具备快速流通的渠道，因而获取的城镇化发展动能有限，城镇化发展的效率和质量也就十分有限。此时，各地区应多采用疏通要素流通渠道、推动市场机制完善的种种措施，以加快城镇化发展、提升城镇化质量；在市场经济发育成熟的地区，纯粹比较利益驱动下的生产要素不仅会由预期收益率较低的本地农业部门向非农业部门集聚，还会从效益较低的本地企业向发展较好的邻域企业转移，由此形成地区间“此消彼长”的竞争关系，近而扩大与邻近区域间城镇化质量的发展差距。此时，如不匹配以完备的市场规则和适当的行政监管，则市场要素对城镇化质量空间差异扩大的负面影响将会持续放大。

第四，内源要素在省级尺度的平均贡献率排在第六位，在城市群尺度排在第一位，在整个研究期间贡献程度明显提升。可能的原因在于不同区域本地企业的发展程度不同：在本地企业基础较好、发展较快的地区，为城镇化奠定了坚实的产业基础以及资金、技术和农村剩余劳动力等生产要素的集聚平台，推动了城镇化水平和质量的提高；而在本地企业发育不足的地区，则难以通过创造产值和吸引本地剩余劳动力就业促进城镇化质量的提升，尤其对于规模以上企业而言，其多布局于大中型城市且劳动力就业门槛较高，而对受教育程度一般的农村剩余劳动力的岗位供给有限，因而对城镇化质量的带动作用不足，未来可通过推广职业培训项目等方式适度降低企业在就业方面的准入门槛。

第五，行政要素在省级尺度属于城镇化质量扩大的因素，平均贡献率排第二位，变化幅度较小；在城市群尺度则表现为缩小差距的力量。可能的原因在于区域间地方政府对城镇化发展的干预程度和制度安排的有效程度不同：一方面，省级地方政府的不当干预和低效的制度安排，使得土地城镇化和人口城镇化进程与真实的城镇化水平和速度不匹配，造成了城镇化发展的制度阻碍，违背了城镇化质量的内涵式发展要求。未来应实现政府对城镇化发展的干预与真实的城镇化发展水平相契合、与内在的城镇化发展质量相匹配，并提升与城镇化发展相关制度的有效性。另一方面，地方政府间为争夺城镇化发展资源而进行的隐性竞争也是造成城镇化质量空间差异的重要因素。本地政府通过一定的制度安排和政策倾斜，在招商引资、基础设施建设和提供公共物品等方面与邻近地区形成了较强的竞争，进而对邻域城镇化质量产生了负面影响，一定程度上扩大了区域间城镇化质量的发展差距，有碍于全域城镇化质量的提升。

第六，外向要素和科技要素在省级和城市群尺度的平均贡献率绝对值均未超过 10%，虽对于城镇化质量空间差异的作用方向不同，但总体来说作用力较小。

第七章　提升城镇化质量的思路与对策

中国城镇化的快速发展带来了诸多问题，如不完全城镇化、冒进式城镇化、土地城镇化、区际发展失衡和大城市病等（陆大道等，2007；郭叶波，2013；周干峙等，2013；魏后凯和关兴良，2014；晏玲菊，2014；方创琳等，2014），未来应更加关注城镇化质量已成为众多学者和政府部门的广泛共识（叶裕民，2001；周一星，2006；顾朝林，2008；牛文元，2013）。

在此背景下，本书在确定城镇化质量内涵与外延的基础上，构建综合评价指标体系对 30 个省级行政单元和 12 大城市群的城镇化质量进行测度；进一步地，通过时空分异特征识别和空间关联分析，对不同尺度下城镇化质量的空间差异情况进行测度；再者，实证分析了省域和城市群城镇化质量差异化的影响因素，并采用夏普利值分解法探索了城镇化质量空间差异的成因。这些内容都在试图解答城镇化质量及其空间差异“是什么”和“为什么”的问题。

本书遵循从城镇化质量内涵和空间差异现状，到影响因素和成因分析，再到提升对策与建议的研究脉络，将“是什么”“为什么”以及“怎么办”这三个基本问题统一在一条逻辑主线之下：从“是什么”的研究视角出发，城镇化质量包含城市现代化、城乡一体化、人口城镇化和城镇化推进效率四项基本维度；从“为什么”的分析角度出发，不同空间单元的城镇化质量受到来自市场要素、行政要素、外向要素、内源要素、金融要素和科技要素不同程度、不同方向的影响。鉴于此，本书将分别从构成要素和影响因素出发，探讨优化城镇化质量空间格局的思路与对策，给出“怎么办”这一问题的解决思路。

第一节　城镇化质量构成要素层面

城镇化质量是一个反映城镇化优劣程度的综合概念，它强调各项构成要素的内在机理，符合可持续的内涵式发展要求。具体而言，城镇化质量的构成要素包含城市现代化、城乡一体化、人口城镇化和城镇化推进效率四个方面。本书从四项构成要素出发，给出城镇化质量的提升思路。

一、提高城市规划管理水平，营造优美可持续的人居环境

城市现代化是城市的经济基础、社会风貌、地域景观以及生活方式等由传统农业社会向现代工业社会的转变，它是城镇化发展的高级阶段和重要组成部分，反映城镇化核心载体的发展水平，是城镇化质量的基础。

提高城市现代化水平，首先，要充分发挥城市经济的集聚与规模效应，促进经济功能的快速发展。其次，为城市居民提供完善的基础设施和公共服务：一方面，大力推行公共交通优先发展战略，加强供水、供电、物流配送、便民市场和垃圾处理等市政公用设施建设；另一方面，完善包括义务教育、社会保障、医疗卫生、文体设施和公共安全等内容的基本公共服务体系。再次，提升城市的可持续发展能力，营造优美的人居环境：一方面，增加城市的公共绿地面积和人居活动空间，提高城市的宜居水平；另一方面，将信息化融入城镇化进程，推进智慧城市建设，塑造城市品牌。最后，对已经出现城市过度集聚负面效应的特大城市和大城市，积极治理“大城市病”；对集聚负效应尚不明显的中小城市提高城市管理规划水平，有效预防城市过度膨胀带来的不利影响，做到防患于未然。

二、实现经济差距缩小、社会成果均等的城乡一体化发展

城镇化的目的是在不断提高城市自身发展质量的同时，发挥城市对周边地区的辐射与带动作用，从而缩小城乡差距、消除城乡对立，最终实现城市和农村经济差距缩小、社会成果均等的协调发展。如果说城市现代化是城镇化质量的基础，那么城乡一体化就是城镇化质量提升的最终目标。

提高城乡一体化水平，要关注城乡经济一体化发展：第一，加快发展特色农

业，延长农产品加工链条，完善农产品流通体系，构建现代农业体系，提升农业现代化水平；第二，推动产业由城市向农村有序转移，提高农村承接转移产业的能力，以产业园区作为承接产业转移的重要载体和平台，实现城乡产业融合；第三，把“工业反哺农业、城市支持农村”作为一项长期坚持的重要方针，实现以工促农、以城促乡，适度增加农业补贴和生态补偿。

提高城乡一体化水平，还要注重城乡社会一体化发展：一方面，完善农村基础设施条件，加快农村社会事业发展，推进社会主义新农村建设，提高农村的自我发展能力；另一方面，努力实现城乡居民在居住、就业、教育、医疗、卫生、养老、社会保障和文体娱乐等方面享有均等的社会公共服务。

三、破除体制机制阻碍，推进农业转移人口市民化进程

人口城镇化是提升城镇化质量的核心和出发点，是实现从半城镇化向完全城镇化转变的关键。具体而言，人口城镇化包括两个层次的内容：一是农业人口的非农化，即在向城市地区转移和集中的过程中实现就业和居住地的转变；二是农业转移人口的市民化，即生活方式现代化、公共服务均等化、生活质量及居民综合素质提升。

提高人口城镇化水平，首先要破除阻碍人口非农化进程的体制机制：第一，推行户籍制度改革，建立居住证制度和人口信息管理制度，健全农业转移人口落户制度，扫清制度障碍；第二，加强流动人口管理，加快落实中小城市和小城镇的入籍落户政策。

其次要大力推进农业转移人口的市民化进程：第一，转变观念、增强认同，从理念上转变以往对农民工的歧视和区别对待，让他们真正融入城市并参与到城市管理中来，成为城市的主人；第二，加大财政对城市公共服务的投入，完善城镇基础设施，努力实现随迁子女义务教育、农民工就业创业、社会保障、养老医疗、保障性住房等基本公共服务覆盖全部常住人口，真正落实基本公共服务均等化；第三，为农民工提供与城市市民平等的就业机会，消除工资歧视，创造良好的就业环境；第四，提高农村基础教育质量，重视农民工职业技能培训，积极开展劳动力资源的“二次开发”，通过人力资本投资切实提高农业转移人口的就业竞争力；第五，建立并完善农业转移人口市民化的成本分担机制和社会参与机制。

四、提高城镇化发展的经济社会效率，推进生态文明建设

城镇化推进效率是一个与城镇化成果相对应的概念，是对城镇化发展过程高效与否的评价，其目的是以尽量少的劳动力、土地、资金和资源投入获得尽可能多的产出，并对生态环境造成尽量小的损耗。城镇化推进效率是提升城镇化质量的根本保证，它强调经济社会效率的提升和生态环境的保护。

提升城镇化推进效率，首先，要提高城镇化发展的经济社会效率：一方面，建设绿色城市，节约利用水资源，集约利用土地资源，保护耕地资源，降低能源消耗代价，实行资源有偿使用和生态补偿制度，推行严格的环境监管制度，提高生态环境的承载能力；另一方面，转变城镇化发展理念，改变以资本和能源大量投入为特征的粗放型经济增长方式，尊重城镇化的发展规律，不盲目追求过高的城镇化率，合理控制城镇化速度和土地城镇化水平。

其次，建设生态文明，实现城镇化的可持续发展。将生态文明建设放在城镇化发展的突出位置，遵循优化布局、集约高效、生态文明、绿色低碳的城镇化发展基本原则，以形成集约紧凑型开发模式作为发展目标，加快建立完整的生态文明制度体系。

第二节　城镇化质量影响因素层面

结合第六章对市场要素、行政要素、外向要素、内源要素、金融要素和科技要素这六种影响要素在不同空间尺度下的差异化表现及空间溢出效应的定量分析，本书进一步从这六项影响要素出发，给出城镇化质量的提升思路。

一、培育和完善生产要素市场，加快统一市场化进程

市场要素对城镇化质量的驱动作用主要表现为各项生产要素（劳动力、资本、土地和技术等）在比较利益的驱动下由农业部门向非农业部门转移和集聚，从而加速了城镇化的进程，提高了城镇化的效率和发展质量。随着国家对经济干预的减少以及市场机制的成熟，市场在区域经济发展进程中对资源配置起到基础性的调节作用，并对城镇化质量起到显著的正向驱动作用。

提升市场要素对城镇化质量的促进作用，首先，应进一步厘清政府与市场的边界，发挥市场“看不见的手”的基础性配置功能；其次，培育和发展劳动力市场、生产资料市场、信息市场、产权市场、技术市场等各级生产要素市场，完善反映市场供需关系、资源稀缺程度及环境补偿成本的要素价格形成机制；最后，打破部门利益和区域利益的分割与固化，加快统一市场化进程。

二、实现管理型政府向服务型政府转变，加强政府间合作

行政要素对城镇化质量的影响主要表现为在尊重市场规律的前提下，政府通过政策规划和财政支出，引导大型基础设施建设，改善城镇投资环境；通过行政区划调整将农村地域转变为城镇地域，或通过户籍制度调整将农村人口转变为城镇人口、农业人口转变为非农业人口；通过恰当和有效的制度安排，激发经济活力，促进城镇化的健康和有序发展。

提升行政要素对城镇化质量的促进作用，第一，应明确政府的过度干预会造成超前的土地城镇化和滞后的人口城镇化；未来应转变政府职能，实现管理型政府向服务型政府转变，充当起“守夜人”的角色，发挥“看得见的手”对城镇化发展的宏观调控、市场监管和公共服务等职能。第二，应明确政府通过政策倾斜，在招商引资、基础设施建设和提供公共物品等方面形成了一定的无序竞争，造成“此消彼长”的“俱损”局面；未来应在适度竞争的同时，鼓励并加强政府间合作，打破行政界限的条框分割。第三，应明确城镇化是一场涉及破除城乡二元结构的制度变革，有效的制度安排与体制机制的创新是破除城乡统筹发展的樊篱、切实提高城镇化质量的关键所在；未来应在户籍制度、土地制度、社会保障制度、财税金融制度、生态环境制度等诸多方面进行制度改革探索，破除妨碍城镇化健康发展的体制机制障碍。

三、提高对引进外资项目的甄别能力及本土企业管理水平

外向要素对城镇化质量的影响主要表现在伴随着全球产业的重组和转移以及国际分工的紧密和深化，外资和外贸作为城镇化发展的外部动力，有效填补了国内储蓄和贸易的双重缺口，缓解了城镇化资金短缺的瓶颈约束。

提升外向要素对城镇化质量的促进作用，首先，要一分为二地认识外资对城镇化质量的驱动作用，明确仅追求外资数量而不考虑质量的招商引资项目不符合涵盖创新与绿色的“五大理念”。尤其是西部地区在完善本地投资软环境的同

时，应提高对引入外资项目质量的甄别能力，对不符合新型城镇化要求的项目不予引进。其次，注意利用外资改善本地的资本形态、技术和产业结构，切实提高本土企业的管理水平。同时也要明确中国的城镇化进程主要表现为依靠内源性生产要素和国内消费市场的内生过程，这与日韩依靠美国等发达国家的大规模直接投资不同（陈明星等，2009）。未来应提升应对金融危机等不确定性风险的能力，以自力更生为主，以发展外向型经济为辅。

四、提升产业就业吸纳力，营造良好的就业创业环境

内源要素对城镇化质量的影响主要表现在乡镇企业和农村工业化发展、本地规模以上工业企业支撑、城市企业的郊区化迁移和产业园布点、国有企业改革以及产业结构的转型升级等为城镇化奠定了坚实的产业基础，提供了资金、技术和农村剩余劳动力等生产要素的集聚平台和国内消费市场。

提升内源要素对城镇化质量的促进作用，首先，要强化产业支撑，提升就业吸纳能力。城镇化水平的提高有赖于非农产业吸引农业剩余劳动力到城镇就业和定居，但目前我国的就业结构滞后于产业结构，第一产业仍有大量剩余劳动力亟待转移，第二产业的就业吸纳能力不足，第三产业的发展规模和就业承载力仍需提升（郝华勇，2014）。鉴于此，未来可在两方面进一步推进产业结构的优化升级和就业非农化水平的提升。一方面，推进新型工业化，淘汰落后产能，实行行业内部的兼并重组，培育战略性新兴产业，增加产品的附加值；另一方面，提升服务业质量，培育服务业高端人才，提升金融、保险和商务服务水平，发展科研、信息和教育等现代知识型服务业。其次，促进企业内生化发展，加强人力资本投资，为劳动力的职业培训和创业扶持营造良好的就业创业环境，适度降低就业准入门槛。

五、创新城镇化融资模式，提高金融体系运行效率

金融要素对城镇化质量的影响主要表现在金融创新促进金融资源的优化配置，增强金融机构的盈利能力，发挥显著的经济杠杆作用，通过扩大融资渠道、提高资产流动性，为新型城镇化发展提供灵活的融资机制和低成本、低风险的融资项目，从而推动城镇化的快速发展。

提升金融要素对城镇化质量的促进作用：一方面，创新城镇化融资模式，拓宽社会融资平台，建立多元、可持续的城镇化资金保障机制；另一方面，在金融

市场规模扩张的同时，更加注重金融体系运行效率的提高和金融创新的发展，通过规模和效率的同步提升带动城镇化质量的发展。

六、提高科研成果的应用转化率，促进区域科技合作

科技要素对城镇化质量的影响主要表现在走新型城镇化道路，由依赖廉价劳动力和土地扩张等要素驱动和投资驱动向创新驱动和科技驱动转型，推动城镇化由重数量和规模的外延式发展模式向重质量的内涵式模式转变。

提升科技要素对城镇化质量的促进作用：一方面，坚持科学发展观，保持科研经费的稳定增长，加大技术研发与创新投入，提高科研成果的应用转化率；另一方面，在重视科技进步对城镇化质量的重要推动作用时，也不应忽视科技创新的锁定效应对区域城镇化质量协同互促发展的抑制效应。

第八章　结语及未来的研究方向

在新型城镇化背景下，提升城镇化质量、因地制宜缩小城镇化质量的发展差距具有十分重要的实践价值。本书的研究以《国家新型城镇化规划（2014—2020年)》为依据，突出以人为本的核心内涵，构建城市现代化、城乡一体化、人口城镇化和城镇化推进效率四维一体的，具有推广应用价值的城镇化质量综合评价指标体系，利用2003～2016年多期面板数据测度中国30个省域和12大城市群的城镇化质量，系统揭示城镇化质量的时空演化格局，实证分析影响因素的空间溢出效应，测度各主要影响因素对城镇化质量空间差异的动态贡献度，并提出提升城镇化质量的相关对策，旨在为推进新型城镇化建设提供参考。

基于本书的研究，未来还可以从如下四个方面继续展开深入研究：

第一，完善并丰富研究数据。本书在以地级市为空间单元构建的城镇化质量评价指标体系中，由于统计数据的局限，忽略了测度人口非农化的不完全城镇化率和人口市民化的城镇社会保险参与率；在选取城镇化质量影响因素的变量时，由于地级市无法取得平衡的专利授权数据，因此以高等学校在校生数衡量科技因素。未来可进一步丰富与完善指标体系和影响因素的研究数据。

第二，进行适度性分析。本书在文献部分探索了已有城镇化质量的适度性研究，包括城镇化质量子系统的适度关系、城镇化质量与城镇化速度及水平的适度关系、城镇化质量与城镇化规模的适度关系以及城镇化质量与经济发展水平的适度关系。未来可进一步探讨子系统之间的内在联系和协调关系。

第三，深化维度研究。本书在城镇化质量空间差异测度部分给出了2016年四个子系统的排序及空间分布情况，但并未给出时间序列数据的详细分析。未来可以城镇化质量的分析框架为范本，进一步拓展和深化对城市现代化、城乡一体化、人口城镇化和城镇化推进效率四项基本维度的研究。

第四，在本书的研究过程中，大量应用了统计、计量、经济模型和包括 ArcGIS、Matlab、SPSS、Stata、Java 在内的计量和编程软件，因此继续学习先进的计量方法对未来的进一步研究具有重要意义。

参考文献

[1] Anselin L. Spatial Econometrics: Methods and Models [M]. Dordrecht: Kluwer Academic Publishers, 1988.

[2] Anselin L. Local Indicators of Spatial Association—LISA[J]. Geographical Analysis, 1995, 27 (2): 93-115.

[3] Anselin L., Bera A. K., Florax R., Yoon M. J. Simple Diagnostic Tests for Spatial Dependence [J]. Regional Science and Urban Economics, 1996, 26 (1): 77-104.

[4] Anselin L., Gallo J. L., Jayet H. Spatial Panel Econometrics [A] // Mátyás L., Sevestre P. The Econometrics of Panel Data [C]. Berlin Heidelberg: Springer, 2008: 625-660.

[5] Baltagi B. H. Econometric Analysis of Panel Data (3rd Edition) [M]. Chichester: Wiley, 2005.

[6] Burridge P. On the Clifford Test for Spatial Autocorrelation [J]. Journal of the Royal Statistical Society, 1980 (42): 107-108.

[7] Chen A. Urbanization and Disparities in China: Challenges of Growth and Development [J]. China Economic Review, 2002, 13 (4): 407-411.

[8] Chen J. Rapid Urbanization in China: A Real Challenge to Soil Protection and Food Security [J]. Catena, 2007, 69 (1): 1-15.

[9] Cliff A. D., Ord J. K. Spatial Autocorrelation [M]. London: Pion, 1973.

[10] Daly H. E. Sustainable Development: From Concept and Theory to Operational Principles [J]. Population & Development Review, 1990, 16 (1): 25-43.

[11] Diener E., Suh E. Measuring Quality of Life: Economic, Social and Sub-

jective Indicators [J]. Social Indicators Research, 1997, 40 (1): 189-216.

[12] Douglass M. A Regional Network Strategy for Reciprocal Rural-urban Linkages: An Agenda for Policy Research with Reference to Indonesia [J]. Third World Planning Review, 1998, 20 (1): 1-33.

[13] Elhorst J. P. Spatial Panel Data Models [A] //Fischer M. M., Getis A. Handbook of Applied Spatial Analysis [C]. Berlin Heidelberg: Springer, 2010: 377-407.

[14] Elhorst J. P. Applied Spatial Econometrics: Raising the Bar [J]. Spatial Economic Analysis, 2010, 5 (1): 9-28.

[15] Elhorst J. P. Spatial Econometrics from Cross-sectional Data to Spatial Panels [M]. Berlin Heidelberg: Springer, 2014.

[16] Elhorst J. P. MATLAB Software for Spatial Panels [J]. International Regional Science Review, 2014, 37 (3): 389-405.

[17] Fingleton B. Theoretical Economic Geography and Spatial Econometrics: Dynamic Perspectives [J]. Journal of Economic Geography, 2001, 1 (2): 201-225.

[18] Friedmann J. Four Theses in the Study of China's Urbanization [J]. International Journal of Urban and Regional Research, 2006, 30 (2): 440-451.

[19] Heikkila E. J. Three Questions Regarding Urbanization in China [J]. Journal of Planning Education and Research, 2007, 27 (1): 65-81.

[20] Jasch C. Environmental Performance Evaluation and Indicators [J]. Journal of Cleaner Production, 2000, 8 (1): 79-88.

[21] Lee L. F., Yu J. H. Estimation of Spatial Autoregressive Panel Data Models with Fixed Effects [J]. Journal of Econometrics, 2010, 154 (2): 165-185.

[22] LeSage J. P., Pace R. K. Introduction to Spatial Econometrics [M]. Boca Raton: Taylor & Francis Group, 2009.

[23] Lincaru C., Atanasiu D., Ciucă V., Pirciog S. Peri-urban Areas and Land Use Structure in Romania at LAU2 Level: An Exploratory Spatial Data Analysis [J]. Procedia Environmental Sciences, 2016 (32): 124-137.

[24] Lin G. C. S. Chinese Urbanism in Question: State, Society, and the Reproduction of Urban Spaces [J]. Urban Geography, 2007, 28 (1): 7-29.

[25] Louis Wirth. Urbanism as a Way of Life [J]. American Journal of Sociology, 1938 (44): 1-24.

[26] Lu M., Wang E. Forging ahead and Falling Behind: Changing Regional Inequalities in Post-reform China [J]. Growth and Change, 2002, 33 (1): 42-71.

[27] Lucas R. E. Life Earnings and Rural-urban Migration [J]. Journal of Political Economy, 2004, 112 (2): 29-59.

[28] Maclaren V. W. Urban Sustainability Reporting [J]. Journal of the American Planning Association, 1996, 62 (2): 184-202.

[29] Mats Wilhelmsson. Spatial Models in Real Estate Economics [J]. Housing, Theory and Society, 2002, 19 (2): 92-101.

[30] Max L., Enru W. Forging ahead and Falling Behind: Changing Regional Inequalities in Post-reform China [J]. Growth and Change, 2002, 33 (1): 42-71.

[31] McGee T. G. Urbanisms or Kotadesasi? Evolving Patterns of Urbanization in Asia [A] //Costa F. C., Dust A. K., Ma L. J. C., Noble A. G. (eds). Urbanization in Asia: Spatial Dimensions and Policy Issues [C]. Honolulu: University of Hawaii Press, 1989: 93-108.

[32] Moomaw R. L., Shatter A. M. Urbanization and Economic Development: A Bias toward Large Cities? [J]. Journal of Urban Economics, 1996, 40 (1): 13-37.

[33] Paelinck J., Klaassen L. Spatial Econometrics [M]. Farnborough: Saxon House, 1979.

[34] Pavot W., Diener E. Review of the Satisfaction with Life Scale [J]. Psychological Assessment, 1993, 5 (2): 164-172.

[35] Scott A. J. Globalization and the Rise of City-regions [J]. European Planning Studies, 2001, 9 (7): 813-826.

[36] Shafer C. S., Lee B. K., Turner S. A Tale of Three Greenway Trails: User Perceptions Related to Quality of Life [J]. Landscape & Urban Planning, 2000, 49 (3): 163-178.

[37] Shen J., Wong K., Feng Z. State-Sponsored and Spontaneous Urbanization in the Pearl River Delta of South China, 1980-1998 [J]. Urban Geography, 2002, 23 (7): 674-694.

[38] Shorrocks A. F. Decomposition Procedures for Distributional Analysis: A

Unified Framework Based on the Shapley Value [J]. Journal of Economic Inequality, 2013 (11): 99-126.

[39] Vega S. H., Elhorst J. P. On Spatial Econometric Models, Spillover Effects, and W [R]. University of Groningen, 2012.

[40] Xie Y., Costa F. J. Urban Design Practice in Socialist China [J]. Third World Planning Review, 1991, 13 (3): 277-296.

[41] Xu B., Watada J. Identification of Regional Urbanization Gap: Evidence of China [J]. Journal of Modelling in Management, 2008, 3 (1): 7-25.

[42] Yang H., An H. The Management of Current Traffic Congestion Status During the Urbanization Development in Guiyang [J]. Studies in Sociology of Science, 2011, 2 (2): 23-28.

[43] 艾伯特·赫尔希曼. 经济发展战略 [M]. 曹征海, 潘照东, 译. 北京: 经济科学出版社, 1991.

[44] 安虎森, 等. 新区域经济学 [M]. 大连: 东北财经大学出版社, 2008.

[45] 安虎森, 殷广卫. 中部塌陷: 现象及其内在机制推测 [J]. 中南财经政法大学学报, 2009 (1): 3-9.

[46] 巴顿. 城市经济学理论和政策 [M]. 上海社会科学院部门经济研究所, 译. 北京: 商务印书馆, 1984.

[47] 白先春, 等. 我国县级城市发展质量综合评价——以江苏省县级市为例 [J]. 统计研究, 2005 (7): 51-54.

[48] 白永秀. 中国省域城乡社会一体化水平评价报告 [M]. 北京: 中国经济出版社, 2014.

[49] 鲍悦华, 陈强. 质量概念的嬗变与城市发展质量 [J]. 同济大学学报 (社会科学版), 2009 (12): 46-52.

[50] 鲍悦华, 陈强. 基于城市功能的城市发展质量指标体系构建 [J]. 同济大学学报 (自然科学版), 2011 (5): 778-784.

[51] 蔡建明. 中国城市化发展动力及发展战略研究 [J]. 地理科学进展, 1997, 16 (2): 9-14.

[52] 蔡军. 城市化滞后于经济发展的制度化因素分析 [J]. 城市规划, 2006, 30 (1): 67-72.

［53］蔡俊豪，陈兴渝．“城市化”本质含义的再认识［J］．城市发展研究，1999（5）：22－25.

［54］曹亚平．城市化质量的评价体系构建及空间计量分析［D］．吉林大学，2014.

［55］柴志阳．湖南省“3＋5”城市群地区城镇化质量研究［D］．湖南师范大学，2013.

［56］常阿平．我国城市化质量现状的实证分析［J］．统计与决策，2005（3）：49－50.

［57］陈傲，等．空间知识溢出影响因素的作用机制［J］．科学学研究，2011（6）：883－889.

［58］陈波翀，等．中国城市化快速发展的动力机制［J］．地理学报，2004（11）：1068－1075.

［59］陈波翀，郝寿义．自然资源对中国城市化水平的影响研究［J］．自然资源学报，2005（5）：394－399.

［60］陈鸿彬．提高城市化质量的思路与对策［J］．经济经纬，2001（6）：63－66.

［61］陈明．中国城镇化发展质量研究评述［J］．规划师，2012（7）：5－10.

［62］陈茉莉．城镇化质量时空研究及动力因素分析［D］．暨南大学，2015.

［63］陈明星，等．我国城市化水平研究的回顾与思考［J］．城市规划学刊，2007（6）：54－59.

［64］陈明星，等．中国城市化与经济发展水平关系的国际比较［J］．地理研究，2009（3）：464－474.

［65］陈明星，等．中国城市化水平的综合测度及其动力因子分析［J］．地理学报，2009（4）：387－398.

［66］陈明星，等．中国城市化与经济发展水平关系的省际格局［J］．地理学报，2010（12）：1443－1453.

［67］陈晓红，李城固．我国城市化与城乡一体化研究［J］．城市发展研究，2004（2）：41－45.

［68］陈秀山，张可云．区域经济理论［M］．北京：商务印书馆，2003.

［69］陈彦光，罗静．城市化水平与城市化速度的关系探讨——中国城市化

速度和城市化水平饱和值的初步推断［J］．地理研究，2006（11）：1063－1072.

［70］陈彦光．基于Moran统计量的空间自相关理论发展和方法改进［J］．地理研究，2009（11）：1449－1463.

［71］陈洋庚．中部地区公共服务供给现状分析与对策思考［A］//"建设服务型政府的理论与实践"研讨会暨中国行政管理学会2008年年会论文集，2009.

［72］程钰，等．中国环境规制效率空间格局动态演变及其驱动机制［J］．地理研究，2016（1）：123－136.

［73］程治中．论城市化与经济增长［D］．西南财经大学，2002.

［74］崔功豪，等．城市地理学［M］．南京：江苏教育出版社，1992.

［75］崔功豪，马润潮．中国自下而上城市化的发展及其机制［J］．地理学报，1999（3）：106－115.

［76］戴彬，等．中国沿海地区海洋科技全要素生产率时空格局演变及影响因素［J］．地理研究，2015（2）：328－340.

［77］邓宇鹏．中国的隐形超城市化［J］．当代财经，1999（6）：20－23.

［78］狄乾斌，等．中国地级以上城市经济承载力的空间格局［J］．地理研究，2016（2）：337－352.

［79］丁明磊，等．科技创新支撑引领新型城镇化的思路与对策研究［J］．科学管理研究，2013（8）：18－21.

［80］丁志伟，等．中原地区多尺度城乡收入的时空分异［J］．地理研究，2015（1）：131－148.

［81］杜鹏，等．东北地区县域经济增长空间格局演化［J］．地理研究，2015（12）：2309－2319.

［82］段福庆．山东省城镇化质量与城镇化水平协调性研究［D］．曲阜师范大学，2014.

［83］段杰，李江．中国城市化进程的特点、动力机制及发展前景［J］．经济地理，1999（2）：79－83.

［84］段进军，等．中国城镇化研究报告［M］．苏州：苏州大学出版社，2013.

［85］范斐等．中国地级以上城市科技资源配置效率的时空格局［J］．地理

学报，2013（10）：1331－1343.

［86］范建双，等．中国区域城镇化综合效率测度及其动力因子分析［J］．地理科学，2015（9）：1077－1085.

［87］樊杰，田明．中国城市化与非农化水平的相关分析及省际差异［J］．地理科学，2003（12）：641－648.

［88］方创琳．改革开放30年来中国的城市化与城镇发展［J］．经济地理，2009（1）：19－25.

［89］方创琳．中国城市群形成发育的新格局及新趋向［J］．地理科学，2011（9）：1025－1034.

［90］方创琳，王德利．中国城市化发展质量的综合测度与提升路径［J］．地理研究，2011（11）：1931－1946.

［91］方创琳．中国城市群研究取得的重要进展与未来发展方向［J］．地理学报，2014（8）：1130－1144.

［92］方创琳，等．中国新型城镇化发展报告［M］．北京：科学出版社，2014.

［93］方创琳，等．中国城市群科学选择与分级发展的争鸣及探索［J］．地理学报，2015（4）：515－527.

［94］冯长春，等．2000年以来中国区域经济差异的时空演变［J］．地理研究，2015（2）：234－246.

［95］冯奎．突出农民工问题，提升城镇化质量［J］．中国发展观察，2012（1）：12－14.

［96］付强，乔岳．政府竞争如何促进了中国经济快速增长：市场分割与经济增长关系再探讨［J］．世界经济，2011（7）：43－63.

［97］高佩义．中外城市化比较研究［M］．天津：南开大学出版社，1991.

［98］葛莹，等．运用空间自相关分析集聚经济类型的地理格局［J］．人文地理，2005（3）：21－25.

［99］顾朝林．中国城市化格局、过程、机理［M］．北京：科学出版社，2008.

［100］顾朝林，庞海峰．建国以来国家城市化空间过程研究［J］．地理科学，2009（2）：10－14.

［101］顾朝林．城市群研究进展与展望［J］．地理研究，2011（5）：771－

784.

［102］辜胜阻，李正友．中国自下而上城镇化的制度分析［J］．中国社会科学，1998（2）：60－70.

［103］辜胜阻．非农化与城镇化研究［M］．杭州：浙江人民出版社，1999.

［104］辜胜阻，刘江日．城镇化要从“要素驱动”走向“创新驱动”［J］．人口研究，2012（11）：3－12.

［105］国家城调总队福建省城调队课题组．建立中国城市化质量评价体系及应用研究［J］．统计研究，2005（7）：15－19.

［106］国家发改委国地所课题组．我国城市群的发展阶段与十大城市群的功能定位［J］．改革，2009（9）：5－23.

［107］国家发改委．国家新型城镇化报告 2015［M］．北京：中国计划出版社，2016.

［108］郭显光．改进的熵值法及其在经济效益评价中的应用［J］．系统工程理论与实践，1998（12）：98－102.

［109］郭叶波，魏后凯．中国城镇化质量评价研究评述［J］．中国社会科学院研究生院学报，2013（3）：37－43.

［110］郭叶波．城镇化质量的本质内涵与评价指标体系［J］．学习与实践，2013（3）：13－20.

［111］韩士元．城市经济发展质量探析［J］．天津社会科学，2005（5）：83－85.

［112］韩增林，刘天宝．中国地级以上城市城市化质量特征及空间差异［J］．地理研究，2009（11）：1508－1515.

［113］韩增林，等．中国城乡基本公共服务均等化及其空间格局分析［J］．地理研究，2015（11）：2035－2048.

［114］郝华勇．县域城镇化质量评价及与数量的 Granger 因果检验——以湖北省为例［J］．广东行政学院学报，2014（6）：80－85.

［115］郝华勇．城镇化质量的现实制约、演进机理与提升路径［J］．四川师范大学学报（社会科学版），2014（5）：63－69.

［116］赫茨勒．世界人口危机［M］．何新，译．北京：商务印书馆，1963.

［117］赫希．城市经济学［M］．刘世庆，译．北京：中国社会科学出版社，1990.

［118］何念如，吴煜．中国当代城市化理论研究［M］．上海：上海人民出版社，2007.

［119］何平，倪苹．中国城镇化质量研究［J］．统计研究，2013（6）：11－18.

［120］何胜，等．长江中游城市群空间相互作用研究［J］．经济地理，2014（4）：46－53.

［121］何文．我国城乡结构与城镇化研究［D］．南开大学，2013.

［122］何文举，等．基于“两型社会”视角的城市化质量研究——以湖南为例［J］．财经理论与实践（双月刊），2009（11）：118－121.

［123］何孝沛，等．河南省城镇化质量空间格局演变［J］．地理科学进展，2015（2）：257－264.

［124］何忠祥，等．基于空间自相关的江苏省县域新型城镇化水平分析［J］．江苏师范大学学报（自然科学版），2013（12）：62－68.

［125］侯韵，孙铁山．中国城市群空间结构的经济绩效［J］．经济问题探索，2016（2）：80－88.

［126］胡爱华．世界城市化的一般规律和我国的实践［J］．经济问题探索，2004（9）：115－118.

［127］胡欣，江小群．城市经济学［M］．上海：立信会计出版社，2005.

［128］胡序威．略论中国的现代化与城市化［J］．现代城市研究，2007（7）：7－10.

［129］胡毅，张京祥．基于县域尺度的长三角城市群经济空间演变特征研究［J］．地理研究，2010（7）：1112－1117.

［130］黄国胜，等．基于城乡一体化发展模式的新农村建设探讨［J］．人文地理，2009（4）：16－19.

［131］黄金川，陈守强．中国城市群等级类型综合划分［J］．地理科学进展，2015（3）：290－301.

［132］黄乃文．城市现代化：基本内涵与指标体系［J］．暨南大学学报（哲学社会科学版），2001（7）：18－23.

［133］姜明辉．K－近邻判别分析法在个人信息评估中的应用［J］．数量经

济技术经济研究，2004（2）：143－147.

［134］金春雨，程浩．中国制造业产业集聚与地区专业化存在空间溢出效应吗？——来自空间杜宾模型的经验证据［A］//李平，何伦志．21 世纪数量经济学（第 13 卷）［M］．北京：社会科学文献出版社，2013：511－532.

［135］孔凡文，许世卫．中国城镇化发展速度与质量问题研究［M］．沈阳：东北大学出版社，2006.

［136］赖德胜，夏小溪．中国城市化质量及其提升：一个劳动力市场的视角［J］．经济学动态，2012（9）：57－62.

［137］厉以宁．论城乡一体化［J］．中国流通经济，2010（11）：7－10.

［138］李博，李清彬．中国人均能源消费水平地区差距的发展与解释——基于 Shapley 值分解方法［J］．资源科学，2013（6）：1194－1201.

［139］李刚，陆贝贝．中国城镇化质量测度与提升路径［J］．财贸研究，2015（4）：29－37.

［140］李国平．我国工业化与城镇化的协调关系分析与评估［J］．地域研究与开发，2008（10）：6－12.

［141］李敬，等．中国区域金融发展差异的解释——基于劳动分工理论与 Shapley 值分解的方法［J］．经济研究，2007（5）：42－54.

［142］李婧，等．中国区域创新生产的空间计量分析——基于静态与动态空间面板模型的实证研究［J］．管理世界，2010（7）：43－65.

［143］李江苏，等．城镇化水平与城镇化质量协调度分析［J］．经济地理，2014（10）：70－77.

［144］李林．中国城市化质量差异与其影响因素研究［M］．北京：中国农业出版社，2008.

［145］李林杰，申波，李杨．借助人口城市化促进国内消费需求的思路与对策［J］．中国软科学，2007（7）：30－40.

［146］李磊，张贵祥．京津冀城市群内城市发展质量［J］．经济地理，2015（5）：8，61－64.

［147］李明秋，郎学彬．城市化质量的内涵及其评价指标体系的构建［J］．中国软科学，2010（12）：182－186.

［148］李楠，罗松华．新型城镇化：质量反思与路径选择［J］．求索，2014（5）：47－52.

［149］李琪．城市化质量研究：理论框架与中国经验［D］．西北大学，2012.

［150］李琪，安树伟．中国地级及以上城市不同城市化质量类型划分及比较研究［J］．经济问题探索，2012（12）：54－61.

［151］李瑞光．国外城乡一体化理论研究综述［J］．现代农业科技，2011（17）：336－338.

［152］李涛，等．重庆市“土地、人口、产业”城镇化质量时空分异及耦合协调性［J］．经济地理，2015（5）：65－71.

［153］李伟，刘光岭．以西安为中心的关中城市群发展研究［J］．经济经纬，2009（1）：66－70.

［154］李曦，彭品贺．新型城镇化背景下地方科技创新体系建设研究［J］．科技进步与对策，2014（4）：27－31.

［155］李仙德，宁越敏．城市群研究评述与展望［J］．地理科学，2012（3）：282－288.

［156］李晓燕．中原经济区新型城镇化协调度评价及地区差异分析［J］．区域经济评论，2013（11）：154－160.

［157］李郇．中国城市化滞后的经济因素——基于面板数据的国际比较［J］．地理研究，2005，24（3）：421－431.

［158］李颖．中国二元经济结构：特征、演进及其调整［J］．农村经济，2011（9）：83－87.

［159］梁进社．城市化与国民经济发展之关系的理论分析［J］．自然资源学报，1999（10）：351－354.

［160］梁振民，等．东北地区城市化发展质量的综合测速与层级特征研究［J］．地理科学，2013（8）：926－934.

［161］梁振民．新型城镇化背景下的东北地区城镇化质量评价研究［D］．东北师范大学，2014.

［162］林光平，等．中国地区经济σ－收敛的空间计量实证分析［J］．数量经济技术经济研究，2006（4）：14－22.

［163］林挺进，宣超．中国新型城镇化发展报告［M］．北京：北京大学出版社，2015.

［164］刘传江．中国城市化的制度安排和创新［M］．武汉：武汉大学出版

社，1999.

［165］刘慧．区域差异测度方法与评价［J］．地理研究，2006（7）：710－718.

［166］刘浩，等．1990s 以来京津冀地区经济发展失衡格局的时空演化［J］．地理研究，2016（3）：471－481.

［167］刘奂成．以金融创新助推新型城镇化［J］．经济研究参考，2013（37）：77－82.

［168］刘进辉，王殿安．我国新型城镇化的科学内涵及其发展道路［J］．农业经济，2014（1）：64－66.

［169］刘美平，徐丽杰．中国城镇化质量提升战略研究——基于结构契合角度的分析［M］．北京：经济科学出版社，2015.

［170］刘盛和，等．中国非农化与城市化关系的省际差异［J］．地理学报，2003（11）：937－946.

［171］刘盛和，等．中国半城市化现象及其研究重点［J］．地理学报，2004（10）：101－108.

［172］刘士林．科学理解城镇化内涵［N］．人民日报，2012－04－24（8）.

［173］刘素冬．对我国城市化质量的深思［J］．天津城市建筑学院学报，2006（1）：69－72.

［174］刘玉．中国城市化发展的若干区域特性与矛盾差异［J］．城市规划学刊，2007（2）：15－19.

［175］刘志军．论城市化定义的嬗变与分歧［J］．中国农村经济，2004（7）：58－65.

［176］陆大道．中国区域发展的新因素与新格局［J］．地理研究，2003（5）：261－271.

［177］陆大道．我国的城镇化进程与空间扩张［J］．城市规划学刊，2007（4）：47－52.

［178］陆大道，等．基于我国国情的城镇化过程综合分析［J］．经济地理，2007（11）：883－887.

［179］吕健．城市化驱动经济增长的空间计量分析：2000－2009［J］．上海经济研究，2011（5）：3－15，43.

［180］马传栋．论全面提升山东半岛城市群的整体竞争力［J］．东岳论丛，2003（3）：28－32.

［181］马克思，恩格斯．马克思恩格斯选集（第1卷）［M］．北京：人民出版社，1972.

［182］马林靖，周立群．快速城市化时期的城市化质量研究——浅谈高城市化率背后的质量危机［J］．云南财经大学学报，2011（6）：119－125.

［183］马永欢，等．科学理解新型城镇化，推进城乡一体化发展［J］．城市发展研究，2013（7）：98－103.

［184］毛汉英．山东省可持续发展指标体系初步研究［J］．地理研究，1996，15（4）：16－23.

［185］芒福德．城市发展史：起源演变与前景［M］．宋俊岭，倪文彦译．北京：中国建筑工业出版社，2005.

［186］孟星．分工与城市化：一种新兴古典经济学的解释及其现实意义［J］．复旦大学学报（社会科学版），2003（6）：18－25.

［187］苗建军，赵霞．基于"城市质量"决定的城市空间实证分析［J］．财经研究，2005（3）：126－134.

［188］倪鹏飞．中国城市竞争力的分析范式和概念框架［J］．经济学动态，2001（6）：14－18.

［189］倪鹏飞．新型城镇化的基本模式、具体路径与推进对策［J］．江海学刊，2013（1）：87－94.

［190］倪晓宁，包明华．中国城市化的度量与发展取向——一个基于DEA的城市化研究［J］．城市问题，2007（6）：28－33.

［191］宁越敏．新城市化进程——90年代中国城市化动力机制和特点探讨［J］．地理学报，1998（5）：470－477.

［192］牛文元．中国新型城市化报告2013［M］．北京：科学出版社，2013.

［193］牛文元．中国新型城市化报告2014［M］．北京：科学出版社，2014.

［194］牛文元．新常态下的城市质量研究报告［M］．北京：科学出版社，2015.

［195］欧向军．区域经济发展差异理论、方法与实证［M］．北京：经济科

学出版社，2006.

［196］欧向军，等．区域城市化水平综合测度及其理想动力分析——以江苏省为例［J］．地理研究，2008（9）：993－1002.

［197］欧向军，等．江苏省城市化质量的区域差异时空分析［J］．人文地理，2012（5）：76－82.

［198］潘文轩．公共服务“中部塌陷”现象研究：表现、成因与对策［J］．湖北社会科学，2012（4）：61－64.

［199］彭建，等．基于城市群的国家级新区区位选择［J］．地理研究，2015（1）：3－14.

［200］普雷萨．人口统计学［M］．张志鸿，等，译：上海：复旦大学出版社，1989.

［201］齐爽．英国城市化发展研究［D］．吉林大学，2014.

［202］钱纳里，鲁宾逊，等．工业化和经济增长的比较研究［M］．吴奇，等，译．上海：上海三联书店，1989.

［203］乔标，方创琳．城市化与生态环境协调发展的动态耦合模型及其在干旱区的应用［J］．生态学报，2005（11）：3003－3009.

［204］乔家君．改进的熵值法在河南省可持续发展能力评估中的应用［J］．资源科学，2004（1）：113－119.

［205］仇保兴．新型城镇化：从概念到行动［J］．行政管理改革，2012（11）：11－18.

［206］饶华春．金融发展、产业结构升级与城市化进程［J］．新疆财经大学学报，2009（4）：42－45.

［207］山鹿诚次．城市地理学［M］．朱德泽，译．武汉：湖北教育出版社，1986.

［208］邵琳．城镇化质量时空演变及动力系统分析——以安徽省为例［D］．南京大学，2013.

［209］沈超．新型城镇化发展的科学内涵及推进途径——基于城乡一体化发展的视角［J］．南方论坛，2014（4）：9－12.

［210］沈正平．优化产业结构与提升城镇化质量的互动机制及实现途径［J］．城市发展研究，2013（5）：70－75.

［211］石敏俊，等．透视中国城市的绿色发展——基于新资源经济城市指数

的评价［J］．环境经济研究，2016（2）：46－59.

［212］宋林飞．中国特色新型城镇化道路与实现路径［J］．甘肃社会科学，2014（1）：1－5.

［213］宋宇宁，韩增林．东北老工业地区城镇化质量与规模关系的空间格局——以辽宁省为例［J］．经济地理，2013（11）：40－45.

［214］苏红键，等．中国城镇化质量评价研究进展与展望［J］．城市问题，2015（12）：26－31.

［215］孙久文，姚鹏．空间计量经济学的研究范式与最新进展［J］．经济学家，2014（7）：27－35.

［216］孙倩，汤放华．基于空间拓展模型和地理加权回归模型的城市住房价格空间分异比较［J］．地理研究，2015（7）：1343－1351.

［217］孙中和．中国城市化基本内涵与动力机制研究［J］．财经问题研究，2001（11）：38－43.

［218］檀学文．稳定城市化——一个人口迁移角度的城市化质量概念［J］．中国农村观察，2012（1）：2－12，21.

［219］万广华，陆铭，陈钊．全球化与地区收入差距：来自中国的证据［J］．中国社会科学，2000（5）：17－26.

［220］王成龙，等．行政边界对城市群城市用地空间扩张的影响——基于京津冀城市群的实证研究［J］．地理研究，2016（1）：173－183.

［221］王德利，等．基于城市化质量的中国城市化发展速度判定分析［J］．地理科学，2010（10）：643－650.

［222］王德利，等．首都经济圈城市化质量测度［J］．城市问题，2011（12）：16－23.

［223］王德利，方创琳．城市化发展质量研究进展及展望［J］．现代城市研究，2012（7）：15－21.

［224］王富喜，等．基于熵值法的山东省城镇化质量测度及空间差异分析［J］．地理科学，2013（11）：1323－1329.

［225］王佳，杨俊．中国地区碳排放强度差异成因研究——基于 Shapley 值分解方法［J］．资源科学，2014（3）：557－566.

［226］王家庭，唐袁．我国城市化质量测度的实证研究［J］．财经问题研究，2009（12）：127－132.

[227] 王丽，等．城市群的界定与识别研究［J］．地理学报，2013（8）：1059－1070.

[228] 王玲杰．新型城镇化的综合测度与协调推进［M］．北京：经济管理出版社，2014.

[229] 王美艳，蔡昉．户籍制度改革的历程与展望［J］．广东社会科学，2008（6）：19－26.

[230] 王若桢．江苏省城市化质量研究［D］．南京大学，2013.

[231] 王学峰．发达国家城镇化形式的演变及其对中国的启示［J］．地域研究与开发，2011（8）：54－60.

[232] 王晓丽．中国人口城镇化质量研究——基于市民化角度［D］．南开大学，2013.

[233] 王洋，等．中国县域城镇化水平的综合评价及类型区划分［J］．地理研究，2012（7）：1305－1316.

[234] 王振坡，等．论新型城镇化进程中的金融支持与创新［J］．中央财经大学学报，2014（12）：46－53.

[235] 汪洋洋．我国地级及以上城市城镇化质量测度及空间差异分析［D］．华中师范大学，2015.

[236] 魏后凯．现代区域经济学［M］．北京：经济管理出版社，2011.

[237] 魏后凯，苏红键．中国农业转移人口市民化进程研究［J］．中国人口科学，2013（5）：21－29.

[238] 魏后凯，关兴良．中国特色新型城镇化的科学内涵与战略重点［J］．河南社会科学，2014（3）：18－26.

[239] 吴殿廷．区域经济学［M］．北京：科学出版社，2003.

[240] 吴建峰，周伟林．新时期我国城市化动力机制及政策选择［J］．城市发展研究，2011（5）：21－26.

[241] 吴莉娅．生产要素市场化与江苏城市化动力机制演变［J］．地理科学，2006（10）：529－535.

[242] 吴万齐．中国城镇化道路问题学术讨论会在南京举行［J］．建筑学报，1983（3）：18－19.

[243] 吴晓旭．新型城镇化效率演化趋势及其驱动机制研究［J］．商业研究，2013（3）：44－51.

[244] 吴友仁. 关于我国社会主义城市化问题 [J]. 人口与经济, 1980 (1): 170 - 183.

[245] 吴楚材. 城市与乡村——中国城乡矛盾与协调发展研究 [M]. 北京: 科学出版社, 1996.

[246] 西蒙·库兹涅茨. 现代经济增长 [M]. 戴睿, 易诚, 译. 北京: 北京经济学院出版社, 1989.

[247] 肖宏伟, 易丹辉. 中国区域工业碳排放空间计量研究 [J]. 山西财经大学学报, 2013 (8): 1 - 11.

[248] 谢文蕙, 邓卫. 城市经济学 [M]. 北京: 清华大学出版社, 1996.

[249] 新华社. 国家新型城镇化规划 (2014—2020 年) [J]. 农村工作通讯, 2014 (6): 32 - 48.

[250] 熊湘辉, 徐璋勇. 中国新型城镇化水平及动力因素测度研究 [J]. 数量经济技术经济研究, 2018 (2): 44 - 63.

[251] 许成安, 曾媛. 外部资本利用与我国的城市化发展 [J]. 经济学动态, 2006 (7): 59 - 62.

[252] 许经勇. “三农”问题与工业化城镇化道路的内在联系 [J]. 广东社会科学, 2003 (5): 5 - 8.

[253] 许学强, 叶嘉安. 我国城市化的省际差异 [J]. 地理学报, 1986 (3): 8 - 22.

[254] 许正中. 避免现代化陷阱的国际借鉴 [J]. 人民论坛, 2010 (3): 31 - 31.

[255] 徐建华. 地理建模方法 [M]. 北京: 科学出版社, 2010.

[256] 徐素, 等. 区域视角下中国县级市城市化质量评估体系研究——以长三角地区为例 [J]. 国际城市规划, 2011 (1): 53 - 58.

[257] 薛凤旋, 杨春. 外资: 发展中国家城市化的新动力——珠江三角洲个案研究 [J]. 地理学报, 1997 (5): 193 - 206.

[258] 薛俊菲, 等. 中国市域综合城市化水平测度与空间格局研究 [J]. 经济地理, 2010 (12): 2005 - 2011.

[259] 薛晴, 霍有光. 城乡一体化的理论渊源及其嬗变轨迹考察 [J]. 经济地理, 2010 (11): 1779 - 1784, 1809.

[260] 闫东升, 等. 基于人口分布空间特征的市民化压力研究 [J]. 地理

研究，2015（9）：1733－1743.

［261］晏玲菊．城镇化质量提升的理论逻辑与路径选择［J］．学习与实践，2014（2）：17－26.

［262］杨翼．中国统筹城乡发展的理论与实践研究——基于经济机制与指标体系视角［D］．西南财经大学，2013.

［263］姚鹏，孙久文．贸易开放与区域收入空间效应——来自中国的证据［J］．财贸经济，2015（1）：132－142.

［264］姚鹏，孙久文．贸易开放、人力资本与中国区域收入空间效应——基于地级及以上行政区域经济数据分析［J］．经济理论与经济管理，2015（2）：101－112.

［265］姚士谋，等．城市现代化基本概念与指标体系［J］．地域研究与开发，1999（9）：57－60.

［266］姚士谋，陈振光．我国城市化健康发展策略的综合分析［J］．城市规划，2006，30（增）：60－64.

［267］姚士谋，等．我国城市化发展的新特点及其区域空间建设策略［J］．地理科学进展，2007（3）：271－280.

［268］姚士谋，等．我国城市群总体发展趋势与方向初探［J］．地理研究，2010（8）：1345－1354.

［269］叶嘉安，等．中国城市化的第四波［J］．城市规划，2006（S1）：13－18.

［270］叶静怡．发展经济学（第二版）［M］．北京：北京大学出版社，2007.

［271］叶连松，等．再论新型城镇化——着力提高城镇化质量［M］．北京：中国经济出版社，2014.

［272］叶裕民．中国城市化质量研究［J］．中国软科学，2001（7）：27－31.

［273］叶裕民，陈丙欣．中国城市群的发展现状及动态特征［J］．城市问题，2014（4）：9－16.

［274］余晖．我国城市化质量问题的反思［J］．开放导报，2010（2）：96－100.

［275］于莲．新型城镇化科技支撑体系研究［J］．科技进步与对策，2014（6）：46－50.

［276］于刃刚．配第—克拉克定理评述［J］．经济学动态，1996（8）：63－65.

［277］于涛，等．我国东部发达地区县级市城市化质量研究——以江苏省常熟市为例［J］．城市发展研究，2010（11）：7－12，24.

［278］于伟，张鹏．我国省域旅游经济发展差异演变和解释：结构和影响因素的双重考察［J］．干旱区资源与环境，2015（10）：192－196.

［279］于伟，张鹏．城市化进程、空间溢出与绿色经济效率增长——基于2002～2012年省域单元的空间计量研究［J］．经济问题探索，2016（1）：77－82.

［280］袁晓玲，等．对城市化质量的综合评价分析——以陕西省为例［J］．城市发展研究，2008（2）：38－42.

［281］曾鹏，陈芬．我国十大城市群等级规模结构特征比较研究［J］．科技进步与决策，2013（3）：42－46.

［282］曾赛丰．中国城市化理论专题研究［M］．长沙：湖南人民出版社，2004.

［283］詹运洲，陈琳．关于推进新型城镇化健康发展的思考［J］．科学发展，2014（3）：37－44.

［284］张春梅，等．发达地区城镇化质量的测度及其提升对策——以江苏省为例［J］．经济地理，2012（7）：50－55.

［285］张春梅，等．城镇化质量与城镇化规模的协调性研究——以江苏省为例［J］．地理科学，2013（1）：16－22.

［286］张可云，王裕瑾，王婧．空间权重矩阵的设定方法研究［J］．区域经济评论，2017（1）：19－25.

［287］张鹏，于伟．我国农村高等教育空间不均衡的演进和解释——针对人口比重的MID指数分解和Shapley值分解［J］．教育与经济，2014（6）：33－39.

［288］张荣天，等．1990年以来江苏省县域城镇化测度及空间格局演化［J］．池州学院学报，2013（6）：63－67.

［289］张善余．我国区域城市化发展水平的差异分析［J］．人口学刊，2002（5）：37－42.

［290］张维智，等．中小城市城镇化发展模式研究——成熟度与质量评价［M］．北京：经济科学出版社，2015.

［291］张颖，赵民．论城市化与经济发展的相关性——对钱纳里研究成果的

辨析与延伸［J］．城市规划汇刊，2003（4）：10－18.

［292］张占斌．新型城镇化的战略意义和改革难题［J］．国家行政学院学报，2013（2）：48－54.

［293］赵纯凤，等．湖南区域经济的空间联系和空间组织［J］．经济地理，2015（8）：53－61.

［294］赵新平，周一星．改革以来中国城市化道路及城市化理论研究评述［J］．中国社会科学，2002（2）：132－138.

［295］赵雪雁．西北地区城市化质量评价［J］．干旱区资源与环境，2004（9）：69－73.

［296］赵勇，齐讴歌．空间功能分工有助于缩小地区差距吗？［J］．城市与环境研究，2015（4）：29－48.

［297］赵永平，徐盈之．新型城镇化发展水平综合测度与驱动机制研究——基于我国省际2000—2011年的经验分析［J］．中国地质大学学报（社会科学版），2014（1）：116－124.

［298］赵作权．中国经济核心—边缘格局与空间优化发展［J］．管理世界，2012（10）：46－54.

［299］郑梓桢．社会保险覆盖面人口基数测算与城市化质量评估［J］．广东社会科学，2003（5）：53－59.

［300］中国社会科学院《城镇化质量评估与提升路经研究》创新项目组．中国城镇化质量综合评价报告［J］．经济研究参考，2013（31）：3－32.

［301］中国现代化报告课题组．中国现代化报告（2007）［M］．北京：北京大学出版社，2007.

［302］周干峙，等．中国特色新型城镇化发展战略研究（第一卷）［M］．北京：中国建筑工业出版社，2013.

［303］周江燕，白永秀．中国省域城乡发展一体化水平：理论与测度［J］．2014（6）：16－26，40.

［304］周江燕．中国省域城乡发展一体化水平评价研究［D］．西北大学，2014.

［305］周丽萍．中国人口城市化质量研究［D］．浙江大学，2011.

［306］周庆智．经济发展推动城镇化制度改革——对苏州城镇化制度改革的经验分析［J］．哈尔滨工业大学学报（社会科学版），2016（7）：1－9.

［307］周一星．城市化与国民生产总值关系的规律性探讨［J］．人口与经济，1982（1）：28－33.

［308］周一星．关于中国城镇化速度的思考［J］．城市规划，2006（S1）：32－35，40.

［309］朱传耿，等．省际边界区域城市化模式研究［J］．人文地理，2006（1）：1－6.

［310］朱传耿，等．中国人口城市化的影响要素与空间格局［J］．地理研究，2008（1）：13－23.

［311］朱洪祥．山东省城镇化发展质量测度研究［J］．城市发展研究，2007（5）：37－44.

［312］朱嘉蔚．我国乡镇企业持续发展的制约因素及对策［J］．企业经济，2011（6）：27－30.

［313］朱铁臻．城市现代化指标体系设计［J］．南方经济，2001（8）：14－18.

［314］朱铁臻．城市现代化发展中的几个理论问题［J］．当代贵州，2003（3）：10－12.

［315］朱英明，等．我国城市现代化指标体系有关问题研究［J］．人文地理，2000（8）：16－19.

［316］住房和城乡建设部城乡规划司．全国城镇体系规划（2008～2020）［M］．北京：商务印书馆，2010.

［317］祝年贵．西方发展经济学的外资利用理论评析［J］．天府新论，2003（3）：27－30.